U0051105

正說

清朝十二妃

還原歷史真相‧走出戲說誤區

大妃阿巴亥 慈安太后

孝莊文皇后 慈禧

崇慶皇太后 阿魯特氏

香妃 珍妃

孝和皇太后 隆裕皇后

孝全皇后 婉容

目錄

自序

歷史文獻，無論它包括了多麼豐富的內容，都只是記述者個人或群體的歷史記憶。但我們以往藉以重構歷史的資料主要是史家和官方以及許多知識精英們的歷史記憶，其他個人或群體的歷史記憶卻因社會的原因，很難通過文獻保存下來。同時，人們篩選、保存和刪除歷史文獻的過程和機制是極為複雜的，我們面對的史料或者歷史就是經過篩選後被保存下來的，而我們是很難判斷記述者保存的這殘缺不全的部分是否「重要」到使我們認為這就是歷史的真相。

去年，閻崇年教授出版了《正說清朝十二帝》，拜讀之後，非常同意序言中所說：「能把學問當評書講的，能把歷史當故事說的，閻老師是第一人。」我認為這一貢獻比許多重大研究成果都更有價值，畢竟，「歷史是鏡子，歷史也是藝術。它可以借鑒，更可以欣賞。」學習歷史，研究歷史最終都是讓人欣賞，以資借鑒。而任何學者最欣慰的事莫過於自己的作品能給更多的人知性的美感和理性的資鑒，歷史並不是「高牆」和「象牙塔」的代稱。

而我循著閻教授的思路，想通過讀一本書去了解清代后妃們（為了行文流暢，本書的妃也包括皇后、太后）的事蹟，卻發現這件事真的很難！於是乎，我就有了書寫的衝動，為了與十二帝先後呼應，便在清代深宮中找了十二個代表人物，她們要麼對歷史進程有重大影響，要麼她們的傳奇讓後世難以忘懷。總之，沒有特定選擇的標準，只能「仁者見仁，智者見智」了。在收集資料和寫

作過程中，我才發現「她們的聲音好微弱」。除去曾登上權力頂峰的孝莊皇后和慈禧太后外，其他人在後來人眼中，都成了帝王將相的注腳，她們的事蹟是那麼的模糊和殘缺。而她們確曾是她們那個時代最受人矚目的女性。以此推想，其他婦女呢？其實我們已經很難知道她們是誰了？而書中的十二位女性，她們對滿清乃至中國的影響絕不亞於「清朝十二帝」，沒有她們的清史是殘缺的。

本書並不是在史海鉤沉，只是想把筆者以為重要的事蹟收集在一起，略加疏通和評說。我想通過這本書能讓大家準確、快捷的了解清代后妃，特別是理解她們身處於自己時代的困境與局限，能多看到她們的「正面」。從某種意義上講，我只是一個編者，只是一個集體智慧的彙集者：本書吸納了許多學者、專家甚至歷史愛好者的智慧，主要的著作都在書後列出，當然還有許多期刊上和互聯網上的論文，因為此書體例和篇幅原因，未能一一註明，希望大家諒解，在此一併致謝。當然，由於我能力、精力有限，書中的若有疏漏、謬誤，還望大家多多指教。

章愷

後金與清朝皇帝年表 一六一六年～一九一二年

後金皇帝年表 一六一六年～一六四三年

廟號	姓名	在位時間〔西元〕/〔年數〕	年號	皇陵
太祖	愛新覺羅·努爾哈赤	一六一六～一六二六（11年）	天命	福陵
太宗	愛新覺羅·皇太極	一六二七～一六四三（17年）	天聰	昭陵

清朝皇帝年表 一六四四年～一九一二年

廟號	姓名	在位時間〔西元〕/〔年數〕	年號	皇陵
世祖	愛新覺羅·福臨	一六四四～一六六一（18年）	順治	孝陵
聖祖	愛新覺羅·玄燁	一六六二～一七二二（61年）	康熙	景陵
世宗	愛新覺羅·胤禛	一七二三～一七三五（13年）	雍正	泰陵
高宗	愛新覺羅·弘曆	一七三六～一七九五（60年）	乾隆	裕陵
仁宗	愛新覺羅·顒琰	一七九六～一八二〇（25年）	嘉慶	昌陵
宣宗	愛新覺羅·旻寧	一八二一～一八五〇（30年）	道光	慕陵
文宗	愛新覺羅·奕詝	一八五一～一八六一（11年）	咸豐	定陵
穆宗	愛新覺羅·載淳	一八六二～一八七四（13年）	祺祥 一八六一 同治 一八六二～一八七四	惠陵
德宗	愛新覺羅·載湉	一八七五～一九〇八（34年）	光緒	崇陵
*(1)	愛新覺羅·溥儀	一九〇八～一九一二（3年）	宣統	

*(1)通稱末代皇帝或遜帝

※清朝建國於西元一六一六年，初稱後金，一六三六年改國號為清，一六四四年入關

大妃阿巴亥

《清史稿·列傳一·后妃》：大妃，納喇氏，烏喇貝勒滿泰女。歲辛丑，歸太祖，年十二。孝慈皇后崩，立為大妃。天命十一年七月，太祖有疾，浴於湯泉。八月，疾大漸，乘舟自太子河還，召大妃出迎，入渾河。庚戌，舟次靉雞堡，上崩。辛亥，大妃殉焉，年三十七。同殉者，二庶妃。妃子三：阿濟格、多爾袞、多鐸。順治初，多爾袞攝政，七年，上諡孝烈恭敏獻哲仁和贊天儷聖武皇后，祔太廟。八年，多爾袞得罪，罷諡，出廟。

努爾哈赤的女人們

努爾哈赤一生娶了十六個女人。這些女人，在努爾哈赤十幾歲至六十餘歲之間先後走進了他的生活。他們的結合，大多以外交和繁衍為目的，是懷柔和擴張的結果。外交需要勢力，女人便成了部落與部落結成聯盟的紐帶。在那種古典的戰爭模式裏面，「打仗親兄弟、上陣父子兵」的意義，大概是一切兵法的基礎與底蘊。戰爭是人口與人口的較量，增加子嗣，使戰爭的消耗得到相應的資源和補充，當然需要女人。

出於戰爭、權力和利益的因素，努爾哈赤的女人，除了那個成婚最早的結髮之妻佟佳氏似乎沒有什麼家庭背景外，其餘的都是女真首領的女兒和蒙古王公的格格。她們是各自部落的名片。葉赫那拉氏孟古姐妹二人，是海西女真葉赫貝勒楊吉的女兒。我們的主角大妃烏喇納喇氏阿巴亥，是海西女真烏喇部貝勒滿泰的格格。側妃博爾濟吉特氏，是蒙古科爾沁貝勒明安之女。還有那些繼妃、庶妃們，無不出生於政治或軍事豪門。於是，在她們的身上便發生了一段又一段複雜的歷史故事。

史書上記載：當年，努爾哈赤在建州起兵時，葉赫貝勒楊吉對努爾哈赤頗有好感，說：「我有幼女，需其長，當以奉侍。」努爾哈赤問道：「汝欲結盟好，長者可妻，何幼耶？」楊吉說：「我非惜長，但幼女儀容端重，舉止不凡，堪為君配耳。」努爾哈赤聽後滿意地點頭稱是。這個幼女就是後來有名的孟古姐姐。當她的父親被遼東總兵李成梁所殺，其兄便攜其投靠了努爾哈赤，年僅

十四歲的她成了平衡家族勢力的砝碼。再後來，因努爾哈赤欲統一女真，葉赫部大為反感，親家之間的關係越發不和睦。此時，孟古姐姐病危，思念其母。努爾哈赤派人前去恭請，卻遭到拒絕。不久，孟古帶著深深的遺憾死去了。這個年僅二十九歲的貴夫人知道了身不由己的滋味。好在她生了一個卓越的兒子，那就是後來的大清皇帝皇太極。因為有了他，她才在死後獲得許多崇高的稱號。孟古姐姐死後不到八年，葉赫轉變對建州的敵視態度，將另一個女兒送上了努爾哈赤的婚床。這一點，恐怕還是出於政治的原因。

像努爾哈赤這樣的英雄，身邊聚集著那麼多個性十足的女人，產生麻煩是必然的。麻煩大都由於她們的相互攻訐，攻訐大都由於她們的邀寵，邀寵大都由於她們的妒忌之心。

在努爾哈赤兵進遼陽之際，她的十六個女人中已有三個離他而去。首先是短命的元妃，她是青年努爾哈赤注入真實情感並憂患與共的女人。接著上面提過的那個風華正茂而陽壽不長的孟古姐姐了。再就是剛剛故去的繼妃富察氏袞代。這是個身世複雜的女人。她原嫁給努爾哈赤的三伯祖索長阿之孫、努爾哈赤的叔伯哥哥威準為妻，丈夫死後即改嫁努爾哈赤為妾。女真人有婦女改嫁於族人的習俗，且不受輩份的桎梏。嫁過來的袞代為努爾哈赤生了三子一女，可謂貢獻良多。她對努爾哈赤更是恩愛有加，史載，明萬曆二十一年（一五九三），葉赫等九部聯軍攻打建州，袞代見努爾哈赤側身酣睡，就勸其早做準備。努爾哈赤自然是胸有成竹，安睡如故，只待明日破敵。努爾哈赤固然是一代天驕，可是袞代還是提心吊膽夜不成眠，她不願再次失去丈夫。然而，她沒有想到，有人在她與之相依為命的丈夫之間設計了一條溝壑，她不明不白地沉沒了。告狀的「小人」說她與努

爾哈赤的次子大貝勒代善關係曖昧並冒領了許多不義之財。於是，努爾哈赤以竊藏金帛罪，將其逐出宮門，趕回了娘家。關於她的死，文獻記載不一，有的說是被丈夫賜死的，有的說是被兒子殺死的，反正沒有得到善終，並且是死在親人的手下。

庶妃德因澤，在努爾哈赤的妻妾中排行最末。這個在努爾哈赤六十二歲高齡時娶來的女子，與那些半老徐娘們同坐一條板凳，自然會心理不平衡。大福晉們雖然人老珠黃，但都有兒有女，地位顯著。小福晉德因澤雖然妙齡如花，但卻初來乍到，與那些老福晉混不到一塊。她在這個家裏，在連年南征北戰的老頭子心中，只是一種擺設而已。但是，她頗不甘心。她利用投懷送抱的時機，吹盡了枕邊風，向對手們發起了猛烈的進攻。俗話說：擒賊先擒王。她把目標盯在眾福晉中的領銜人物繼妃富察氏身上。德因澤的伎倆果然奏效，富察氏就這樣在她的靈機一動中輕而易舉地被掃地出門了。德因澤感覺到了妙齡和美貌的真正價值，自己就是戰無不勝的武器。她於迫害衰代的同時，以同樣的方式、同樣的罪名，把毒箭又射向了與努爾哈赤情深意篤的大妃阿巴亥。所幸的是我們的主人翁阿巴亥沒有被置於死地，但也傷得不輕。

木秀於林，風必摧之

阿巴亥與努爾哈赤的姻緣，極富戲劇性。明朝末年，東北地區女真各部先後崛起，互爭雄

長。海西女真的烏喇部地廣人眾、兵強馬壯，勢力尤為強大，與努爾哈赤勢不兩立。萬曆二十年（一五九二），包括烏喇部參予其中的九部聯軍，以三萬之眾攻打努爾哈赤的根據地赫圖阿拉，企圖把剛剛興起的建州扼殺在搖籃之中。然而，努爾哈赤以少勝多，奇蹟般地取得了勝利。烏喇部首領布占泰被活捉，表示願意永遠臣服建州。努爾哈赤念其歸順之意，收為額駙，先後以三女妻之，盟誓和好，軟禁三年後釋放。布占泰在兵敗回歸、羽翼未豐的情況下，為了取悅建州，感激努爾哈赤的再生之恩，在萬曆二十九年（一六〇一），將年僅十二歲的侄女阿巴亥親自送到赫圖阿拉，就這樣，阿巴亥嫁給了大她三十一歲的努爾哈赤。開始了自己不平凡的妃嬪之旅。

這位來自烏喇部的稚嫩公主，既要博得丈夫的歡心，又要周旋於努爾哈赤眾多的妻妾之間，難度夠大的了。然而，阿巴亥是一位非同一般的少女，不僅儀態萬方、楚楚動人，而且天性穎悟、禮數周到，言談笑語之間，無不令人心悅誠服。四十三歲的努爾哈赤對這位善解人意的妃子，愛如掌上明珠。兩年後（一六〇三年），努爾哈赤便將幼小而聰明的阿巴亥立為大妃，獨佔眾妃之首。雖然我們常說母以子貴，但有時卻是，子以母貴。阿巴亥所生的三個兒子：多爾袞、阿濟格、多鐸，努爾哈赤都愛如心肝。他們年齡雖小，但每人都掌握整整一個旗。當時做為後金根本的八旗軍隊只有八個旗，他們就佔去三個，可見努爾哈赤對阿巴亥的情意與寄託之所在。

上面那個時常搬弄是非的側妃德因澤對阿巴亥的地位和權力恨之入骨。她對阿巴亥的行動進行盯梢，一經發現蛛絲馬跡，便添油加醋蜚短流長，攪起滿城風雨。阿巴亥處於被嚴密監視之中。

《滿文老檔》載：天命五年（一六二〇）三月二十五日，德因澤向努爾哈赤「要言相告」：「大

福晉曾兩次備佳肴送給大貝勒代善，大貝勒受而食之。又一次送給四貝勒皇太極，四貝勒接受而未吃。大福晉在一天當中，曾二三次派人到大貝勒家去。而且還看到大福晉自己在深夜時離開院子，也已經二三次之多。」聽了這些話，努爾哈赤派人前去調查。調查人回報確有其事。他們還說：「我們看到每逢貝勒大臣在汗處賜宴或會議之時，大福晉都用金銀珠寶來修飾打扮，望著大貝勒走來走去。這事除了大汗以外眾貝勒都發現了，感到實在不成體統，想如實對大汗說，又害怕大貝勒、大福晉。所以就誰也沒說。這些情況現在只好向大汗如實報告。」

我們不禁要問，一個毫無地位可言的小庶妃如何膽敢去告深受汗王寵幸、貴有三子的大福晉？而且牽連著自領兩旗、居參政「四大貝勒」之首、老汗王欲立為太子的大貝勒代善？誣告大妃與代善關係曖昧的邪風從哪裏颳起？人們不難看出，這一切皆緣於愛新覺羅氏家族的權力之爭。有學者即認為德因澤背後有皇太極的支持。因為老汗王年事已高，汗位的繼承人為誰？已成為諸子伺中明爭暗鬥的焦點。因為努爾哈赤時代在政治上實行八旗制，以八旗和碩貝勒「共理國政」，即以八旗旗主為統帥，各有統屬，聯合作戰。這就必然形成八個政治、經濟乃至軍事實力旗鼓相當、勢均力敵的集團統治，也就會在汗位繼承上導致「諸王爭國」的惡劣後果。

努爾哈赤聽了彙報，本來知道兒子代善和妻子阿巴亥之間並沒發生什麼大不了的事，但感情上還是接受不了。想要處置這件事，當事人又構不成什麼罪，再說家醜外揚也有失體統。頗富政治經驗的努爾哈赤深知此事如此沸沸揚揚，背後肯定藏著什麼政治目的，因而只好作罷。可是樹欲靜而

走上政治舞臺

天命六年（一六二一）三月二十一日辰時，努爾哈赤進入剛剛攻克的遼陽城，就下達了「遣人往迎眾婦人及諸子來城居住」的諭令。這樣的舉家大遷徙，為努爾哈赤日後定都遼陽打下了伏筆。

告別赫圖阿拉老城的熱土，順著蘇子河的流向，走出重重大山的眾福晉和諸幼子們，帶著既嚮往又

風不止，福晉中又有一人舉報阿巴亥私藏財物。於是，努爾哈赤便以此為由，給她定了罪。努爾哈赤在判詞是這樣說的：「這個大福晉虛偽狡詐、盜竊成性、壞事做全。我用金子、珠寶盡情地打扮她，她卻忘恩負義，豈不該殺？但是殺了她，我那愛如心肝的三子一女由誰照顧？孩子們不能沒有母親，我決定不殺她了，讓她照看孩子們。可我堅決不同這個女人共同生活，所以我將她休離。」

就這樣，與努爾哈赤生活近二十年，一直受寵不衰的阿巴亥憤然離去，獨自一人帶著十五歲的阿濟格、八歲的多爾袞、六歲的多鐸開始了沉默而淒涼的生活。小福晉德因澤達到了目的。她以舉發有功，加以薦拔，並享受「陪汗同桌用膳而不避」的優待。其他兩位福晉各分得阿巴亥的緞面被褥一套。這就是她們互相鬥爭的戰利品。

但阿巴亥並沒有就這樣走下歷史舞臺，沉默和淒涼的生活更加磨礪了她的意志和智慧，她等待時機來開創歷史。

懷疑的情緒，一路上車馬奔馳。遼陽，這一座用馬鞭、箭鏃和生命佔領的城市，將為他們開創一個嶄新的時代。

四月初三，努爾哈赤又根據建制每二旗出五牛錄額真一人，每二牛錄出士兵一人，組成一支精幹的隊伍，前去往迎眾福晉。他們的任務是保駕護航，當然，更是壯大皇家聲威。四月初五日深夜，踢踢踏踏的足音和轟轟隆隆的輪響鬧醒了沉睡的古城。總兵官以上的諸大臣立即騎馬趕到城外教場，在那裏他們下馬步行，向風塵僕僕的眾福晉們施行大禮，恭恭敬敬地引導遷徙的乘騎入城。城內，軍士們沿街列隊，歡呼祝福。自城內至努爾哈赤的寢宮，一色的白席鋪地，上敷紅氈。無數的燈籠點綴在叢叢篝火之中，整個夜空彤紅一片。眾福晉們移動著木底旗鞋，一步步地向努爾哈赤走來……

眾福晉順利地到達了遼陽，但是，有官員卻因為其間的過失遭到了革職。它給我們平淡的歷史增添了一段跌宕的情節，講述出來還是蠻有意味的。

阿胡圖是最早受汗派出迎接皇妃們的官員之一。他的任務很簡單也很明確，就是宰殺自家的豬用以祭祀。那種儀式本來是走個過場而已，用不著那麼鋪張。可是阿胡圖把自家的豬盡盡宰之後，又大散銀錢，四處搶購，一日宰竟至二三十頭。胡作非為的後果當然是自找倒楣。

如果說阿胡圖的倒楣是咎由自取，那麼布三的厄運就有點天降橫禍，多少有些委屈。那一天，眾大臣引領眾福晉自薩爾滸再度啟程。由日出至日落，時光在奔波勞頓中流逝。當隊伍行進到十里河地方，夜幕已經降臨，眾臣商議準備就此住宿，疲憊不堪的眾福晉也欣然允許。誰知，半路殺出

個程咬金，執行其他任務的布三不期而遇。這個不知天高地厚的布三力排眾議咄咄反詰：此地至遼陽稍息可至，何必非要住下呢？並且逼迫大家起身前行。於是，這支重又上路的隊伍直至深夜才到達遼陽城。事後，努爾哈赤命人對布三進行審理。布三的用意也許不會怎麼惡毒，可是上司一口咬定他有過失。直率的布三承認事情屬實，但拒不認錯。在眾福晉到達遼陽的第三天，阿胡圖和布三各自在征戰中掙來的參將職務被一擼到底，降為白身，並且所得賞物被盡數沒收。這段插曲不正也反映當時滿洲勇士的錚錚鐵骨嗎？

努爾哈赤佔領遼陽之後，立即做出的另一個重要舉措，是召回離異將近一年的阿巴亥，將其復立為大妃。

這件事證明努爾哈赤對可愛的阿巴亥確實情有獨鍾，那個與她幾近同時被轟出去的繼妃袞代之輩絕非可比。皇帝身邊被趕走的女人太多了，不論她們此前多麼高貴，一經出宮，淪入民間，能有幾個獲得回頭的機會？剛愎自用的努爾哈赤能把「復婚」的決定做得這樣果斷必有深刻的原因。阿巴亥之所以能浮出政壇，是因為她的重要，她的持家理政，相夫教子的能力出類拔萃。眾福晉的身影曾多次在努爾哈赤的腦海裏一一濾過。秀美、端莊、勤勞、誠實、儉樸、堅毅都是她們為妻的美德，就連她們的刁鑽、自私、懶散也可以容忍；她們都有對權力的渴望，並為此而不停地做著卑鄙的手段，但是，這群幾乎什麼都具備的女人，就是缺少一種政治上的豁達、縝密、遠見。

用我們現代人的語彙表述，就是時代選擇了阿巴亥。她的才情吻合了時代需求的嚴苛檢驗。果

然，她在厄運中非但沒有頹廢，經過風雨的歷練而更加成熟。阿巴亥鮮亮如初。她再次介入到諸王和眾妃建構的政治格局當中，重新與他們交誼和對峙。她嶄新的政治生涯開始了，其實這也為她以後的悲劇埋下了伏筆。

《滿文老檔》是清朝入關前較為廣泛詳實的官方記錄。自阿巴亥復出後，關於眾福晉活動的筆墨也開始出現。努爾哈赤的女人逐漸從閨閣走上政殿，從京城走向野外。她們不再是帝王的附庸，她們有組織地從事一些政務，她們給予努爾哈赤政治上的鼓舞。這一切與眾妃之首阿巴亥的作用息息相關。時代也需要女人登上歷史的舞臺，發揮自己的才情。讓我們翻開那些發黃的檔冊一齊讀下去。

天命六年（一六二一）八月二十八日，東京城在遼陽太子河北岸山崗奠基。眾福晉在努爾哈赤和大妃的率領下，出席慶賀大典。這是他們未來的皇都，一方吉祥之地。前來參加活動的還有諸貝勒、眾漢官及其妻室。「八旗宰八牛，各設筵宴十席，大宴之。又每旗各以牛十頭賞築城之漢人。八旗八游擊之妻，各賞金簪一枝。」這是何等闊氣的儀式。眾福晉點綴其中，讓歷史留下她們為努爾哈赤的事業助陣的呼聲。

天命七年（一六二二）二月十一日，眾福晉冒著早春寒冷，奔赴將士們戰鬥的前線。十四日，她們到達廣寧，統兵大臣一行人等出城叩見。衙門之內，路鋪紅氈，努爾哈赤坐在高高的龍椅上。「八旗率八牛，各設筵宴十席，大宴之。」史家在這裏為我們勾勒了大妃阿巴亥的執政素描，由此我們更為確信阿巴亥做為後宮領袖的實力。這一支由女人組成的慰問團，大約在血火前線的廣寧停留

了三天，於十八日隨努爾哈赤返回遼陽。

天命八年（一六二三）年正月初六，努爾哈赤攜眾福晉出行，「欲於北方蒙古沿邊一帶擇沃地耕田，開放邊界」，他們沿遼河曉行夜宿，踏勘，行獵，把女真人的英武寫在雪地冰原上，直至元宵節的前一天返回。

天命八年（一六二三）四月十四日，眾福晉又一次隨努爾哈赤為墾地開邊出行。是日，他們由東京城北啟程；經由彰義至布林噶渡口，溯遼河上游至渾河，二十二日返回。後金政權的迅速發展，糧食供給成為燃眉之急，努爾哈赤與他的女人們於曠野中旅遊，不會有多少浪漫的成份。

天命八年（一六二三）九月中旬，眾福晉又一次走出東京城堡，跟隨努爾哈赤的儀仗，暢遊於山河之間。此間，除了狩獵、捕魚，訪問田莊、台堡；還參與接見蒙古貝勒，以及為大貝勒代善之子迎親，整個行程有聲有色，其福晉們的作用大焉。

《滿文老檔》作了詳盡的記載，讓我們把那珍貴的情節一字不漏地輯錄下來：天命十年（一六二五）正月，「汗率眾福晉，八旗諸貝勒、福晉，蒙古諸貝勒、福晉，眾漢官及官員之妻，至太子河冰上，玩賞踢球之戲。諸貝勒率隨侍人等玩球二次之後，汗與眾福晉坐於冰之中間，命於二邊等距離跑之，先至者賞以金銀，頭等各二十兩，二等各十兩。先將銀置於十八處，令眾漢官之妻跑往取之；落後之十八名婦人，未得銀，故每人賞銀三兩。繼之，將每份銀置於八處，令蒙古小台吉之妻跑往取之；落後之八名婦人，各賞銀十兩。繼之，將每份銀二十兩、金一兩置於十二處，令眾女兒、眾小台吉之妻、福晉及蒙古之眾福晉等跑之，眾女兒、從小台吉之妻及福晉等

先至而取之」；蒙古眾福晉落於後，故賞此十二名女兒金各一兩、銀各五兩。跑時摔倒於冰上者，汗觀之大笑。遂殺牛羊，置席於冰上，筵宴，戌時回（東京）城」。

好一幅冰上嬉戲圖！努爾哈赤留在遼陽的笑聲似乎還沒有消弭，他的生命旅程確將要走向終點。明天啟六年即天命十一年（一六二六）正月，六十八歲的努爾哈赤親率六萬八旗軍，號稱二十萬大軍，渡過遼河，如入無人之境，向孤城寧遠猛撲而來。守城者袁崇煥，四十二歲，進士出身，沒有指揮過作戰。

二十三日，努爾哈赤命離寧遠城五里安營，橫截山海之間的大路。努爾哈赤採取「先禮後兵」的策略，先放回被俘漢人捎勸降書給袁崇煥說：「獻城投降，高官厚賞；拒絕投降，城破身亡！」

袁崇煥回答說：「義當死守，豈有降理！」二十四日，努爾哈赤派兵猛力攻城。城堞上，箭頭如傾盆雨；懸牌上，矢鏃如刺蝟皮。後金兵攻城不下，努爾哈赤命軍士冒死鑿城挖洞。後金兵將城牆鑿開三四處高約兩丈的洞口，明守軍拋火球、扔火把燒挖城之敵。他的戰袍被射破，肩臂受傷，仍舊堅定指揮，不下火線。二十五日，袁崇煥命用西洋大炮，從城上往下轟擊，重創八旗軍。努爾哈赤對這種新引進的西洋大炮，其來源，其特點，其性能，其威力，一無所知，毫無準備。炮過之處，死傷一片。官兵害怕，畏縮不前。努爾哈赤親自督陣，後金將領持刀驅兵向前，快到城下，畏炮又退。有史記載：城上西洋大炮擊中黃龍幕，傷一大頭目，用紅布包裹，官兵抬去，放聲大哭。對上述史料，清史界有不同見解。有的學者認為：這個「大頭目」應該就是天命汗努爾哈赤。

大妃殉葬和皇太極繼位之謎

努爾哈赤一生戎馬馳騁四十四年，幾乎百戰百勝，可謂歷史上有名的常勝統帥。但正所謂勝利會腐蝕聰明，權力會衝昏頭腦，他太自傲，太輕敵了。天命汗晚年，被勝利和權力腐蝕了聰明，沖昏了頭腦，犯下錯果，吞下苦果。天命十一年（一六二六）正月的寧遠之敗，是努爾哈赤起兵以來所遭遇到的最重大挫折。此後，天命汗鬱鬱寡歡，陷入苦悶。八月十一日，在瀋陽地區憂憤而死，將他未竟的事業留給了他的後繼者。

一代帝王生命結束之日，恰恰是子嗣們奪權爭位的白熱之時。大妃阿巴亥足智多謀胸懷大志，且由其所出的三個兒子在八貝勒中佔有了強勢，更為重要的是，在努爾哈赤死前的四天中，唯有她在身旁承命侍側。因此對於皇太極、代善等競爭勢力來說，她是最致命的對手。若不將她剷除，她可藉「遺命」之威，任用封、賞、貶、諫之權，還不鬧得天地翻覆？於是，一場陰謀開始了。

滿族先人女真像許多游牧民族一樣，汗位繼承沒有實行嫡長制。努爾哈赤身後的大位由誰來繼承？當時沒有一個制度。努爾哈赤生前為著鞏固權位，先幽死胞弟舒爾哈齊，又殺死長子褚英。努爾哈赤晚年在汗位繼承問題上非常煩惱，他沒有指定繼承人，而是宣布《汗諭》：實行八和碩貝勒共議推舉新汗和廢黜大汗的制度。所以，他死之後，屍骨未寒，汗位之爭，非常慘烈。當時在諸貝

勒中，以四大貝勒的權勢最大，地位最高；此外，還有多爾袞、多鐸。四大貝勒是：大貝勒代善、二貝勒阿敏、三貝勒莽古爾泰、四貝勒皇太極。皇太極在四大貝勒中，座次和年齒均列第四，為什麼卻能登上後金國汗的寶座？

當時的形勢是：二貝勒阿敏是皇太極的堂兄，其父舒爾哈齊獲罪被圈禁至死。阿敏自己也犯下大過，自然沒有資格也沒有條件爭奪汗位繼承權；三貝勒莽古爾泰是皇太極的五兄，有勇無謀，生性魯莽，軍力較弱。他的生母富察氏曾因過失獲罪，莽古爾泰竟親手殺死母親。這種人，名聲比較差，可做統兵大將，但不能做一國之君，更沒有條件爭奪汗位；大貝勒代善有資格、有條件也有可能繼承汗位。代善性格寬柔、深得眾心，且軍功多、權勢大。努爾哈赤曾預示日後由其襲受汗位，說：「百年之後，我的幼子和大福晉交給大阿哥收養。」大阿哥就是代善。皇太極雖有大志、藏玄機、有帝王之材，但同乃兄代善爭奪汗位繼承，各方面均處於不利的地位，於是不得不暗設機關。

有人說上面所述的小福晉德因澤告發是受到皇太極的指使，皇太極藉大福晉同大貝勒代善難以說清道明的「隱私」，施一箭雙鵰之計：既使大貝勒聲名狼藉，又使大福晉阿巴亥遭到懲處。大福晉阿巴亥在這次事件中受了點「傷」，但沒有「死」，不久又得到努爾哈赤的寵愛。努爾哈赤死時，她當時三十七歲，正值盛年，丰姿嬈豔。阿巴亥生有三個兒子：當時阿濟格二十二歲、多爾袞十五歲、多鐸十三歲。多爾袞、多鐸兄弟也有資格同皇太極爭奪皇位。要削弱多爾袞、多鐸的力量，最好的辦法就是處死大妃。另外，努爾哈赤臨終之時，雖然只有阿巴亥一人守在身邊，她向諸位皇子傳達老汗王的遺囑是「多爾袞嗣位、代善輔政」的努爾哈赤的臨終遺命。遭到四大貝勒的斷

然否定，他們是有道理的，因為和碩貝勒共治國政，不但汗王生前反覆強調，而且書寫成訓示交給了每位貝勒，白紙黑字，證據確鑿；而所謂的臨終遺言沒有第二人能夠證明，即使汗王真的在去世前的昏迷中說了類似的話，也只能視為錯誤的命令，不可執行。

但是阿巴亥既然放出了所謂「臨終遺言」，即便不能把家族推向鬥爭的血海，也會埋下不睦的種子，早晚釀成災禍。而且，皇太極地位聲望漸隆，怎肯將皇位讓給還不懂事的多爾袞呢？當時八旗人馬中，皇太極掌握兩黃旗，代善掌握正紅旗，阿敏掌握鑲藍旗，莽古爾泰掌握正藍旗，所餘鑲紅、正白和鑲白三旗旗主，分別是阿濟格、多爾袞和多鐸。阿濟格、多爾袞和多鐸在他們分別只有十九歲、十二歲和十歲的時候，就成為擁有一旗、與諸兄並駕齊驅的旗主。諸兄能夠成為旗主，完全是因為在戰場上出生入死，流血拼命，而幼弟恃母親受寵而得汗王厚賜，怎能讓人心服口服？

再者，阿巴亥的三個兒子阿濟格、多爾袞、多鐸所掌握的力量已經超過四大貝勒中的任何一個，如果再有他們的母親阿巴亥以國母之尊聯綴其上，那麼其他五位旗主誰不畏懼？誰又敢不服從？那麼阿巴亥就能因此而左右八旗、左右整個大金國的政局，破壞八王共執國政的均衡，對大金國、對他們每個人，尤其是對與阿巴亥有宿怨的皇太極和莽古爾泰，後果都是不堪設想的。所以必須除掉阿巴亥。因為除掉這個總首領的母親，就容易使三個同母兄弟分離，不能形成三人聯合的雄厚力量。一旦多爾袞、多鐸成年，後果就不堪設想了。所以一定要馬上將他們的母親處死，才能保證後金政權的穩定。所以大福晉沒有別的選擇，她必須死去。

在努爾哈赤死去十八個小時之後，他最寵愛的大福晉阿巴亥被四大貝勒逼迫生殉，理由是努爾哈赤有遺囑在先：大福晉雖然年輕貌美，但心懷嫉妒，常常使汗王不快，如果留下，將來恐怕會成為亂國的根源，所以必須殉夫。按當時的習俗，妻殉夫必須具備兩個條件，一是愛妻，二是沒有年幼的兒子，阿巴亥雖然符合前一條，但她確有兩個幼子需要撫育。

根據《實錄》記載：四大貝勒告訴她：這是汗王的遺命，他們縱然不忍心、不願意，卻不敢不從。而且，從殉的儀式都已經準備好了。按規矩，殉者盛裝坐炕上，眾人對之下拜，然後以弓弦扣頸勒斃；若殉者不肯殉，則群起而扼之，至死為止。

到了這一步，阿巴亥還有什麼辦法？她只能屈從，換上禮服，戴滿珠寶飾物，雖然照規矩殉者不得哭，她還是哀告諸貝勒，請求他們照顧她的幼子多爾袞和多鐸，在不得已的情況下，她還說了些冠冕堂皇的話：「我自十二歲侍奉汗王，豐衣美食已二十六年；汗王恩厚，我不忍離開他，所以相從於地下。」就這樣，努爾哈赤死後，在皇太極等四大貝勒的威逼下，她自縊而死（一說被用弓弦勒死）。

現在研究這段歷史，不少人認為努爾哈赤並無遺言，大妃之死乃諸貝勒之逼殉。諸家觀點及所舉理由也不盡相同，歸納起來有如下看法：（一）努爾哈赤曾欲立多爾袞，代善支持皇太極登極，為確保多爾袞之母不加反對，必須逼迫其自盡；（二）努爾哈赤並未確指繼承人，但多爾袞三兄弟每人都被父汗任命掌管一旗，其他皇子為強，如三人聯合起來，且有其母大妃支持，勢力強大，因而四大貝勒迫大妃自盡；（三）努爾哈赤臨終不將大妃為其殉葬之事告訴她，值得懷疑，因而是代

善、皇太極等人強制其殉夫，並無遺命；（四）諸貝勒對多爾袞三兄弟並無戰功僅憑其母親的尊貴身分而成旗主不滿，對大妃反感；（五）努爾哈赤臨死前召見大妃，很可能曾向她說過許多不利於諸貝勒的「遺命」，因而諸貝勒將其逼死。

福耶？禍耶？苦耶？樂耶？一個女強人就這樣倒下了。跟阿巴亥同時陪殉除了庶妃阿濟根，還有那個向她擊射暗箭的小妃德因澤。不知道她最終能否原諒那個熱衷於搬弄是非的小女人？無論卑鄙、崇高，無論渺小、偉大，無論得寵、失愛，她們各自的終點卻是那個共同的土堆，歷史的如此安排讓人唏噓不已……

阿巴亥死後，多爾袞、多鐸年幼，失去依靠，沒有力量同皇太極爭奪大位。據《清史稿·索尼傳》記載，多鐸曾說：「當立我，我名在太祖遺詔。」由此看來，努爾哈赤生前或有遺詔，可是至今沒有見到。多爾袞攝政時也曾經說過：「太宗文皇帝之即位，原係奪立。」所以，皇太極到底是繼位還是奪位？至今學界仍有不同的意見。

代善失勢、多爾袞失母，皇太極在大位爭奪中處於有利地位。新汗的推舉議商，在廟堂之外進行。大貝勒代善的兒子岳托、薩哈璘到其父的住所，說：「四貝勒（皇太極）才德冠世，深契先帝聖心，眾皆悅服，當速繼大位。」代善說：「這是我的夙願！你們所說，天人允協，誰不贊同。」這樣，父子三人議定。第二天，諸王、貝勒、貝子聚於朝廷。代善將他們的意見告訴二貝勒阿敏、三貝勒莽古爾泰及諸貝勒。沒有發生爭議就取得共識，一切看起來是那麼的風平浪靜。皇太極終於登上大位。

大妃之子

　　皇太極倒也沒有食言，大妃死後，並沒有為難她的三個兒子，這反映了皇太極這位奠定滿清江山者的氣魄和英明。歷史也證明，正是大妃之子在滿清入關時立下了汗馬功勞。

　　天聰二年（一六二八）二月，皇太極親率大軍征察哈爾蒙古之多羅特部，多爾袞與多鐸二人從征，這也是兄弟二人初次出征。凱旋後，皇太極以「初次令兩幼弟隨征遠國，克著勤勞，克期奏凱，宜錫美號，以示褒嘉，於是賜貝勒多爾袞號為墨爾根戴青，多鐸為額爾克楚虎爾」。半個月後，又命多爾袞代兄長阿濟格鑲白旗固山貝勒任，成為該旗旗主。

　　天聰五年（一六三一）七月所設六部，全部用一班小貝勒管部務，多爾袞被任命為六部之首的吏部管部貝勒。吏部負責中央各部及旗下官員的任免，職位至重，對中央集權及汗權的強化具有重要作用。多爾袞擔當此任，表明皇太極對他的看重。由於多爾袞用兵盡心職守，對部務處理有方，受到皇太極的好評，稱讚該部「辦事妥協，不煩朕慮」。多爾袞用兵講究策略，且常常以計取勝，因而頗得皇太極賞識，多次被任為統兵之帥。尤其是天聰九年的收服察哈爾殘部，並獲元朝傳國玉璽；崇德元年（一六三六）底、二年（一六三七）初征朝鮮，攻取朝鮮國王所避居的江華島，多爾袞都立奇功。

　　多爾袞由於睿智多謀，屢建奇功，行政策略與皇太極之意相合，君臣配合默契，頗得皇太極的

青睞與眷顧，皇太極曾說多爾袞「舉動皆合朕意」。還對多爾袞說：「朕之加愛於爾，過於諸子弟，良馬鮮衣美饌，責予獨厚。所以如此加恩者，蓋以爾勤勞國政，倍遵朕命故也」。多爾袞自己後來也說皇太極對他的「特異於諸子弟」。

崇德朝，皇太極已把多爾袞視為心腹之臣和得力助手，多爾袞也由於皇太極的重用及其功績，威望與地位不斷提高，超越諸王貝勒之上，與鄭親王濟爾哈朗一起，成為皇太極御座之下兩個最有影響力的朝臣。雖然在崇德六年（一六四一）圍困錦州之時，多爾袞因部署兵力等問題，與皇太極的計畫不相合，與豪格同被治罪，降為郡王，但松錦大捷後即以功復親王。幾個月後，皇太極因病不能理政，多爾袞又受命與鄭親王濟爾哈朗、肅親王豪格、武英郡王阿濟格一起代理朝政。至皇太極逝世以前，多爾袞與皇太極基本上還保持著以前的那種關係。

多鐸在皇太極繼位時年方十三，此後還可以說是他的成長期，天聰九年（一六三五）後金攻明山西，為牽制明寧、錦之兵援助，多鐸首次被任為領兵之帥攻明寧、錦一線，取得勝利，受到皇太極的褒獎。崇德元年（一六三六）四月，皇太極大封宗室，多鐸以正白旗主且為努爾哈赤的嫡出幼子而得封豫親王。六月，又命其管禮部事，接替剛逝世的薩哈廉；兵部貝勒岳托死後，多鐸又於崇德四年（一六三九）初繼掌兵部，表明皇太極對這個幼弟還是比較重視的。

多鐸大約是由於以前努爾哈赤對他嬌寵的緣故，行為任性，放蕩不羈，平時喜狎妓、弦歌、穿奇裝異服，時或酗酒，完全一派花花公子的作風。皇太極雖幾次對其密示或懲戒，但多鐸滿不在乎，仍然我行我素，對皇太極也不太敬重，元旦朝賀，竟以瘠馬獻汗。皇太極一直隱忍未言。崇德

四年（一六三九）五月，終於藉其臨陣逃脫之事，召諸王貝勒大臣於崇政殿，令多鐸跪受戒諭，歷數其劣行，並予降其親王為貝勒、罰銀萬兩、暫籍牛錄及家產的懲處。另據當時在盛京的朝鮮人記載，多鐸還被拘禁在家，由旗兵看守。

阿濟格是有名的猛將，但政治方面卻少才能，因而在國家政務上不為皇太極所重用。設立六部後，諸小貝勒都曾管過部務，只有他從未擔當此重任。阿濟格性情狂躁粗暴，做事也頗任性，也屢屢被皇太極訓斥懲處。崇德二年（一六三七），皇太極與諸王商議他出征皮島違犯軍令罪時說：「以皮島之罪，朕曾思革爾王爵，對爾訓戒已感厭煩，此後不復訓誨矣！」。皇太極對阿濟格的懲處，也不乏感情用事之處。阿濟格擅自作主，為其弟多鐸娶阿布泰之女，被皇太極免去鑲白旗主之任，以多爾袞代之。後來幾件事的處理，增加了阿濟格對皇太極的怨恨。崇德四年（一六三九）九月，因阿爾格之首告，議政王大臣會議判處，將額亦都子孫圖爾格等人及其所領有的三牛錄，從阿濟格屬下撥出，撥歸皇帝的鑲黃旗。崇德七年（一六四二）九月，又因阿濟格在駐兵高橋時，口出怨言，思欲潛歸，圍寧遠時不守汛地，私自打獵，皇帝宴責諸王貝勒，阿濟格席間擅自歸第等等，擬其罪，皇太極令罰銀萬兩，又把阿布泰由阿濟格屬下撥隸其弟多鐸。這些事，使阿濟格與皇太極的矛盾愈益尖銳化。守高橋時，正值皇太極愛妃宸妃病死，皇太極悲痛萬分，阿濟格卻在營帳中「歌舞作樂」，「彈弦為戲」。不到一年，皇太極也亡逝，諸王爭立，阿濟格立即加入到擁立多爾袞、極力反對皇太極之子嗣位的行列。

多爾袞欲爭帝位未成，立年幼福臨為君（是為順治帝），與濟爾哈朗聯合輔政。旋稱攝政王，

實掌軍政大權。順治元年（一六四四）四月，以奉命大將軍率阿濟格、多鐸等統滿、蒙、漢軍十餘萬攻明。在山海關東威元堡誘降前往乞師的明總兵吳三桂，合兵在山海關之戰中，大敗李自成軍約十萬（一說六萬）。五月佔領北京，確定遷都於此，以武力統一全國。制定了先攻農民軍，後滅南明政權，聯合漢族官僚地主勢力，以漢治漢的方略。同年十月，受封叔父攝政王。旋命阿濟格為靖遠大將軍、多鐸為定國大將軍，合擊大順軍於陝西。順治二年（一六四五）三月，命多鐸分兵三路南下，四月屠揚州，五月佔南京，於蕪湖（今屬安徽）俘弘光帝朱由崧，相繼滅亡弘光、隆武等南明政權。晉封皇叔父攝政王。閏六月，命兵部尚書洪承疇等經略江南及粵、贛、閩、湖廣、雲貴等地，以攻撫之策相繼平定江南。順治三年（一六四六），命豪格為靖遠大將軍，率師攻四川大西農民軍。命博洛為征南大將軍征閩、浙。命多鐸為揚威大將軍，率師征蒙古蘇尼特部騰機思等。命孔有德為平南大將軍，同耿仲明等率師征湖廣。十一月，豪格於四川西充鳳凰山射殺大西農民軍首領張獻忠。順治四年（一六四七）七月，罷濟爾哈朗輔政，獨專朝政。為排斥異己，多爾袞逼豪格致死。初設六部漢尚書、都察院左都御史。禁民間養馬及收藏軍器。命濟爾哈朗為定遠大將軍，征湖廣大順軍將領李過、高一功部。順治五年（一六四八）十一月，晉封皇父攝政王。順治六年（一六四九），兩次率師親征而復叛的大同總兵姜瓖，克渾源（今屬山西）等地。順治七年（一六五○）十二月初九（一六五○年十二月三十一日）病卒於喀喇城（今河北承德市郊），年三十九歲。追尊為誠敬義皇帝，廟號成宗。不久，追論生前謀逆罪，削爵。乾隆四十三年（一七七八），復睿親王封號。多爾袞謀勇兼備，能重用漢族謀臣和將吏；統兵馭將，賞罰分明；

善於把握戰爭全局，集中兵力，各個擊破。尤其能掌握時機，一舉揮軍入關，確立了清王朝在全國的統治。

多爾袞死時，弟弟多鐸已於順治六年三月染天花亡。時年三十六歲。至此多爾袞的同母兄弟唯存英親王阿濟格。多爾袞在順治八年（一六五一）的正月既已被封為皇帝，按理說應該兄以弟貴，就算不跟著沾光，也絕無遭殃的道理。但事實是就在多爾袞尊為皇帝配享太廟的同時，阿濟格竟然被幽禁。史稿中記載：正月，多爾袞薨於喀喇城，阿濟格赴喪次，諸王夜臨，獨不至，召其子郡王勞親以兵脅多爾袞所屬使附己。喪還，上出迎，阿濟格不去佩刀。勞親兵至，與合軍。多爾袞左右籲阿濟格欲為亂，鄭親王濟爾哈朗等遣人於路監之。還京師，議削爵，幽禁終身。

大妃之子雖各個戰功卓著，但一個英年早逝、一個染天花而亡、一個幽禁而死，身後又多有罵名，都可以說不得善終！

孝莊文皇后

《清史稿‧列傳一‧后妃》：孝莊文皇后，博爾濟吉特氏，科爾沁貝勒寨桑女，孝端皇后姪也。天命十年二月，來歸。崇德元年，封永福宮莊妃。三年正月甲午，世祖生。世祖即位，尊為皇太后。順治十一年，贈太后父寨桑和碩忠親王，母賢妃。十三年二月，太后萬壽，上制詩三十首以獻。上承太后訓，撰內則衍義，並為序以進。聖祖即位，尊為太皇太后。（康熙）二十六年九月，太后疾復作，上晝夜在視。十二月，步禱天壇，請減算以益太后。讀祝，上泣，陪祀諸王大臣皆泣。己巳，崩，年七十五。世祖親政，上太后徽號，國有慶，必加上。至聖祖以雲南平，奏捷，定徽號曰昭聖慈壽恭簡安懿章慶敦惠溫莊康和仁宣弘靖太皇太后，初奉安上諡。雍正、乾隆累加諡，曰孝莊仁宣誠憲恭懿至德純徽翊天啓聖文皇后。

孝莊文皇后，姓博爾濟吉特氏，名布木布泰，明萬曆四十一年（一六一三）出生在蒙古科爾沁部，貝勒寨桑之女。天命十年（一六二五）二月，嫁給後金汗努爾哈赤第八子皇太極為妻。翌年八月，努爾哈赤身患毒疽病逝，皇太極繼承汗位，崇德元年（一六三六）改號稱帝時，封布木布泰為永福宮莊妃。她生三女一子，即皇四女固倫雍穆長公主、皇五女固倫淑慧長公主、皇七女固倫淑哲長公主、皇九子福臨。由於她在后妃中聰明能幹，深受皇太極寵愛。

莊妃勸疇：初露鋒芒

莊妃自幼「無他好，而獨嗜圖史」，頗通治國之道。皇太極時期，她「贊助內政，越既有年」。輔佐太宗文皇帝肇造王基。崇德七年（一六四二年），清取得松錦大戰的勝利，明朝在關外的精銳已經喪盡，因此皇太極積極準備率領大軍入關爭奪天下，但是深感對關內的情況不了解，急需「引路者」，他認為松山被俘，關在瀋陽三官廟的明薊遼總督洪承疇是最佳人選，他既深知明廷，又熟悉農民軍的情況。因此，不惜一切代價勸其降清，曾命漢官重臣范文程前去說降：又是金錢，又是美女，但洪承疇不為所動，大義凜然地說：「本帥只知有明，不知有清，只知有死，不知有降！」說罷面壁而坐，不飲不食，只求速死。皇太極真是拿他毫無辦法。消息傳到京城，明王朝舉國上下為之感動，立即為他舉行了追悼會，崇禎皇帝還親臨祭奠。可是，此時洪承疇並未慷慨就

義，不但降了清廷，而且當了清軍入關的「開路先鋒」。立此勸降大功的人，不是別人，正是莊妃。

據野史傳說，在洪承疇絕食的第四天，屈辱痛苦恍惚之間，忽然一位漢族打扮的俏麗女子推門而入，嗚咽地陪坐在洪承疇的身邊，竟使洪承疇喪失了戒心，視其為同病相憐之人，攀談起來。並想起自己的嬌妻愛子，百感交集，淚如泉湧。那女子一面為他拭淚，一面悄聲勸道：「將軍啊，人生求死容易，活下去才難。明朝比如一座大廈，將軍你就是明朝的棟樑，如果棟樑樑折，明朝還靠什麼來支撐？當前，明清兩國勢均力敵，戰則兩敗俱傷，和則共同興旺。以將軍的威望，若能保全性命，從中調停，把弄僵的局面扭轉過來，達成協定，豈不是報效了朝廷和天下生民麼？」洪承疇沉吟不語。那女子又乘機娓娓道來：「將軍縱使不念及家人和我小女子的私情，也應念及生民和社稷，清主仁慈寬宏，絕不會為難將軍的。」洪承疇剛剛點頭，門就立刻打開了，原來大清皇帝皇太極「恰巧」來了，他正在盼望這個結果！

此後，洪承疇跟隨多爾袞入關，攻城掠地，滅明輔清，平定江南，掃蕩雲貴，擊敗李定國，除去明桂王，為清王朝馳騁疆場二十餘年，真正稱得上是滿清掃平中原的先鋒。

這就是野史記載和民間流傳的「莊妃勸疇」，使洪承疇「棄舊圖新」，停止絕食，剃髮歸降，成為滿清入關建立全國政權的「引路人」。

此事正史雖無記載，但從洪承疇由堅決不降而又很快降清，以及從莊妃一生熱衷於政事的情況看，由她出面勸降洪承疇，這意味著皇太極親臨說降，而使洪承疇很快投降，這是有可能性的。

輔佐順治

崇德八年（一六四三）八月九日，清太宗皇太極患腦溢血突然病故，因為他生前未立嗣子，所以：「諸王兄弟，相爭為亂，窺伺神器」。當時爭奪皇位最激烈的是睿親王多爾袞（太宗之弟）和肅親王豪格（太宗長子）叔侄，兩白旗貝勒大臣支持多爾袞，兩黃旗貝勒大臣擁戴豪格，雙方劍拔弩張，大有火拼之勢。這時善於謀略的莊妃，雖然沉浸在年輕喪夫的悲痛之中，仍不忘國事，看到滿族貴族內部出現的繼統危機，如果處理不好，必然影響清的前途。因此她為了清統治階段的根本利益，把個人安危置之度外，挺身而出，干預此事，設法使自己的兒子福臨繼承皇位，以此來平衡協調多爾袞與豪格雙方的爭奪，從而制止一場自相殘殺的悲劇。當時她施展巧妙的政治手腕，籠絡各方力量，特別是將多爾袞叫進宮來，施加壓力，立其子福臨。在崇政殿諸王商討立嗣會議上，有人提出要立豪格，可是他對形勢估計不足，卻虛假的表示謙讓，「固辭退去」，而立於殿外的兩黃旗大臣舉行武薦，要求「立帝之子」。大貝勒代善表示贊成，除了豪格以外，顯然包括福臨。多爾袞見此情景，雖然有人「勸睿親王即帝位」，但是他看到面對的形勢不利，而莊妃會前要求立福臨，正是擺脫眼前困境的唯一辦法，於是對自己「即帝位」，「猶豫未允」，採納了莊妃的意見，表示同意「立帝之子」，既然豪格「固辭退去」，便提出要立年方六歲的福臨為帝，所謂「八高山（即固山）軍兵，吾與右真王（即濟爾哈朗）分掌其半，左右輔政，年長之後，當即歸政」。

這個折衷方案，即尊重「立帝之子」的要求，又便於日後對幼帝的控制，因此為雙方貝勒大臣所接受。莊妃在這場繼統鬥爭中取得了勝利，不僅阻止了滿族貴族的內訌，而且使其子福臨繼承了皇位，成為清朝入關後的第一個皇帝，自己則被尊為皇太后。

因順治元年（一六四四）清入關後，攝政王多爾袞的權勢不斷擴大，企圖做皇帝的欲望也日益增加，為此他植黨營私、打擊異己、獨專朝政，竟為自己建碑記績，命史官按帝王禮制記攝政王起居注，停止御前跪拜禮、私製御用服飾等等，根本不把順治帝放在眼裏，以皇帝自居，因此「大權在握，關內關外咸知有睿王一人」。皇太后見多爾袞所作所為，深知他隨時都可能發動政變，奪取福臨皇位，這必導致滿族貴族內部混亂和鬥爭，不利於清初的統一，也不利於她們母子的命運，於是她為了對付這種危急的形勢，粉粹多爾袞奪位陰謀，保住兒子福臨的皇位，採取以下策略：

一是韜晦之計。皇太后表面上對多爾袞準備奪位稱帝的種種行徑，皆無動於衷，置之不理。而幼帝福臨在母后的授意下，「遨嬉膠檜，漁獵鄙事，無不為之」，因此多爾袞「安意無猜，得以善全」。這就起到了麻痺和延緩多爾袞政變的作用。

二是密切感情。關於太后下嫁之說，眾說紛紜，不過蒙古族和滿族有兄死則妻其嫂的傳統習俗，後來雖經禁止，但影響仍存在。明遺臣張煌言在《建夷宮詞》一詩中云：「上壽觴為合巹尊，慈寧宮裏爛盈門，春官昨進新儀注，大禮恭逢太后婚」。似指太后下嫁，正史無記載，王佩環先生在《清宮后妃》一書中有敘述，也認為有此事。與多爾袞加強感情聯繫，以確保福臨的地位和政局的穩定卻是事實。（「下嫁」之謎詳情見下）

三是宣稱皇父。順治五年（一六四八）十一月，順治帝「加皇叔父攝政王為皇父攝政王，凡進呈本章旨意，俱書皇父攝政王」，同時宣示中外，在給朝鮮國「諮文中有皇父攝政王之語」。從形式上密切多爾袞與福臨的關係，在表面上提高多爾袞的政治地位，以達到穩定、約束、限制多爾袞的作用。

以上策略收到了好的效果，多爾袞的皇帝夢始終未能實現，當他犯病時，曾無可奈何感歎地說：「若以我為君，以今上居儲位，我何以有此病症」。

順治七年（一六五〇）十一月十三日，時值寒冬，多爾袞心情不好，不顧身體有病，帶領王公大臣往邊外圍獵，不慎從馬上摔下受傷，經過簡單治療，又上馬繼續追獵，此時「度不自支」，頓回到喀喇城。他見病情日益加重感到不久於人世，但對奪位稱帝未成，在彌留之際，秘召其兄「英王（阿濟格）語後事，外莫得聞」。但是從阿濟格事後種種詭祕行動分析，是對攝政王權力的交接有所安排，因此他積極「計圖攝政」。十二月九日，多爾袞病死，阿濟格「即遣三百騎入京」企圖逼宮奪權，製造動亂。但被隨獵的大學士剛林發現，「知其意，立策馬行日夜馳七百里，先入京」，將此情急報皇太后和順治帝。皇太后得知多爾袞已死，阿濟格派兵入京逼宮，她沉著應戰，「閉九門」，遍告宗王、固山等為備，俄三百騎至，皆鎧甲，盡收誅之，英王未知也」。然後「派兵役監英王至京」，逮捕問罪，就這樣粉碎了阿濟格的逼宮奪權的政變陰謀。

當攝政王多爾袞死訊傳到京城，滿朝震驚，各有所思，人心浮動，謠言四起。皇太后為了穩住政局，特別要防止多爾袞的死黨反上作亂，授意順治帝下詔「臣民易服舉喪」，親率諸王、貝勒、

文武百官出東直門迎接靈柩，以「帝禮」厚葬，追尊「義皇帝，廟號成宗」。至此，多爾袞獲得了最高的榮譽和地位，生前未能稱君，死後卻被尊為帝，這當然是個絕頂高明的策略，使多爾袞的死黨放心，不會因為他專權欺君，而罪及己身，所以沒有鬧事。

順治八年（一六五一）二月，議政大臣蘇克薩哈上疏告發多爾袞生前「陰謀篡逆」等罪行。於是皇太后認為時機已到，徹底清算多爾袞的罪行，藉此清除敵對勢力。因此，順治帝詔示中外，公布多爾袞的罪狀，指出多爾袞「逆謀果真，神人共憤，謹告天地、太廟、社稷，將其母子並妻所得封典，悉行追奪」。並把多爾袞扶植的心腹黨羽一網打盡，有的處死，有的監禁，有的貶革，從而進一步鞏固了福臨的帝位。

多爾袞死後，解除了奪位的威脅，皇太后精心輔助其子福臨主政。首先要求順治帝努力學習漢族文化，精通治國安邦之術，同時下令把許多漢籍譯成滿文，供滿族貴族閱讀，從中吸取漢族統治經驗；其次為了加速清初統一全國的進程，積極團結漢族的文官武將，使他們成為清王朝效力工具。順治十年（一六五三），她把在桂林戰死的平南王孔有德的女兒孔四貞，「育之宮中，賜白金萬兩，歲俸視郡主」。同年，又把皇太極的第十四女和碩格格純長公主嫁給平西王吳三桂之子吳應熊為妻。再者，明末清初長期戰爭，社會生產遭到嚴重破壞，所以她提倡節儉，曾多次把宮中節省銀兩賑濟受災民眾，等等。這些都表現出她的深遠謀略和政治才能，確實難能可貴。

順治十六年（一六五九），南明永曆朝延平王鄭成功率領十多萬大軍北伐，勢如破竹，由舟山進入長江，攻佔鎮江，包圍南京，佔領江蘇、安徽四府三州二十四縣；江西、浙江等省州縣也有舉

旗回應的，一時震動了清廷。順治帝對江南地區突然驟變的形勢驚惶失措，束手無策，一會兒要逃往關外，一會兒又要率軍親征，皆遭到母后的反對和斥責，據史書記載：「當這個噩耗傳至北京，皇帝完全失去了他鎮靜的態度，而常有逃回滿洲之思想，可是皇太后向他加以斥責。她說：他怎麼可以把祖先們以他們的勇敢所得來的江山，竟這麼卑怯地放棄了呢？他一聽皇太后這話，這時反而竟發起了狂暴的急怒。他拔出他的寶劍，並且宣言為他絕不變更的意志，要親自去出征，或勝或死。為堅固他的言詞，他竟然用劍把一座皇帝御座劈成碎塊。不過，順治帝最終放棄親征，遵照母后旨意，派兵南下，傳旨駐守南京的江南總督郎廷佐堅守南京，最後清軍取得南京之戰的勝利，收復江南失地，時逼金、廈。所以順治帝曾這樣說：「朕自弱齡，即遇皇考太宗皇帝上賓，教訓撫養，唯聖母皇太后慈育是依」。皇太后的精心輔佐，在很大程度上幫助其子順治帝在清初複雜激烈的鬥爭中取得了重大勝利。

「下嫁」之謎與「立后」：母子關係的糾葛

這樣一對相依為命的母子，按理說應當母慈子孝、關係融洽。但事實似乎並非如此。關於順治皇帝和母后的關係，《清史稿·后妃傳》僅有例行公事的四句話「世祖即位，尊為皇太后。贈太后父寨桑和碩忠親王，母賢妃。十三年二月太后萬壽，上制詩三十首以獻。上承太后訓，撰《內則衍

義》，並為序以進。」以上四句話、總共六十個字而已。而同一篇傳記，記載康熙同他祖母關係的

則有七百一十五個字。從中透露出順治同他母親的關係並不太協調。

立后之爭

順治小時候貪玩，母后管教過嚴，這是家庭中的常理。這一點不構成母子不和的原因。我認為

導致順治同母后的關係並不太協調最關鍵因素是「情」：「立后」和「下嫁」。皇太后和順治帝母

子間在「立后」的問題上存在著矛盾和分歧，前者出於國家大統，後者重於個人感情。自太祖、太

宗開國創業以來，把與蒙古「姻盟」視為團結蒙古各部，增強國力的重要政治措施，收到了很好的

效果，來自蒙古科爾沁的皇太后深有體會，因此她為順治帝兩次「立后」皆出於此種政治目的。第

一次立蒙古科爾沁部卓禮克圖親王克善之女為后，順治的皇后是母后和叔父多爾袞指定的。小皇后

出身蒙古科爾沁貴族，從小嬌生慣養，順治不喜歡。雖然勉強成了親，但婚後經常發生口角。不久

順治帝認為志意不協，傳旨廢后，雖然皇太后不同意，但是看到兒子執意要廢，也就不強求了，於

是將皇后廢為靜妃，改住在側宮。就這樣，順治不顧母后和大臣的反對，強行廢掉了皇后。直到順

治病危的時候，被廢的小皇后想要見他一面都不給任何機會。第二次立蒙古科爾沁部貝勒綽爾濟之

女為后，順治帝仍不滿意，又要廢后，卻遭到母后的反對，未能廢成。可見再立一個皇后，順治還

是不喜歡。

再者，順治喜歡董鄂妃，愛得死去活來。後來皇太后得知，順治帝已有意中人，是內大臣鄂碩之女董鄂氏，她很理解兒子的個人感情，便把董鄂氏召入宮內立為賢妃。但順治帝要立董鄂氏為后，所以再次提出廢后，這次不僅母后反對，而且連知書達理的董鄂妃也不同意，於是順治只好作罷。

董鄂氏隸屬滿洲正白旗，父親鄂碩任內大臣，母親卻是江南的一位才女。她兼有滿漢女子的優點，既有滿洲性格的豪放、開朗、灑脫，又有漢家才女的蘊藉、溫柔、多情善感。她外柔內剛，含而不露，有心胸、有見識，可謂是姿容絕代。

順治年幼即位，大權最初由叔叔多爾袞掌管，自小形成暴躁、猜忌的性格。再加上娶了一個刻薄的妻子，事事過得不順心。清初有命婦輪番入侍后妃的制度，這便給順治帝與董鄂妃相識熱戀提供了機會。董鄂妃經常到後宮來拜見皇太后。她天生麗質，又很樸素，看起來宛若仙子，引起了順治的注意。董鄂氏之夫博穆博果爾經常從軍出征，董鄂氏出入宮苑侍候后妃，與福臨相識並墜入情網。孝莊皇太后察覺後立即採取措施，宣布停止命婦入侍的舊例，以「嚴上下之體，杜絕嫌疑」。但這一切並不能阻止福臨對董鄂氏的迷戀。為了獲得更多接近董鄂氏的機會，順治十二年（一六五五）二月，福臨封博穆博果爾為和碩襄親王，以示優寵。後來博穆博果爾得悉其中內情，憤怒地訓斥董鄂氏。這事被福臨知道，他打了弟弟一耳光，博穆博果爾因此羞憤自殺。未及守孝一年，董鄂妃便被順治皇帝接進宮裏封為王妃。一個月後，晉為貴妃，地位僅次於皇后。

順治對董鄂氏的感情，已到了無以復加的地步。他認為董鄂氏有德有才，正是理想的皇后人選，準備二次廢后。順治的皇后是科爾沁蒙古博爾濟吉特氏親王的女兒，科爾沁蒙古自滿清入關以

前就始終支持皇太極平定滿洲，奪取天下的戰爭，是蒙古四十九旗中最強大而舉足輕重的一支。

假如順治再度廢后，改立董鄂氏，蒙古女人失去中宮主子之位，勢必影響滿蒙關係，動搖大清帝國的立國之基。所有這些，順治不是不知道，可是當一個人感情狂熱的時候，理智難免就要喪失。董鄂氏沒有顯赫的家庭背景，她的母親還是一個漢族女子。

因祖宗有「滿漢不通婚」的制度，順治皇帝甚至公然下令除去太廟匾額上的蒙古文字。同時，那位生活在感情荒漠中的蒙古皇后，對於安排自己命運的同族婆婆並無絲毫感激，反而把不幸和怨恨，統統歸集到太后身上，連太后病倒也不去問候一聲。這種微妙緊張的母子婆媳關係維持了五、六年。

順治十七年（一六六○）八月，董鄂妃生皇四子榮親王，不久愛子病逝，董鄂妃十分傷心悲痛，身體每況愈下。順治間，董鄂妃病逝，順治帝似乎失去了一切，他「尋死覓活」，不能自拔。

年輕的順治帝，本來就尚佛事，喜好參禪，取法名「行癡」。面對繁忙的國事，他卻經常與僧人交往，把國家社稷置於腦後。董鄂妃死後更企圖淨髮為僧，步入空門。皇太后對此十分失望，堅決反對，出面阻止。

母皇太后懿旨，皇貴妃佐理宮中事務多年，以其賢淑之德行教化宮闈，成績斐然。如今突然去世，朕內心深為痛悼。現追封皇貴妃為皇后，以示褒獎推崇。朕仰承太后懿旨，特此追封，並加以下諡號：孝獻莊和至德宣仁溫惠端敬皇后。」順治為她親撰行狀，說她對皇太后「奉養甚至，左右趨走，皇太后安之」；「事朕，候興居，視飲食服御，曲體，無不悉」；「至節儉，不用金玉，誦四

董鄂妃死後非常哀傷，為此五天沒有上朝。不久，順治下旨禮部，稱「奉聖

書及易，已卒業；習書未久，即精」，等等。並命學士王熙、胡北龍編纂《董鄂皇后語錄》，大學士金之俊撰《董鄂皇后傳》。當時聽說的人都感到驚訝和不解：僅僅是一個貴妃，死後三天就被追封為皇后，皇帝何必如此濫加諡號？

貴妃辭世，留給少年天子無盡的哀思。四個多月之後，福臨就溘然離世，追隨愛妃而去。有人說，順治皇帝並沒有死，而是出家了。這不符合事實。從現有材料來看，順治還是死了。順治帝患天花有歷史記載，清廷還曾禁止民間炒豆。還有更加直接的證據：順治病危時，翰林院清孝陵掌院學士王熙起草《遺詔》。《王熙自定年譜》記載了這件事情：正月初二日，順治帝突然病倒，病情嚴重。第二天，召王熙到養心殿。初六日子夜，又召王熙到養心殿，說：「朕患痘，勢將不起。汝可詳聽朕言，速撰詔書。」王熙退到乾清門下西圍屏內，根據順治的意思撰寫《遺詔》，寫完一條，立即呈送。一天一夜，三次進覽，三蒙欽定。到初七日傍晚《遺詔》撰寫與修改完畢。當夜，順治就去世了。四月十七日，溪森和尚在景山壽王殿為順治遺體秉炬火化。溪森死後，順治就去世了。四月十七日，溪森和尚在景山壽王殿為順治遺體秉炬火化。溪森死後，他的門人編輯他的語錄《敕賜圓照溪森禪師語錄》記載了這件事。所以，順治帝確是死了，而不是出家。

順治臨終前說：「祖制火浴，朕今留心禪理，須得秉炬法語⋯⋯」順治帝死後被火化，由溪森和尚主持。

董鄂妃是誰？

董鄂妃是何許人？她有什麼樣的魅力令這位至高無上的年輕君主甘心為之生，為之死？

董鄂妃，她的來歷有三說：

一說是《清史稿‧后妃傳》的記載：「孝獻皇后棟鄂氏，內大臣鄂碩女，年十八入侍。上眷之特厚，寵冠後宮。」

二說是董鄂妃為秦淮名妓董小宛。董小宛原為江南名士冒辟疆之妾。傳說，清軍南下，董小宛被擄到北京，先留在王府，後被太后要了去。順治看了喜歡，就從孝莊太后那裏要到自己身邊，用滿洲姓董鄂氏。其實，只要用一些史料排比對照著看一看，就知道這個說法站不住腳。

民國初期，中國不少地方上演了《董小宛與冒辟疆》一劇，而根據冒辟疆《影梅庵憶語》記載，冒辟疆初識董小宛在崇德四年（一六三九），那一年董小宛已經有十六歲了，順治帝才二歲。而順治娶董鄂妃時是十九歲，董鄂妃才十八歲。如果董鄂妃就是董小宛，那麼此時她應當是三十三歲了，這樣的年歲顯然不合。同時，《影梅庵憶語》對董、冒二人從相識、完婚、蒙難到董小宛病死，都有比較詳盡的記錄。大致的情形是：

崇德四年（一六三九），董小宛十六歲。冒辟疆初遇董小宛。

崇德六年（一六四一），冒辟疆又巧遇陳圓圓，於是疏遠了董小宛。

崇德七年（一六四二），陳圓圓被周奎購到京師，冒辟疆重逢董小宛。

崇德八年（一六四三），董小宛二十歲，入冒辟疆家為妾。

順治二年（一六四五），董小宛二十二歲。清豫親王多鐸領軍渡江，破南京。冒辟疆在逃難中患病，「此百五十日，姬僅捲一破席，橫陳楊旁。寒則擁抱，熱則披拂，痛則撫摸，或欠身起伏，

為之左右翼」。

順治四年（一六四七），董小宛二十四歲。冒辟疆再病，「勺水不入口者二十餘日」。董小宛侍疾。

順治八年（一六五一），董小宛二十八歲，病死。當時不少文人墨客的悼念詩詞，均可證明董小宛確實是死在冒府。

董小宛比順治大十四歲，和冒辟疆結婚九年未生育，並於順治八年（一六五一）去世。這時世祖才十四歲，不可能納董小宛為貴妃。所以董小宛即董鄂氏之說實屬望風捕影，不能成立。

三說是董鄂妃原為順治的弟弟、襄親王博穆博果爾的妻子。這種說法主要來自於《湯若望傳》的記述：「順治皇帝對於一位滿籍軍人之夫人，起了一種火熱愛戀，當這一位軍人因此申斥他的夫人時，他竟被對於他這申斥有所聞知的天子，親手打了一個極怪異的耳刮。這位軍人於是乃因怨憤致死，或許竟是自殺而死。皇帝遂即將這位軍人的未亡人收入宮中，封為貴妃。」根據著名史學家陳垣先生的考證，她似乎就是順治奪十一弟襄親王博穆博果爾之妻。（本書採用此說）

太后下嫁之謎

母后同多爾袞有著說不清道不明的關係，這也就是歷史上有名的太后下嫁。這也導致母子之間

的關係並不是太好。

太后下嫁多爾袞的疑雲之起，是由於張煌言收錄在《奇雲草》中的兩首七絕，題為《建夷宮詞》：

上壽觴為合卺尊，慈寧宮裏爛盈門；
春宮昨進新儀注，大禮恭逢太后婚。

椒寢夢回雲雨散，妙選嬋閨作母儀；
披庭猶說冊閼氏，錯將蝦子作龍兒。

建夷是指建州之夷，是明朝遺民對清朝王朝的蔑稱。觴是盛酒的杯子。合卺指成婚。慈寧宮是孝莊住的地方。閼氏是漢代匈奴君主的正妻之稱呼。詩的前七句沒有什麼好解釋的，無非是詆毀醜化敵國君主。最後一句頗費解。細推之，原來指的是多爾袞無子，以弟多鐸之子為嗣。滿文稱侍衛為「蝦」。多鐸當時的職位有「領侍衛內大臣」一職。看來蝦子指的是多爾袞的義子多爾博。也就是說，順治子隨母嫁，自為「龍兒」，不必以多鐸的「蝦子」為子。先前我們常將這首詩作為無稽之談，但從多方面的證據來分析，「太后下嫁」的確是事實。

論據一：保全皇位的政治婚姻

皇太極死時，莊妃才三十二歲，年僅六歲的兒子福臨繼位。一個是三十出頭的寡婦，一個是只知玩耍的頑童。在當時，執掌朝中軍政大權的實際是睿親王多爾袞。他手握重兵，成為朝中說一不二的人物，甚至連皇帝的大印「玉璽」也搬到睿王府內使用，以代理天下。小皇帝隨時有被廢掉的

危險。人們認為，孝莊為了保住兒皇帝順治的天子寶座，而委身於小叔多爾袞。

論據二：弟娶其嫂的滿族舊俗

首先從當時滿族婚俗來看，嫂嫁小叔、兄納弟婦之事常常發生，此事不足為怪，甚至還有不管輩份的婚俗（漢族禮教稱之為「亂倫」）。站在這樣的歷史背景下來思量，盛年寡居的孝莊與壯年英武的小叔子多爾袞的結合，也就沒有什麼不好理解的了。如順治皇帝的大哥、皇太極的長子、肅親王豪格在清貴族政治鬥爭中死去後，他的兩個妻子就分別被叔父輩的多爾袞、阿濟格娶去。莊妃是蒙古人，十三歲時就與其姑母一道嫁給皇太極，因其美貌聰慧能幹，受寵多年，生有三女一子，其子後來就被立為順治皇帝。崇德八年（一六四三）皇太極死時，莊妃只有三十二歲，雖被尊為太后，仍風華正茂美麗異常。多爾袞大權在握，豈能放過這天賜良機。這時清王朝剛入關，滿洲貴族從東北剛入主北京，受到漢族文化與綱常禮教的影響與束縛很小，還大量保留原在東北時的舊婚姻風俗，如清皇室與貴族中寡婦改嫁的事頻頻發生。因此孝莊太后（莊妃）與小叔多爾袞結婚的事就是比較正常的事了。我們切不可用漢族的傳統綱常禮教去要求和看待清初的滿洲皇族。

論據三：多爾袞的「皇父」稱謂

持下嫁說的人特別強調，在順治朝多爾袞公開以皇上的父親自居，稱號就叫「皇父攝政王」，而只有皇帝的母親下嫁了，多爾袞才有可能被稱為「皇父」。人們認為，多爾袞稱謂變化的過程，恰恰反映了太后與多爾袞的婚姻由隱秘到公開的過程。《朝鮮李朝實錄》中記載，「皇父」稱號非但舉國轟動，甚至已經「聲聞海外」。《朝鮮仁祖李倧實錄》載：二十七年己丑（即清世祖順治六

年），二月壬寅，上曰：「清國諮文中，有「皇父」攝政王之語，此何舉措？」金曰：「臣問於來

使，則答曰：今則去叔字，朝賀之事，與皇帝一體云。」上曰：「然則二帝矣。」朝鮮邦外屬國，

國王都發現此舉與「二帝」無異。大清朝難道就真的荒唐到這種程度不成？當然不是。其時清廷正

推崇儒教，廣納天下飽學之士，斷不會做這種令世界當作笑柄的糊塗事，但「皇父」一詞確已明詔

天下，一朝二帝，已經是無可爭議的事實。

論據四：皇帝諭旨露出破綻

順治十七年（一六六〇）十二月二十四日，因乳母李氏病故，順治降諭禮部，其中有這樣幾句

話：「睿王攝政時，皇太后與朕分宮而居，每經累月方得一見，以致皇太后縈懷彌切。乳母竭盡心

力，多方保護誘掖，皇太后眷念慈衷賴以寬慰。」這無間透露，幼年皇帝順治與母親孝莊分宮而

居，而且皇太后不是居於皇宮之中，否則母子之間為何「每經累月方得一見」？皇太后縈懷彌切，

為何卻不去看望皇上？皇上又為何不去探望生母，以解「皇太后眷念慈衷」？度之事理，其間必有

一個超越兩者之上的力量破壞了母子之情。這個力量，除了多爾袞之外，還能有誰？另外，徐柯

《清稗類鈔》中對「太后下嫁攝政王」有較為詳細公允的記載。

論據五：風水牆的訴說

按清朝早期喪葬制度，皇后、嬪妃最終都要與皇帝合葬。可是，孝莊竟葬在了遵化的清東陵風

水牆外，而未與清太宗皇太極合葬於瀋陽的昭陵。這種悖乎常禮的葬法多年以來一直引起人們的種

種議論，其中可能有難言之隱。有人認為，這是孝莊因改嫁而無臉到陰間見皇太極的刻意安排。史

料中也確有這樣的記載。太后在遺囑中說，「卑不動尊」，不忍再驚擾皇太極，這實在是託詞。對祖母孝莊的心思，康熙自然心知肚明。但康熙又感到，將祖母單獨安葬實在沒有這樣的先例，是件很棘手的事，於是他把這一難題留給了兒子雍正，將孝莊的棺材在東陵的地面上一直停放了三十八年之久，直到雍正三年（一七二五）才為孝莊建陵安葬。還需說明的是，長眠在清東陵的五個皇帝、十四個皇后、一百三十六個妃嬪，都葬在了風水牆之內，而只有孝莊葬在風水牆外。這又是為什麼？孝莊太后於康熙二十六年（一六八七）去世，享年七十五歲。

論據六：有人見過「太后下嫁詔」

關於孝莊太后下嫁多爾袞之事，雖由於後來清皇室受漢族影響日深、綱常禮教觀念加強，因而不讓將此事記載到正史中，甚至原有的記載也被刪改，使我們今天很難查到有關此事的正式記載，但我們仍可以從許多史料中看到有關此事的正式記載，如清故宮藏順治朝的「批紅」題本及《東華錄》上，就記載順治五年（一六四八）多爾袞由「皇叔父攝政王」改稱「皇父攝政王」，並「親到皇宮內院」，「自稱皇父」，若無太后下嫁之事發生，此事是順治皇帝所萬萬不能接受的。太后下嫁之事傳播甚廣，前面已經提到當時人的記事詩，雖極盡嘲諷挖苦，但也是這件史事的一個有力旁證。一九四六年十月，近代學者劉文興撰文《清初皇父攝政王多爾袞起居注跋》，其中寫道，宣統元年（一九○九），他的父親劉啟瑞任內閣侍讀學士，奉命收拾內閣大庫檔案，得順治時「太后下嫁皇父攝政王詔」。世上若果真有這一詔書，無疑是太后下嫁最具權威的鐵證。

締造一代明君：康熙

順治十八年（一六六一）正月初四日，順治帝身患「病痘」（即天花），臥床不起，高燒不止，昏迷不醒，生命危在旦夕。此時皇太后不能不考慮其子身後之事，便授意翰林院學士王熙起草遺詔。遺詔內容反映了她的心理和意向，突出表現在以下三點：

第一、明諭立嗣。皇太后接受太宗未立嗣的教訓，避免繼統鬥爭的重演，另外又考慮到順治帝患「病痘」早逝，福臨的長子已死，次子福全未出痘，三子玄燁已出痘，於是遺詔曰：「朕子玄燁，年八歲，穎慧，克承宗祧，茲立為皇太子」。

第二、異姓輔政。皇太后想到新帝年幼，須有重臣輔政，可是又憶起順治初年，宗室多爾袞輔政期間的種種弊病，故決定選擇非宗室大臣輔政，以便控制，更為效忠，故遺詔「特命內大臣索尼、蘇克薩哈、遏必隆、鰲拜為輔臣，伊等皆勳舊重臣，朕以腹心寄託，保護沖主，佐理政務」。

第三、安撫滿貴。皇太后深知，清初開國之時，以策略用人，重用大批漢官，滿族貴族不滿。為了安撫他們，在遺詔十四條罪己狀中，有三條是向滿族貴族罪己的，詔曰：「滿洲諸臣或歷世竭忠，或累年效力，宜加倚託，盡厥酞為，朕不能信任，有才莫展。且明季失國，多由偏用文臣，朕不以為戒而委任漢官，即部院印信間亦令漢官掌管，以致滿臣無心任事，精力懈弛，是罪一也」。

以此來增強和鞏固滿族貴族內部的團結。

七日，順治帝病逝，將遺詔「布告中外，咸使聞知」，使得康熙政權交接平穩過渡，玄燁即帝位，年號康熙，尊祖母為太皇太后。太皇太后對年僅八歲的康熙帝十分喜愛，為了大清王朝的鞏固與發展，培養孫子成為一代英主，一面加強教育，使他讀書明理，提高以國事為重的個人素質，一面透過具體政務，增強他治國安邦的能力。康熙帝曾充滿感激之情說：「憶自弱齡，早失依恃，趨承祖母膝下三十餘年，鞠養教誨，以至有成，設無祖母太皇太后，斷不能有今日成立，閣極之恩，畢生難報」。可見，太皇太后對康熙帝影響是很深刻的。

順治帝死後，太皇太后是清朝統治集團中德高望重、一言九鼎的人物，所以安徽桐城的秀才周南千里迢迢來到北京，請求太皇太后垂簾聽政，遭到她的嚴詞拒絕。但是她全力輔助康熙帝主政，教導康熙帝說：「祖宗騎射，武備不可弛。用人行政，務敬以承天，虛公裁決」。「太后不預政，朝廷有險，上多告而後行」。因此許多重大政務的處理與她的意旨是分不開的。

剷除鼇拜

孝莊曾對輔政大臣深為信任，放手使用，所以輔臣權力很大，加之沒有監督和約束的機構，從而為個別人結黨營私、擅權亂政提供了機會。由於歷史的原因及某些政見不同，輔臣中兩黃旗的索尼（正黃旗）、遏必隆、鼇拜（鑲黃旗），與正白旗蘇克薩哈的關係日漸緊張。另一方面，隨著時間的推移，鼇拜居功自傲，權力欲逐步滋長，他聯合遏必隆，擴展鑲黃旗實力，擅殺朝中與自己存

有積怨的滿臣，專橫跋扈的作風愈來愈顯著。四輔臣在輔政期間當然做了不少有益的事，然而對處理滿漢關係，卻採取保守、倒退方針，在恢復祖制、首崇滿洲的旗號下，歧視漢民。使漢民的積極性受到嚴重挫傷；當時，反清復明的戰火尚未完全熄滅，經濟凋敝，百廢待興。但滿臣既缺乏治理經驗，又不能與漢人切磋合作，以致大大妨礙了國家機器的正常運轉，這便使得一些投機分子逐步取得輔臣信任，為非作歹，更加重了問題的嚴重性。玄燁親政前夕，已是「學校廢弛而文教日衰，風俗愈越而禮制日廢」，地方、朝中各種機制都弊端叢生。

玄燁年齡還小，對此自然難以應付，但政治經驗豐富的孝莊，卻不露聲色地密切注視事態發展，在繼續任用輔臣的同時，採取了一些防患於未然的措施。

康熙四年（一六六五）九月初八日，稟照孝莊的諭旨，十二歲的玄燁舉行大婚典禮，索尼的兒子內大臣噶布喇之女赫舍里氏正位中宮，遏必隆之女落選，成為皇妃。在為孫兒擇立皇后時，孝莊捨去遏必隆之女，選中赫舍里氏，旨在防範鰲拜利用鑲黃旗之女成為皇后之機，進一步擴大實力，同時也是針對主幼臣驕的情況，對清朝元老索尼及其家族予以榮寵的籠絡措施。

孝莊還改變了皇太極和福臨時期，皇后莫不出自蒙古博爾濟吉特氏的慣例。這並不意味著忽視滿蒙貴族聯姻政策，而是從鞏固皇權、安定政局的現實需要出發，反映出孝莊作為傑出政治家的戰略眼光與靈活態度。

玄燁大婚標誌少年皇帝正在步入青年，其親理政事已為期不遠。換言之，孝莊是以此為孫兒早日親政製造輿論，打下基礎。當鰲拜得知玄燁選后的結果時，因「希冀落空，心懷妒忌」，氣惱萬

分，竟與遏必隆一起入宮「奏阻」。這恰恰證明孝莊這步棋的巧妙：既分化了四輔臣，使索尼同鰲拜之間出現芥蒂，又促使索尼更為效忠皇室，無形中增加了皇室的力量。不過，從其後情況看，孝莊這時對鰲拜還未完全失去信任，仍希望他在輔臣任內能夠善始善終。

康熙五年（一六六六），發生換土地事件。鰲拜在索尼、遏必隆的支持下，將清朝入關初期圈佔土地時分配給鑲黃旗與正白旗的土地，強行互換，並再次圈佔大量土地，致使廣大農民流離失所，加劇了滿漢民族矛盾。三輔臣還不顧玄燁的反對，矯詔將反對此舉的大學士、管戶部事務蘇納海（正白旗）等三名大臣處死，造成一大冤案。這一事件說明，鰲拜並未真正領會到孝莊的包容苦心，而是在擅權亂政路上已愈走愈遠。對此，孝莊也相應採取了進一步措施。

康熙六年（一六六七）七月初七日，玄燁「躬親大政」，但輔臣們「仍行佐理」。孝莊特為孫兒收權安排過渡階段，以使他在實踐中逐步提高；同時也讓輔臣有個適應過程，將他們因交權而產生的失落感，減少到最低限度，從而保證此次權力交接穩妥進行。

康熙六年六月索尼去世，鰲拜實際上成為首席輔臣，遏必隆對他亦步亦趨，蘇克薩哈更加孤立。玄燁親政後，蘇克薩哈立即請求「往守先帝陵寢」，以逼迫鰲拜、遏必隆辭去輔政。鰲拜為清除異己，獨掌輔政大權，竟羅織蘇克薩哈的「罪狀」，企圖將他置於死地。儘管玄燁堅決反對，但鰲拜等不肯罷休，一連七日強奏，竟將蘇克薩哈及子孫全部處死，並沒收家產。

蘇克薩哈被除去後，鰲拜的權勢進一步擴大，更為飛揚跋扈，欺君擅權，「文武各官盡出門下」，甚至在「御前喝斥部院大臣，攔截章奏」。玄燁去南苑狩獵時，讓隨行的鰲拜奏聞祖母，但

鼇拜「乃不遵旨」，全然不把玄燁放在眼中。他的種種僭越行徑，已構成對皇權的嚴重威脅。至此，孝莊終於作出決斷，支持並指點孫兒擬定清除鼇拜集團的全盤計劃。

此前，孝莊讓玄燁廣泛求言，製造輿論，通過各種舉措，糾正輔臣政治上的失誤與弊端，這使朝廷上下人心振奮，玄燁威望日增，鼇拜逐漸走向孤立。與之同時，玄燁在身邊聚集起一批年輕的滿族貴族成員，他們朝氣勃勃，索額圖即是其中的突出代表。索額圖為索尼之子，孝莊太皇太后選中他的侄女赫舍里氏做皇后，加深了索尼家族與清皇室的關係，也加強了正黃旗對皇室的向心力，並影響到鑲黃旗。索額圖對玄燁十分忠誠，在清除鼇拜集團的過程中，成為玄燁最得力的助手。

鼇拜集團附者甚眾，盤根錯節，已控制中央機構各重要部門。為最大限度地減少動盪和不必要損失，孝莊幫助玄燁制定了「擒賊先擒王」，迅速打擊主要黨羽，震懾其他成員，穩妥解決問題的基本策略。據此，玄燁命索額圖秘密的組織一支善於撲擊的少年衛隊，又在行動前，有意將鼇拜的部分黨羽遣往外地，以分散其力量，玄燁還採取了其他周密的部署。

康熙八年（一六六九）五月十六日，鼇拜奉召進宮，旋即被衛隊擒拿，其主要黨羽也先後被逮捕歸案。考慮到鼇拜以往為清朝所作貢獻，玄燁對他予以寬大處理，免死，沒收家產，終身監禁；對其眾多追隨者，也只處死最主要的數人，其餘一律寬免；就連遏必隆也被免罪，僅革去太師，後又給還公爵，值宿內廷，恢復對他的信任從而團結了鑲黃旗。

清除鼇拜集團，排除了威脅皇權的潛在危險，掃除了清朝向前發展的絆腳石後，玄燁真正掌握了清朝大權。他在「首推滿洲」的原則下，努力改善滿漢關係，崇儒重道，發揮漢族官員積極性，

發展生產，恢復經濟。在短短幾年內，政局進一步穩定，得到漢族地主階級更廣泛的擁護，經濟也開始有了起色，為其後平定三藩之亂，打下重要基礎。進而為康乾盛世開好了局。

剷除鰲拜集團這場驚心動魄的政治較量，是玄燁繼位後，祖母對他的一次關鍵性指導與幫助。

當時，玄燁年僅十六歲，還缺乏足夠的智謀與經驗。若無祖母的指教、授計，他很難在親政後第三年，便一舉粉碎這一把持朝政多年、勢力頗大的宗派集團，穩妥、徹底，不留後患。顯然，鰲拜集團存在時間愈長，對清朝的危害愈大，勢必積重難返；如果玄燁的治國方針受到阻撓，三藩之亂將更加曠日持久，康乾盛世的出現也會大大推遲。

另一方面，對鰲拜集團的鬥爭過程中，孝莊、玄燁祖孫相互加深了解，感情更為深厚。其間，玄燁表現出他那一年齡少有的膽略和傑出組織才能，使孝莊滿意而欣慰；另一方面，玄燁也從祖母身上學到很多東西，堅決、果敢的作風外，對他印象最深的，是祖母對人處事寬厚豁達的態度。正是在祖母的影響下，他處置鰲拜及其黨羽時，運用寬嚴相濟，打擊面小，安撫、團結絕大多數朝臣的策略，收到人心安定、朝政穩固的效果。孝莊的言傳身教使康熙逐步具備一代名君所應有的寬闊心胸與氣度，這不僅在此次鬥爭中顯示出來，在他其後的漫長統治歲月裏，無論是平息黨派之爭，還是處理二廢太子事件，或採取其他重要舉措，這種方針、策略依然完整的保留下來。足見孝莊的智慧、品德與作風，已經體現在孫兒身上，由他繼承並發揚光大了。

另外，孝莊指導玄燁寬大處理鰲拜集團，也是對當年兩黃旗大臣同心合力，擁立幼主（福臨）的回報，表明她為保護幼孫，從清朝的長遠統治計，而不得不清除對她效忠多年的老臣時，手下留

情。作為一位政治家，孝莊的這種做法難能可貴。

平三藩

康熙十二年（一六七三）底，以明朝降將吳三桂等人為首的三藩發生叛亂。是年十一月，吳三桂在雲南「以所部兵反」；十二月二十一日，冒充「朱三太子」的楊起隆在京舉事；翌年三月，耿精忠據福建反；十五年尚之信據廣東反。與此同時，有些地方原已降清的明朝官員紛紛回應。叛軍氣勢兇猛，很快控制了南方廣大地區，並延伸至陝西、甘肅等地。孝莊和康熙都面臨著嚴峻的考驗。

此前，吳三桂等反叛之心已露端倪，政治嗅覺敏銳的孝莊有所預感。康熙十一年（一六七二）十二月十六日，她提醒孫兒在天下太平之際，應不忘武備，居安思危；隨後，又通過其他措施，如令儒臣翻譯儒家經典，頒賜諸臣等，幫助孫兒加強統治，進一步促進君臣關係。因此，當三藩之亂突然發生，清朝統治面臨巨大威脅的時刻，祖孫二人都表現得異常鎮靜。

吳三桂叛音剛至，康熙十三年（一六七四）元旦來臨。清廷仍同以往，舉行盛大朝賀與筵宴，以此向臣民顯示最高決策層無所畏懼的氣概，以及與叛軍決戰決勝的堅定信念，發揮了安定朝野、鼓舞士氣的作用。

在祖母的鼓勵下，玄燁料理軍務井井有條，持心堅定。康熙十三年九月，他恢復了一度因「政

務繁忙」而中斷的「每日進講」，堅持學習儒家經典。他甚至每日出遊景山騎射，對於「投貼於景山路旁」的謠言誹謗，一概「置若罔聞」。多年後，玄燁回憶道：「當時朕若稍有疑懼之心，則人心搖動，或致意外，結局則不可知也。」

康熙十四年（一六七五）三月，蒙古察哈爾部布林尼乘清廷集中力量對付三藩，無暇他顧之機，發動叛亂。因京城八旗精銳部分出征，部分肩負拱衛之責。前往平叛已無兵可調。正當玄燁苦思籌集領兵源，及派誰充任領兵之人時，孝莊向他建議：「圖海才略出眾，可當其責」。玄燁「立召公，授以將印」。圖海果然不負重託，率領數萬名八旗家奴，迅即平定了布林尼叛亂。這一事例表明，孝莊平時對文武重臣瞭如指掌，因而能在緊要關頭，及時點撥玄燁，幫助他渡過難關。

平叛期間，每逢玄燁遇到棘手之事，孝莊便為之出謀劃策，並憑藉自己在朝中的崇高地位和威信，給予孫兒有力支持。舉朝官員對此無不知之，一致認為：「吳三桂叛亂以來，太皇太后心甚憂勞。」玄燁為表示對祖母的感激與愛戴，康熙十六年（一六七七）四月，「親撰太皇太后大德景福頌，書錦屏恭進」；同年十二月，恭進太皇太后錦衣，親撰表文中將祖母比之為「宮中堯舜」；十八年（一六七九）二月，孝莊六十七歲生日，玄燁再次親撰表文詩篇，書「萬壽無疆」恭進，詩中寫道：「喜得萬方同孝養，千秋福德井蒼穹」，「宮中堯舜兼文母，恭捧南山萬壽觴。」

因指揮得當，加之採取剿撫並用，重用漢人，孤立分化對方等一系列正確策略，平叛戰爭以清廷獲取全勝而告結束。康熙二十年（一六八一）十一月十四日，玄燁親至太皇太后、皇太后宮報捷。整整八年，孝莊與孫兒一起，分擔了無盡的焦慮與辛勞，當終於大功告成，普天同慶之時，他

倆的內心感受，只有彼此最能理解，別人是難以真正體會到的。

孝莊在平定三藩之亂過程中起的作用，旁者是根本無法替代的，這一點舉朝盡知。可當玄燁和大臣們請求按照朝中慣例，為她加上尊號時，她卻表現了十分謙遜的作風，再三拒絕，並對奏請前來的大學士們說，八年以來，「皇帝焦心勞思，運奇制勝，故得寇盜削平，皇帝應受尊號，以答臣民之望。予處深宮之中，不與外事，受此尊號，於心未愜。」孝莊全力扶持康熙，想讓孫兒的威望經由平定三藩而更加擴大，為此。她盡量掩去自己的作用，將功勞一併歸於愛孫。

從孝莊作為玄燁政治導師和保護人的角度審視，隨著玄燁不斷成熟與孝莊的日漸衰邁，康熙二十年前後，他們的關係逐步過渡到一個新的時期。直至康熙二十六年（一六八七）孝莊去世，儘管玄燁早已對各項政務應付自如，不再需要祖母的點撥，但還是將祖母視為顧問，「朝廷有黜陟，上多告而後行」；孝莊雖然精力不濟，但也仍同以往，時刻關懷孫兒，處處予以支持。

孝莊病逝：祖孫情深

古今中外，晚輩對於自己最依戀的年長之人的感情很大一部分體現在對其健康狀況的極大關注上，玄燁也是如此。隨著孝莊年事不斷增高，他無時無刻不在牽掛祖母的身體。祖母稍有不適，他會不由自主地陷入擔憂與恐懼；祖母一旦安康，他便如釋重負，心喜若狂。為使祖母康健，祛除病

災，玄燁還採取了一些具體措施，比如他曾分別於暢春園和南苑，建造思佑寺和永慕寺，以給祖母祈求福佑：康熙二十一年（一六八二）二月，他親自居景山齋戒祭星，為祖母祈福，並派遣近御侍衛關保，偕同太監牛之奇、乾清宮首領太監顧文興，「祭星三年」。然而，人的生老病死乃客觀規律，玄燁的願望與所做的一切，並不能扭轉孝莊身體日漸衰弱的趨勢。

康熙二十三年（一六八四），孝莊七十二歲後，身體開始明顯走下坡路，本已有的腦血管硬化、高血壓等病症，日趨嚴重。從保留至今的孝莊畫像看，她晚年比較胖，當是誘發這些疾病的重要因素。

康熙二十四年（一六八五）六月，玄燁身體欠安，孝莊體恤愛孫「命往口外避暑靜攝」。玄燁遂遵旨，協同皇長子巡幸塞外。不料玄燁返京前，八月二十八日深夜，孝莊突然中風，右肢麻木，言語不清。孝莊的近侍太監崔邦吉立刻告知請太醫共同診視、商議，又增加幾味藥，開下藥方，很快配製煎好，給孝莊服用。幾位太醫稟告聞信趕來的裕親王福全、內務府總管圖巴等人：太皇太后「脈尚好，斷無大妨」。服藥後，孝莊的病情迅速緩解。八月二十九日黎明，她吩咐一直在身邊守候的福全傳旨：「著蒙古喇嘛奈寧呼圖克圖看視。」奈寧呼圖克圖診視後，認為「太皇太后中風乃因不潔食物入口而致」，並建議由包括他本人在內的共四百名喇嘛，當日起即在慈寧宮花園誦經。孝莊同意了這一做法。

九月初一日，玄燁接到圖巴等人關於孝莊突然發病的奏報，心急如焚，在摺子上做了簡短朱批：「知道。朕從速返回。」他星夜兼程，初二日正午抵京後，直奔慈寧宮祖母榻前。當玄燁看到

祖母「慈體已安，尚在服藥」，才稍稍鬆口氣。他為祖母「親侍進藥，侍奉至夜半」。此後數日內，玄燁每天兩、三次去祖母宮中問安探望。

由於醫治及時，對症下藥，孝莊的身體逐步恢復。為感謝神明的「助佑」，她下旨「修葺廟宇」，特命玄燁於康熙二十四年（一六八五）九月十八日「吉日」，前往白塔寺（位於今北京阜城門內）進香禮拜。十八日當天，玄燁正準備從宮中動身時，突然電閃雷鳴，下起瓢潑大雨。近侍擔心雨大路滑，泥濘難行，請求玄燁稍停片刻，等雨停後再去。玄燁沒有同意，他說：「近因瑩祖母偶爾違和，朕心憂慮。今日痊癒，甚為慶幸，伺憚此往。」說完毅然冒雨祈祉。玄燁為了滿足祖母的心願，為使祖母能上保安康，可謂不惜任何代價，冒雨而行，對他來講又算得了什麼呢。

事實證明，在孝莊宮中專設御醫，晝夜值守的措施，對於她此次中風後得到妥善救治，具有決定性作用。翌年五月，玄燁諭令吏部嘉獎兩位有功的御醫：「昨年太皇太后聖體偶有違和，命太醫院御醫李玉白、張世良殫心診視，恭酌方藥，今已萬安，朕心歡悅。伊等克盡殿職，爾等可量加議敘。」可見孝莊自二十四年秋發病，經正確的醫治大大緩解後，又過了半年多時間，才完全康復。

孝莊初癒不久，康熙二十五年（一六八六）二月，迎接她的七十四歲生日。玄燁特「上太皇太后萬壽表」，上面寫道：「臣幼荷深恩，長資明訓，孝養難酬，罔極尊崇，聊展承歡，伏願景命彌新，純禧益茂，東朝永範，億萬年而成算，祖母常來。」在此前後，玄燁還專為祖母鑄造了一尊高七十三公分的黃銅鍍金四臂觀音像，其蓮座下沿刻有滿、蒙、漢、藏四種文字寫成的銘文：「大清昭聖慈壽恭簡安懿章慶敦惠溫莊康和仁宣弘靖太皇太后，虞奉三寶，福庇萬靈，自於康熙二十五

年，歲次丙寅，恭奉聖諭，不日告成。永念聖祖母仁慈，垂佑眾生，更稱菩薩感應，聖壽無疆云爾。」這尊佛像後來一直被供奉在慈寧宮大佛堂。

萬壽表和四臂觀音像，是玄燁獻給祖母七十四歲生日的兩件珍貴禮物，反映出他感戴祖母，企盼祖母健康長壽的真切心願。

康熙二十六年（一六八七）冬天，是玄燁一生永難忘懷，感情歷程中最痛苦的日子。正是在此時，他平日最為擔心，不願想也不敢想的事，終於發生。

是年十一月二十一日，七十五歲高齡的孝莊「舊症復發」，「疹症驟作」，病勢兇猛，不同以往。從這一天起，玄燁處理完政務，便立即趨至慈寧宮侍疾。他守侯在祖母的床邊，「衣不解帶，寢食俱廢」，為祖母「親調藥餌」。孝莊入睡時，他「隔幔靜候，席地危坐，一聞太皇太后聲息，即趨至榻前，凡有所需，手奉以進。」孝莊心疼孫兒，多次讓他回宮休息一下，但玄燁執意不肯稍離。他「唯恐聖祖母有所欲用而不能備，故凡坐臥所需以及飲食肴饌。無不備具」，就連米粥也準備了三十多種，以供祖母所求。孝莊因「病勢漸增，實不思食，有時故意索未備之品，不意隨所欲用，一呼即至。」見康熙如此殷切周到，正受病痛煎熬的孝莊也不禁老淚縱橫，她撫摸著玄燁的肩背感歎道：「因我老病，汝日夜焦勞，竭盡心思，諸凡服用以及飲食之類，無所不備。我實不思食，適所欲用，不過藉此支吾，安慰汝心，誰知汝皆先令備在彼，如此竭誠體貼，孝之至也。唯願天下後世，人人法皇帝如此大孝可也。」

為挽救祖母的生命，玄燁「在宮中五日不竭誠默禱」。十一月二十七日，他下詔刑部，除十惡

死罪等重犯外，其餘一概減等發落，希望能以此好生之德，感動上蒼，保佑祖母轉危為安。然而，孝莊的病情仍在加重，「一旬之內，漸覺沉篤，且夕可慮」。萬般無奈之下，玄燁不顧眾臣反對，斷然採取了一項前所未有的舉措。

十二月初一日凌晨，寒風刺骨。玄燁率王公大臣從乾清宮出發，步行前往天壇致祭。事前他親自撰就的祭文中說：伏懇蒼天佑助，「憫念篤誠，立垂昭鑒，俾沉疴迅起，遐算長延。若大數或窮，願減臣齡，冀增太皇太后數年之壽」。玄燁跪在壇前，滴淚成冰，在場王公大臣無不感泣。

三十四歲的玄燁竟然乞求上蒼，以減少他本人的壽命為交換，盡可能地延長孝莊的生命，足見他對祖母感情之深，依戀之至。

可是，玄燁的赤誠並沒有感動上蒼，這次不同尋常的天壇之行，未能取得他期望的效果。由於為祖母延長壽命的願望未能實現，玄燁從此放棄親詣天壇求雨的做法，這從一個方面反映出祖母之死對他所產生的巨大影響。

康熙二十六年（一六八七）十二月二十五日，孝莊與世長辭。彌留之際，她囑咐玄燁：「太宗文皇帝梓宮安奉已久，不可為我輕動，況我心戀汝皇父及汝，不忍遠去。務於孝陵近地，擇吉安厝，則我心無憾矣。」她知道孫兒對她的感情，擔心孫兒過度悲傷，特在遺詔中指出：「唯是皇帝大孝性成，超越千古，恐過於悲痛，宜勉自節哀，以萬機為重」。「其喪制，悉遵典禮，成服後三日，皇帝即行聽政。」又叮囑身為皇太后的兒媳：「我病若不起，皇帝斷勿割辮。」

儘管玄燁已有心理準備，但事情真的到來時，仍然難以承受。孝莊逝世後一連十餘日，玄燁水

漿不入口，以至吐血昏迷。他違反清朝后喪皇帝例不割辮的祖制，不遵祖母遺旨，不聽皇太后勸告，毅然割辮；又拒絕臣子關於「我朝向日所行，年內喪事不令踰年」的奏告，決定將孝莊梓宮安放在慈寧宮內，直到翌年正月十一日發引。

康熙二十七年（一六八八年）新春佳節，玄燁堅持於慈寧宮為祖母守喪。他「每念教育深恩，哀痛實難自禁」，慟哭不止如前。正月十一日，孝莊的梓宮被遷往朝陽門外殯宮，發引時，玄燁「割斷轎繩」，堅持步行；途中每次更換抬梓宮的扛夫時，也「必跪於道左痛哭，以至奉安處，刻不停聲。」玄燁執意為祖母持服守喪二十七個月，後經百官士民再三勸奏，才勉強同意依照祖母的遺囑，「以日易月，二十七日而除」。

連續六十天「不寬衣解帶，猶未盥洗」的侍疾、守喪生活與巨大悲痛，幾乎摧毀了玄燁的身體，他「足疾雖痊，舊病叢生」。直到正月下旬，「力疾御門理事」時，還得令人扶著出入。玄燁晚年的高血壓及心臟病等病症，很可能就是此時落下的病根。

康熙二十七年四月，玄燁親自護送祖母的梓宮，前往遵化孝陵以南剛剛建成的暫安奉殿。孝莊去世後，玄燁諭令禮部並傳諭諸王、大臣：「太皇太后祭物，俱照世祖皇帝往例。」表明祭祀孝莊的規格，完全同皇帝相同。「清代皇帝多孝子」，此話不虛，後面要提到的風流皇帝乾隆也可謂「至孝之子」。

留給我們的思索：文明與傳統

孝莊與玄燁，是一對不平凡的祖孫，他們之間多方位、多層次的關係，給人啟迪，令人深思。

對孝莊來講，玄燁不僅僅是親孫子，在他身上，還傾注了自己對兒子福臨的眷戀與負疚之情。她事實上給了玄燁雙份的愛，將她作為一位母親對親生兒子的愛，與作為一位祖母對親孫子的關懷，融為一體，全部傾注於玄燁。在與兒子的關係問題上，孝莊有過沉痛的教訓，所以她要千方百計維繫祖孫關係，同時也倍加珍惜自己與玄燁的祖孫親情。

在玄燁心目中，孝莊不僅是自己的親祖母，正像他本人所講的那樣：「朕自八齡，皇考世祖章皇帝賓天，十一歲，又逢皇姑章皇后崩逝。早失依恃，未得久依膝下，於考妣音容，僅能彷彿，全仗聖祖母太皇太后撫育教訓」。他對祖母「晨昏依戀三十餘年」，感到「依聖祖母膝下，如親皇考妣音容。」玄燁將孝莊視為自己的親生父母，同時也將孫兒的親情和孝敬，與作為兒子未能給與父母的回報，合在一起，一併給了祖母。

孝莊與玄燁同時又是導師與學生的關係。在培育孫兒的過程中，她始終站的高，看的遠，目標明確，寓愛於教。她對玄燁既疼愛備至，又要求嚴格；既充滿祖母深情，又不失一位導師的威嚴。她認真總結、吸取教育兒子福臨時的經驗教訓，不斷改進方法。終於按照她心目中的模式，將玄燁培養成一位十分出色的皇帝。這對清朝的鞏固與康乾盛世的出現，起到了不可估量的作用。孝莊在

兒子福臨身上沒有能實現的目標與願望，在孫子玄燁身上終於達到；從兒子那兒未能獲得的愛與慰藉，終於從孫兒這裏得到了補償。康熙也用行動和事實完成了孝莊的畢生抱負。

玄燁不僅天資聰慧，其自幼所處環境與清朝面臨的局勢，使他很早就具有憂患意識和緊迫感，所以能比較自覺、主動地按照祖母的指教，在各方面發憤苦學，不斷提高治國能力。當他政治上完全成熟，可以獨立處理國務後，祖母仍是他的導師和顧問。

孝莊能夠培育出這樣一個學生，原因是多方面的，就其個人而言，關鍵是具備完成這一艱巨育人任務的品格、素質、才能和修養。

首先，孝莊從小就很熱愛學習，「無他好，獨嗜書史」，「知書明理」，對滿、蒙、漢三種文化都有一定了解，同時又有在皇太極、福臨兩朝三十幾年的為政經驗。所以，無論安排孫兒的學習，還是指導孫兒處理政務，都得心應手，遊刃有餘。其次，她深沉、堅韌、果斷、敏銳，心胸寬闊，待人比較寬厚，這些對於玄燁的性格與氣質，都有潛移默化的影響。再者，孝莊極為關注清皇室即清朝的前途和命運，關心朝政，「索以愛民為念」。福臨去世後，她雖然成為清廷的頭號人物，卻很少權力欲望，除去牢牢掌握清朝大政方針的最後決定權外，一意扶持、培養孫兒，並於孫兒成長的過程中，逐步將權力移交給他，從而完全排除了祖孫之間存在權力之爭的可能。正是由於這種遠見卓識，她才能夠充分發揮出自己的智慧和才能，在培養玄燁方面，收到圓滿效果。

孝莊與玄燁的祖孫關係，還具有滿漢兩種道德、倫理觀相互作用、兼容並蓄，兩種文化相互融

合的鮮明特點。玄燁的孝養思想，除去孫兒愛敬祖母等滿族固有的樸素成份外，還體現出漢族封建倫常準則。玄燁曾說：「朕孝治天下，思以表率臣民，垂則後裔。」他為祖母所做一切，既是出自真情，也是基於統治需要，旨在給自己的兒孫、臣民作出榜樣，希望他們能像自己對待孝莊那樣對待自己，忠於朝廷，從而達到鞏固皇權統治，保證國泰民安的根本目的。利用儒家倫理以振朝綱可謂一舉多得。

康熙二十二年（一六八三）二月，玄燁命禮部議定：「皇上在太皇太后、皇太后前行禮時，和碩親王以下，入八分公以上，內大臣、侍衛、大學士等，照常隨行禮，八旗一品大臣並部院衙門滿漢尚書，俱令在午門外眾班內行禮。」可見他不是將自己對長輩的孝敬，僅僅視為家庭內部祖孫、母子之間的事，而是有意識地納入朝綱，要求全體朝臣遵循無誤。

總之，孝莊身為祖母，在與孫兒玄燁的相處中，始終處於主動地位，起有關鍵性作用。可以說，是她精心培養起與孫兒的感情，精心設計了這種她所滿意的祖孫關係，精心培育出了一位中國封建社會屈指可數的名君。這是代表新興少數民族統治者的滿洲貴族，入主中原後正處於蓬勃向上時期才能出現的現象，在古代中外歷史上，也是非常罕見的。

另外，從孝莊皇后的晚年日常生活中，我們又可以看到她是多麼的立足於傳統。只有立足於民族傳統才能更有利地吸收先進文化。

首先講信佛。孝莊文皇后晚年經常禮佛、持齋、誦經，其目的無非是祈求國泰民安、祈福祛病，誦經禮佛是她晚年的主要精神生活，孝莊文皇后歷經三朝，多遇大事，晚年年老體衰，除遇

大事仍輔佐孫兒處理外，把自己的希望和祈求寄於佛事，是十分合理的解釋。孝莊文皇后本出身於篤信喇嘛教的蒙古貴族。當滿族進入遼瀋地區以後，特別是清太宗時期，隨著薩滿教的逐漸衰落，對喇嘛教的尊崇則佔據了更重要的地位。這當然是安撫蒙古貴族的政治因素。當天聰八年（一六三四）蒙古察哈爾部敗亡，墨爾根喇嘛以白駝載護法「瑪哈噶喇」金身來歸時，皇太極大喜，當即下令於盛京城外建「實勝寺」告竣之後，在當時產生了很大的影響。崇德四年（一六三九），太宗又派特使向西藏的達賴喇嘛致書，提出願請高僧前來「宣揚佛法」，達賴果派使者至盛京，受到皇太極的盛情接待。當皇太極晚年患病之時，曾按喇嘛的教義在盛京建四塔四寺，為太宗皇帝誦經祈福祛疾。在這種背景之下，孝莊文皇后仍篤信喇嘛教應是順理成章，毫無疑義的。有關孝莊文皇后的許多記載都集中在有關崇尚喇嘛教上，而且言出必辦，毫無拖延差錯。

清入關後，孝莊文皇后輔佐幼帝，統一寰宇，培育一代英主成為最高決策人之一，在宮中享有崇高的地位與威望。在現存檔案中，孝莊所下旨都集中在崇佛之事上，亦說明禮佛在她的生活中佔有何等重要的地位。據滿清檔案記載：「巴林公主供佛」，「額木齊喇嘛於乾清宮誦經兩日」，「開光甘珠爾經用」，「眾喇嘛為大行皇后誦經時，製作佛前所供各五十兩之曼陀羅花四，銀二百兩」，「神武門內旁門面房每月眾喇嘛誦經六日」。為皇太子事，兌換每月眾喇嘛誦經時施捨之寶泉錢十吊八百，銀八兩六錢四分。這種記載不只一處。「准畫佛經處來文，畫佛房李修等九名畫工，」宮中設有畫佛經處、畫佛房等專門機構，可見宮中需求量之多。而且，宮內諸處喇嘛誦經，梵聲不斷，上至太后、皇帝、皇太子、公主居處下至宮門都籠罩在梵聲之中，說明崇尚喇嘛教十分

普遍，禮佛是他們共同的精神生活。這樣就使人想到：明末喇嘛教在宮中已趨沉寂，清入關後宮中盛行如斯，孝莊無論從哪方面說都無疑是德高望重的最長者，她的虔心禮佛是否已經廣泛而深刻地影響到宮中生活，而孝莊正是宮中精神生活的最高領袖。

值得一提的是，作為一名虔誠的佛教徒，孝莊一向勤於佛事。當她的身體條件許可時，常常親自前往寺廟，從事禮佛活動。如康熙十七年（一六七八）十二月十八日，她曾去剛剛落成的南苑仁佑廟上香。有時，孝莊也讓愛孫玄燁代往禮佛，除前述五台之行及進香白塔寺外，又如康熙二十一年（一六八二）四月，玄燁在盛京（今瀋陽市）拜謁祖陵，返回途中，遵照祖母旨意，特地繞道遼陽州千手佛寺降香。他將祖母發來香資銀六百兩頒賜寺廟。

其次講飲茶。滿族作為中國北方少數民族，素喜食肉飲乳，故需茶解腥膻去油膩，這一生活習慣在家宴及大規模宴客中已為定制，延久相傳。《龍江三記》載：「滿洲有大宴會……每宴客，坐客南炕，主人先送煙，次獻乳茶，名曰奶子茶。」可見飲茶在滿族生活中佔有重要位置。宮廷生活在許多地方仍保留著本民族舊有的習慣。對飲茶仍頗為喜好。同時據《清稗類鈔》載，蒙古族有每日喝一次奶茶的習慣。可見飲奶茶是滿蒙民族共同的生活習慣而且在宮中一直保留著。所需茶葉由地方督撫進貢。清代是貢茶制度完善化朝代之一，清代貢茶主要分「歲貢」與「御貢」兩種。據中國第一歷史檔案館藏《宮中進單》及故宮博物院藏清宮茶葉，清代滇、閩、湘、鄂、陝、川、江、浙、皖、贛、粵、魯等十二省六十五種御貢茶中並無蒼溪、伯元茶之名，估計可能因當時戰亂御貢受阻或因飲者習慣所以由皇商購買之故吧。

嘉慶《四川通志》云：「然腹地有茶，漢人或可無茶，邊地無茶，番人或不可無茶」「茶乃番人之命」。明御使徐僑言，漢川茶少而直高……漢茶味甘而薄，於酥酪為宜，亦利番也。故而保寧府在蒼溪發賣的茶利於以茶為命的蒙藏及其他少數民族飲用，而孝莊皇后時常所飲乃蒼溪發賣的紅茶，而且可能是一直為蒙古民族所習慣飲用，所以應該認為這是一種傳統的民族習慣。孝莊文皇后每月需蒼溪茶一斤八兩，數量不可謂不大，這與蒙古族每日喝一次奶茶習慣有關，因喝奶茶而用量較大。同時，孝莊文皇后一月茶資相當於幾個人民役一天的收入，這固然反映出普通工匠與貴族生活水準的懸殊，但在貴族中來說，仍是花費不多，也見其極為簡樸的一面。

再講住蒙古包。蒙古包是蒙古民族常居，也是滿族在征戰狩獵中的棲身之所。年邁位尊而常居深宮的孝莊文皇后常備蒙古包，此何用意？康熙十七年（一六七八）七月「十四日准營造司諮稱，奉旨，正蒙古包前之柵欄，著依照殿之蒙古包例製作；以斑竹為椽子，造八角蒙古包。欽此，准此，此蒙古包之椽子一百二十，其兩頭所釘銅把來二百二十，焊時配藥，銀一兩九錢八分」。康熙備蒙古包是為巡狩時所居，從康熙第二次東巡盛京祖陵的高士奇和比利時傳教士南懷仁分別在《啟從東巡日錄》和《韃靼旅行記》中都有明確的記載與描述，此不多講。文皇后出巡的機會自然要比康熙少得多，但也絕不是沒有。據《清史稿》載：「二十年，上復奉太后幸溫泉……二十二年夏，奉太后出古北口避暑。秋，幸五臺山至龍泉關」。也許不能設想孝莊文皇后在出巡時住蒙古包，但出巡時住蒙古包卻是可能的。但問題是康熙十七年「為太皇太后事」而有喇嘛誦經，說明此期間孝莊文皇后身體欠佳，那麼十九年修整蒙古包是為了實用還是一種精神寄託？人至暮年，習慣

於懷舊。住在深宮，一生歷經政治風雲的孝莊文皇后，此時已年近七十高齡，在孫子已長大成人，平定三藩之亂已勝利在望、全國已日趨安定的時候，欲藉康熙在十九年第二次東巡祖陵之機渴望回到生於斯長於斯的遼闊的科爾沁草原和盛京地區是很合乎情理的。因此修整蒙古包不排除實用的原因，同時也是孝莊文皇后的精神寄託。居住蒙古包既是滿蒙民族的習俗，也是滿洲尚武的民族精神和艱苦創業的戰鬥作風的體現，因此居住蒙古包既表現了科爾沁草原的女兒對本民族、對故鄉的懷念與依戀，更表現了德高望重的孝莊文皇后對滿洲尚武精神和自強不息的戰鬥風格的繼承。

篤信喇嘛教、嗜茶、居蒙古包，這幾點都是滿蒙民族生活習俗的突出特徵。孝莊文皇后晚年仍保持滿蒙民族的風俗習慣。一方面，由於她誠心禮佛，篤信喇嘛教並產生很大影響而成為宮中生活的精神領袖。另一方面，她堅持「祖宗騎射開基，武備不可弛」，在日常生活中承繼和示範著滿洲尚武精神，帶動著清初諸帝和滿洲貴族。她雖然沒有垂簾聽政，但她不僅在政治上繼承、帶動和示範著尚武精神，使太祖培育的戰鬥作風和生活習慣大了太祖的事業，而且在生活上傳承、帶動和示範著尚武精神，使太祖培育的戰鬥作風和生活習慣延續下去。這一點對滿族統治集團來說也有著很重要的意義。

崇慶皇太后

《清史稿・列傳一・后妃》：孝聖憲皇后，鈕祜祿氏，四品典儀凌柱女。后年十三，事世宗潛邸，號格格。康熙五十年八月庚午，高宗生。雍正中，封熹妃，進熹貴妃。高宗即位，以世宗遺命，尊為（崇慶）皇太后，居慈寧宮。高宗事太后孝，以天下養，唯亦兢兢守家法，重國體。太后偶言順天府東有廢寺當重修，上從之。四十二年正月庚寅，崩，年八十六。葬泰陵東北，曰泰東陵。初尊太后，上徽號。國有慶，屢加上，曰崇德慈宣康惠敦和裕壽純禧恭懿安祺寧豫皇太后。既葬，上謚。嘉慶中，再加謚，曰孝聖慈宣康惠敦和誠徽仁穆敬天光聖憲皇后。

乾隆的身世之謎

如果沒有關於自己、關於兒子、關於丈夫的一樁樁千古之謎，崇慶皇太后也許會像大多數后妃一樣被埋沒於歷史的塵埃中。正因如此，我們關於她的訴說，還是要從乾隆的身世說起。

說乾隆皇帝在中國歷代帝王中身世最離奇，並非言過其實。值得進一步探討的則是，乾隆皇帝的身世被人傳得十分離奇，而傳說主要集中在乾隆的出生地和母親身上（閻崇年教授在《正說清朝十二帝》一書中對此有較全面的總結和歸納，筆者有所借鑒，但有些看法大不相同）。

關於乾隆的出生地，他的父母都沒有留下明確的說法，倒是乾隆曾經多次在詩或詩注中，暗示自己出生在雍和宮。

一、乾隆四十三年（一七七八）春，乾隆在《新正詣雍和宮禮佛即景志感》詩中，有「到斯每憶我生初」的詩句。

二、乾隆四十四年（一七七九）春，乾隆又一次在《新正雍和宮瞻禮》的詩中說：「齋閣東廂胥熟路，憶親唯念我初生。」在這首詩中，乾隆不僅認定自己生在雍和宮，而且指出了具體的出生地點，就在雍和宮的東廂房。

三、乾隆四十五年（一七八〇）新春，乾隆再一次到雍和宮禮佛時說：「十二初齡才離此，今

瞥眼七旬人。」在這首詩下注云：「康熙六十一年始蒙皇祖養育宮中，雍正年間遂永居宮內。」

從以上幾個例子來看，乾隆一貫認為自己就出生在雍和宮。乾隆晚年對自己出生地的流言蜚語

可能有所耳聞，他的詩作就是強調自己確實生在雍和宮。但這會不會是欲蓋彌彰呢？

不過，乾隆皇帝還在位的時期，就有人對他的出生地發出不同的議論，認為他出生在承德避暑

山莊。

一、有個叫管世銘的朝中官員，江蘇武進人，乾隆四十三年（一七七八）進士，後入值軍機

處，做到了軍機章京，了解很多宮廷掌故與秘聞。他隨乾隆一起去避暑山莊，去木蘭秋獮，寫下有

名的《扈蹕秋獮紀事三十四首》，其中第四首涉及到乾隆皇帝的出生地：

慶善祥開華渚虹，降生猶憶舊時宮。

年年諱日行香去，獅子園邊感聖衷。

管世銘在這首詩的後面有個原注，說：「獅子園為皇上降生之地，常於憲廟忌辰臨駐。」這裏

明確地說明：獅子園是乾隆皇帝的出生地。

二、嘉慶二年（一七九七），乾隆到避暑山莊過生日，嘉慶寫《萬壽節率王公大臣等行慶賀禮

恭紀》詩祝壽，在詩的注釋中，嘉慶明確地說：「敬唯皇父以辛卯歲，誕生於山莊都福之庭。」嘉

慶在這裏明白無誤地點明皇父乾隆誕生於避暑山莊的都福之庭。

但是，在十幾年後，嘉慶卻放棄了皇父乾隆出生在避暑山莊的看法。因為清朝每一位皇帝登極

以後，都要為先帝纂修《實錄》（記載皇帝一生經歷、言行和功業）和《聖訓》（皇帝的訓諭）。

嘉慶十年（一八〇五），嘉慶帝命朝臣編修乾隆《實錄》和《聖訓》。嘉慶在審閱呈送稿時，發現《實錄》和《聖訓》稿都把皇父乾隆的出生地寫成了雍和宮。他命編修大臣進行認真核查。這時，文華殿大學士劉鳳誥，把乾隆當年寫的詩找出來，呈送嘉慶審閱。嘉慶面對皇父御制詩及注，感到問題十分嚴重。嘉慶在皇父出生地的問題上，怎能違背皇父本人的旨意呢！我們對此也沒必要太過認真，畢竟「詩」和「史」是有分別的。於是，嘉慶放棄了皇父出生在避暑山莊獅子園的說法，改為出生在雍和宮的說法。嘉慶命在《實錄》和《聖訓》裏這樣記載乾隆皇帝的出生：「康熙五十年辛卯八月十三日子時，誕上於雍和宮邸。」

可是，嘉慶二十五年（一八二〇）七月二十五日，嘉慶帝突然在避暑山莊駕崩。在當時軍機大臣托津、戴均元等撰寫的嘉慶《遺詔》中說，「皇祖降生避暑山莊」。這是官員的疏忽，還是他們頭腦中的某些常識呢？

新繼位的道光帝發現這一問題後，立即改寫《遺詔》，把原來說乾隆生在避暑山莊，很牽強地說成乾隆的畫像掛在避暑山莊。修改後的《遺詔》，原文如下：「古天子終於狩所，蓋有之矣。況且行宮為每歲臨幸之地。我祖、考神御在焉，予復何憾！」

道光為把乾隆出生在北京雍和宮的說法作為結論確定下來，不得不把嘉慶當年說乾隆生在山莊的詩及注都改過來！但道光改得不徹底，有一部分沒有改的《嘉慶御制詩集》流傳下來，從而愈發使天下官員百姓對乾隆出生地疑竇叢生。

乾隆帝到底是出生在北京雍和宮，還是出生在承德避暑山莊？至今學術界沒有定論，仍然是一

個歷史的疑案。

如果是普通平民百姓，他出生在什麼地方，對民族、對國家來說並沒有什麼影響。然而，乾隆皇帝卻不同，乾隆的出生地同他的生母是誰密切關聯。大家為什麼關心乾隆的生母是誰呢？因為乾隆的母親「出身名門」或「出身微賤」，會直接影響到乾隆及其接班人嘉慶的皇位、事業；如果乾隆的母親是漢族人，則又關涉到更為複雜的政治問題和民族問題。乾隆的生母，《清史稿》中記載為「四品典儀凌柱女」。

野史記載與民間傳說，有多種說法：

第一種傳說，乾隆生母是浙江海寧大學士陳世倌的夫人。此說流傳最廣。陳世倌在康熙年間入朝為官。傳說陳世倌與雍親王一家常有來往，那一年恰好雍親王的福晉和陳閣老的夫人，同月同日分別生了孩子。雍親王就讓陳家把孩子抱入王府看看。可是，等孩子再送出來時，陳家的男孩竟變成了個女孩。陳閣老意識到此事性命攸關，不敢作聲。那換入宮中的男孩，就是後來的乾隆皇帝。金庸先生是浙江海寧人，他的武俠小說《書劍恩仇錄》便是圍繞乾隆身世之謎而展開的。這本書一出籠，乾隆是陳閣老的兒子的傳說，便越傳越廣，越講越真，甚至許多武俠愛好者都將這當成信史了。

其實，乾隆出生時，雍正的長子、次子雖已幼年早死，但第三子已經八歲，另一個妃子又即將臨產。這時雍正才三十四歲，正當壯年，他怎麼會在這種情況下，偷偷摸摸地用自己的女兒去換陳家的兒子？這從情理上也是說不通的。退一步說，其時雍正並不知道自己將來能否登上皇位，又怎

麼會知道陳家之子是有大福的人呢？更為重要的是，如果換子之事敗露，雍正不僅爭皇位化為泡影，可能連王位都不保。清史前輩孟森先生論及乾隆為海寧陳閣老之子這個傳聞時說：「蓋高宗嘗四幸陳氏之安瀾園；而陳氏之宅有堂匾曰愛日堂，為御書，又有一匾曰春暉堂，亦御書，皆以帝王賜題，而用人子事父母語意。此皆帝出乎陳之所本也。當清季世，上自縉紳，下迄婦孺，莫不知海寧陳家子有一為帝之說，而以為清雖滿族，滿為胡虜，必無此氣度福澤，實由漢族暗移其祚，乃有此光昌之運。是說也，尤為漢人所樂道。故眾口一詞，牢不可破。」這段精闢的論述，雖說的是乾隆出身海寧陳家，這一點不能確信，但文中把歷史上傳聞之所以產生及廣為流傳的原因都說得明明白白了。

第二種傳說，晚清長沙湘潭有一位著名詩人、學者王闓運提出，乾隆的生母雖然是鈕祜祿氏，但的確與避暑山莊有關。王闓運在《湘綺樓文集》裏提到乾隆之母：始在母家，居承德城中，家貧無奴婢，六七歲時父母遣詣市買漿酒粟麵，所至店肆大售，市人敬異焉。十三歲時入京師，值中外姐妹當選入宮。……孝聖容體端頎中選，分皇子邸，得在雍府。後來雍親王生病，此女日夜服侍。數月雍親王病癒，她懷孕生下了乾隆。清遺老金梁則認為：清朝選秀女制度是非常嚴格的，從清宮《欽定宮中現行則例》中，可以看到當時清宮的一些有關規定。清宮的門衛制度更是森嚴，怎麼可能讓承德地方一個女子混進皇宮並入選秀女呢？閻崇年教授據此認為王闓運的說法是傳說，靠不住。但筆者以為任何制度都有漏洞，要是所有制度都按制度上所說的那麼井井有條，我們所有歷史研究都會非常輕鬆。偶然性雖然讓過去、生活更加紛繁，但也正因如此才充滿樂趣。所以這種傳說

是值得參考的（詳情見下文）。

第三種傳說，曾做過熱河都統幕僚的近代作家、學者冒鶴亭說：乾隆生母是熱河漢人宮女李佳氏。作家周黎庵寫了《清乾隆帝的出生》一文，援引冒鶴亭的說法，並添加雍正喝鹿血等情節，增加了故事性：傳說雍正在做雍親王時，一年秋天在熱河打獵，射中一隻梅花鹿，雍正喝了鹿血。鹿血壯陽，雍正喝後性急，身邊又沒有王妃，就隨便拉上山莊內一位很醜的李姓漢族宮女。第二年，康熙父子又到山莊，聽說這個李家女子懷上了「龍種」，就要臨產。康熙發怒，追問：「種玉者何人？」雍正承認是自己做的事。康熙怕家醜外揚，就派人把她帶到草棚。醜女在草棚裏生下一個男孩，就是後來的乾隆。

一般來說，傳聞的產生大多有某些事實為據，儘管這些事實可能或虛或實；而傳聞若能得到廣泛的傳播，即得到社會某一部分人的認可，則需要一定的社會條件。

問題是有關乾隆家世的傳聞並沒有隨著滿清王朝的覆滅、滿漢民族間的矛盾消弭而逐漸沉寂，而乾隆生母係避暑山莊宮女李氏之說卻後來居上，大有淹沒歷史真相之勢。這裏的原因卻極為複雜，其中固然有現代傳播媒介出現以及人們的獵奇心理這些客觀和主觀的社會條件，但清朝官書有關乾隆生母的記載不盡清楚也是不可忽視的原因。

出身寒微：鈕祜祿氏的身世之謎

成書於乾隆十七年（一七五二）的蕭奭的《永憲錄》卷二記載：「雍正元年十二月丁卯（二十二日）午刻，上御太和殿。遣使冊立中宮那拉氏為皇后。詔告天下，恩赦有差。封年氏為貴妃，李氏為齊妃，錢氏為熹妃，宋氏為裕嬪，耿氏為懋嬪……齊妃或云即今之崇慶皇太后。待考。」就是說，在當時就有人對乾隆的生母是誰提出了懷疑。

高陽先生在《清朝的皇帝》中認為：蕭奭《永憲錄》中，「這『待考』二字，是一暗示，是一隱筆兼曲筆的巧妙暗示；齊妃非高宗生母，而故意這樣寫，是曲筆；齊妃李氏，暗示高宗生母姓李，此為隱筆。」但是，高陽沒有看到清宮的檔案。

清朝政府有個規定，皇帝家族生兒育女，每三個月要上報一次，寫明出生時間和生母。每隔十年，根據出生和死亡紀錄的底稿，添寫一次皇室族譜，就是《玉牒》。在中國第一歷史檔案館保存的《玉牒》和生卒紀錄底稿上，都清楚地寫著世宗憲皇帝（雍正）第四子高宗純皇帝（乾隆），於康熙五十年辛卯八月十三日，由孝聖憲皇后鈕祜祿氏、凌柱之女誕生於雍和宮。

但是，這位鈕祜祿氏究竟是何許人也？

《清高宗實錄》說乾隆皇帝的生母鈕祜祿氏是「原任四品典儀官，加封一等承恩公凌柱之女」。近人唐邦治先生據《玉牒》撰寫了《清皇室四譜》，其中進一步說：「鈕祜祿氏，弘毅公額

亦都曾孫女，四品典儀追封一等承恩公凌柱女。」雍正元年（一七二三）十二月，剛即位的雍正皇

帝冊封鈕祜祿氏為熹妃的冊文中也說：「咨爾格格鈕祜祿氏，毓質名門，揚休令問」。這樣，人們

很容易得出乾隆生母鈕祜祿氏出身名門的印象。如果單從姓氏著眼，鈕祜祿氏既然為清開國元勳弘

毅公額亦都曾孫女，而額亦都後人又被公認為滿洲八大世家之一，說乾隆生母鈕祜祿氏「毓質名

門」似乎也沒有錯。禮親王昭槤在他所撰的《嘯亭雜錄》中對「八大家」作了如下的解釋：

「滿洲氏族以瓜爾佳氏直義公（費英東）之後，鈕祜祿氏宏毅公（額亦都）之後，舒穆祿氏武

勳王（揚古利）之後，納蘭氏金台吉之後，董鄂氏溫順公（何和里）之後，輝發氏阿蘭泰之後，烏

喇氏卜占泰之後，伊爾根覺羅氏某之後，馬佳氏文襄公（圖海）之後，為八大家云。凡尚主選婚，

以及賞賜功臣奴僕，皆以八族為最云。」

誠如昭槤所言，瓜爾佳氏、鈕祜祿氏、納蘭氏（即納拉氏）等滿洲「八大家」由於歷史的原

因，確實與清皇族愛新覺羅氏有著特殊密切的關係。僅以清帝后妃而論，康熙皇帝的孝昭仁皇后姓

鈕祜祿氏，她的妹妹鈕祜祿氏也嫁給了康熙，諡溫僖貴妃；雍正皇帝的熹妃，即乾隆生母姓鈕祜祿

氏；乾隆妃嬪中有鈕祜祿氏兩位；嘉慶皇帝的孝和睿皇后姓鈕祜祿氏，另有恭順皇貴妃亦姓鈕祜祿

氏；道光皇帝元后孝穆成皇后姓鈕祜祿氏，繼後孝全成皇后、成貴妃、祥妃皆姓鈕祜祿氏；咸豐皇

帝元后、即人們熟悉的慈安皇太后姓鈕祜祿氏……，有人作過統計，以人數而論，清帝皇妃中，姓

鈕祜祿氏者位居第二。

高陽先生在論證乾隆真正生母時，說官書所載的鈕祜祿氏必「出身滿洲八大貴族之一的鈕祜

祿」，所據者，就是「鈕祜祿氏」被公認為「八大家」之一；孟森教授從《清史稿》「外戚表」中

查出乾隆生母鈕祜祿氏「祖額亦騰」，則認為「騰」即「都」之異譯，鈕祜祿氏係弘毅公額亦都曾

孫女——這即是說，他們都是依據清朝官書，並且都是從姓氏上著眼，認為姓鈕祜祿氏者必為出身

滿洲名門的大家閨秀。

其實，這是望文生義所犯的錯誤。

張采田先生非常嚴謹，他在《清列朝后妃傳稿》中是這樣敘述乾隆生母鈕祜祿氏家系的：「父

凌柱，原任四品典儀、內大臣，雍正十三年十一月封一等承恩公。父吳祿。祖額亦騰，薩穆哈圖

子，額亦都從弟。」

這段平實的記錄告訴我們：

第一，額亦騰並非大名鼎鼎的清開國元勳額亦都，而是額亦都的「從弟」，即叔伯兄弟。嚴格

地說，乾隆生母鈕祜祿氏是額亦騰，而非額亦都的「從孫女」。

第二，乾隆生母鈕祜祿氏的祖父吳祿係一白丁。

第三，乾隆生母鈕祜祿氏的父親凌柱是雍正十三年十一月乾隆皇帝剛即位尊生母為皇太后，推

恩及於外祖父凌柱，才封「一等承恩公」的。

從上述記載中，可以大致推出乾隆生母雖姓鈕祜祿氏，但不能說她「毓質名門」。八旗社會中

列入「八大家」的鈕祜祿氏其實是弘毅公額亦都一支的後人。額亦都有子十六人。其中佐命開基而

聞於當世者，唯圖爾格、車爾格、伊爾登、超哈爾、遏必隆五人而已。這五支之後，則名臣迭出。

至於額亦騰及其後人，則直至乾隆生母崇慶皇太后，無一人名於當世，乾隆生母鈕祜祿氏之父凌柱的四品典儀、內大臣官銜可能也是鈕祜祿氏封熹妃後才被恩賞的。正所謂「朝廷還有三門子窮親戚」，更何況弘毅公額亦都的從弟額亦騰的後人呢。

清制，皇子、皇孫的婚配要由皇帝親自指定，而指婚的範圍則限在八旗世家中選定的「秀女」。順治年間規定，每隔三年舉行一次選閱秀女，屆時由戶部行文京中滿洲、蒙、漢軍八旗共二十四都統，同時行文外省駐防八旗及外任旗員，將應閱女子層層上報。到選看秀女之日，由秀女所在各旗官員及秀女的親屬送到大內神武門，按照排定的序列，聽候內監傳入宮門，由戶部及八旗官員公同閱視，凡記名者，準備再行選閱，未記名者，本家就可以自行聘嫁了。在候選的秀女中，皇帝要遴選相貌和人品俱佳，特別是出身名門的秀女，「指與某皇子或指與某皇孫」為福晉，同時還要指配側福晉二至四名。出身自然要等而下之了。皇子、皇孫分府成婚後，府中還需侍女幹些粗活，這類侍女有的也從八旗秀女中挑選、賞給，入府後談不到給予什麼名號，她們則出身於八旗寒素之家，如外任八旗下級官吏，以至另戶軍士，閒散壯丁。在皇帝指婚時，最重視的當然是皇子的嫡福晉，因為皇子若承繼帝位，嫡福晉自然冊立為皇后；其次則重視側福晉，如嫡福晉冊立為皇后之後，不幸崩逝，側福晉循資歷而進，必繼封為皇后。至於賞給皇子的執賤役的女子，則並不過多地考慮出身。乾隆的生母鈕祜祿氏就是康熙皇帝未曾計較其出身，才將她賞給胤禛作丫環的。

《清皇室四譜》載乾隆生母鈕祜祿氏「康熙三十一年十一月二十五日生」，四十三年，年十三賜侍世宗（雍正）藩邸」，就是鈕祜祿氏十三歲時由康熙賜給雍正作使女的冠冕堂皇的說法。這時雍

正的爵號還是貝勒，所居府邸，即今之雍和宮，那時還只稱為「貝勒府」，或「四爺府」。「貝勒府」中早已有出身名門的烏喇納喇氏為嫡晉，兩位側福晉年氏之父為知府李文燁。到了康熙四十九年（一七一〇）冬，鈕祜祿氏之父為湖北巡撫年遐齡、李氏之父為雍親王的胤禛的機會，第二年便生了弘曆，即後來的乾隆皇帝，但鈕祜祿氏在雍親王府中的地位並未得到顯著的改善，仍然習慣地被人們稱為「格格」直到雍正元年十二月被封為熹妃為止。「格格」是滿洲語，《清文鑒》釋為「姐姐」。「姐姐」這個略表敬意又含糊不清的名稱加在為主人生了兒子的丫頭身上再合適不過了。此後鈕祜祿氏被王府中人呼為「格格」又持續了十餘年之久，直到雍正元年十二月被封為熹妃為止。

乾隆生母鈕祜祿氏何以初入侍雍正時未有嫡福晉、側福晉名號？為什麼誕育雍親王第四子弘曆後仍以「格格」名之？這些清官書不便解釋的事實自然會令人動疑，所以高陽先生才推斷說，鈕祜祿氏既出身於滿洲八大貴族，又於康熙五十年誕高宗，則不應不封福晉。但高陽進一步推斷鈕祜祿氏並非乾隆生母則有欠穩妥。這裏有一個清代官方史書有意加以諱飾的事實，即乾隆生母鈕祜祿氏雖有一高貴的姓氏，而其母家卻早已漸漸衰微了。

上面曾提到，晚清人王闓運說乾隆生母原居承德城中，「家貧無奴婢」，十三歲入京師，恰逢挑選秀女，遂同姐妹們入秀女十人之列，以「容體端順中選」，分在雍親王府邸。及雍親王夏被時疾，王妃多不往，乾隆生母「奉妃命，且夕服侍維謹，連五六旬，疾大癒，遂得留侍，生高宗」。

這個說法雖有破綻，但稱自己自幼家貧，十三歲挑為秀女，分發到貝勒府邸作賤役，由於一個偶然

的機會留下侍奉雍親王而生乾隆皇帝，應該是最接近乾隆生母家世的真相。然而，他的說法至今尚未得到人們應有的重視。其實，清代有的隨筆、筆記很能道出許多歷史疑案，況且王闓運作為一著名學者應當不會信口開河。

夫君雍正之死

胤禛於雍正十三年（一七三五）八月二十三日子時，在圓明園猝然去世。據《實錄》記載：雍正十三年八月二十日，胤禛偶感違和，仍照常聽政，並召見臣工。二十一日，病情加重，照常理政。皇四子寶親王弘曆、皇五子和親王弘晝等，御榻之側，朝夕奉侍。二十三日子時，進藥無效，雍正駕崩。雍正突然而死，官書不載原因。於是，雍正死因之謎，朝野眾說紛紜。主要有以下兩種說法。

一說，胤禛是被呂四娘謀刺死的。《清宮十三朝》、《清宮遺聞》等書，都有雍正遇刺身亡之文。傳說呂四娘是呂留良的女兒，也有說是呂留良的孫女。當年，呂留良因文字獄被死後戮屍，呂氏一門，或被處死，或被遣戍。但呂四娘攜母及一僕逃出，隱姓埋名，潛藏民間。呂四娘拜師習武，勤學苦練，尤長劍術，技藝高超。後來，呂四娘喬裝改扮，混入深宮，一日，乘機砍掉雍正腦袋。或說，呂四娘的師傅，原是雍正的劍客，後離去，培養了女徒呂四娘，還使用了一種叫「血

滴子」的武器。使得清廷只得打造了個黃金頭顱，裝到雍正屍體上收殮，並嚴加保密，免得醜事張揚。這個民間傳說，流傳二百多年。到一九八一年，曾發掘雍正泰陵地宮，但未打開。許多學者指出，呂留良之案，呂氏一門，男女老幼，俱已嚴禁，不能逃逸。就連呂留良父子墳墓，都加以監視，呂女不可能逃脫。所以，呂四娘行刺雍正說，實屬子虛烏有，絕不可信。

二說，胤禛是服丹藥中毒而死的。史書中的雍正雖陰毒異常，但他畢竟是一個封建皇帝，脫離不了當時大的知識和思想背景。所以他一直崇尚方術、迷信占卜，晚年更到處延訪修煉之士、尋求長生不死之藥。雍正在雍正七年（一七二九）得了一場大病。大臣說「皇上下頦偶有些微疙瘩」，是甚麼病，說不清楚。雍正曾向心腹密臣發出諭旨，要他們推薦好醫生、道士：「可留心訪問，有內外科好醫生與深達修養性命之人，或道士，或講道之儒士、俗家。……一面奏聞，一面著人優待送至京城，朕有用處。」後來李衛密薦道士賈士芳，到北京為雍正看病。後將賈道士處死。雍正對道士、丹藥感興趣，特為紫陽道人重建道院。胤禛還曾延請道士張太虛、王定乾等，到圓明園煉丹，以求吞服靈丹妙藥，長生不老。雍正十三年（一七三五）八月二十一日發病時，養在宮中的兩個煉丹道士張太虛與王定乾邀功心切，向雍正進呈他們煉的丹藥，沒想到雍正吃很快就「龍馭上賓」了。

胤禛死後三天，他的兒子、新君乾隆帝下令驅逐張太虛等道士，並嚴諭他們不許透露宮中隻言片字。這可能同其父食道士燒煉的丹藥致死有關。金梁在《清帝外紀·世宗崩》中說：「唯世宗之崩，相傳修煉丹餌所致，或出有因。」楊啟樵教授認為雍正是「服餌丹藥中毒而亡的」。有學者則

認為：「此說頗有合於情理處，然而究屬推論，未可成為定讞。」或謂：「這類宮闈秘事，要確證論定，難得過硬資料。」

鴻福齊天：孝子乾隆皇帝報恩

在給予乾隆皇帝一生以深刻影響的屈指可數的幾個人之中，乾隆生母鈕祜祿氏是不可忽視的一位。以往的研究者由於未能走出清代官方史書所設下的迷陣，因而往往把她視為無足輕重的人物。其實，要深入了解乾隆，要澄清康雍乾之際某些重大疑案（例如上面已經講述了的乾隆身世之謎），都離不開鈕祜祿氏這個出身寒微而福命最好的女人。

乾隆皇帝體格健壯，壽元高厚，在中國古代帝王群中是絕無僅有的，這不能不說是得益於其母的遺傳因素。乾隆的父親雍正體弱多病，年五十八而終。乾隆同父異母兄弟九人，年幼夭折的五人，其中雍正嫡福晉烏喇納喇氏所出者一，側福晉年氏所出者三（年氏所生三子全夭折），側福晉李氏所出者一；其他兄弟中「格格」耿氏所出，皇五弟弘晝活到六十歲，壽數最高；唯獨「格格」鈕祜祿氏所生獨子乾隆壽高八十有九，這與鈕祜祿氏不能說沒有關係。

有學者已經銳敏地揭示出乾隆體健、高壽與其生母之間的聯繫，莊練先生在《中國歷史上最具特色的皇帝》一書中他說：「滿清皇帝起家於關外的遊獵部族，習俗尚武，雖富貴不忘其世代相傳

的騎射之風，所以在咸豐以前的各朝皇帝，不但他們自己都能馳騁鞍馬，也以此教導他們的兒子。

木蘭秋獮，乃是滿清皇帝經常舉行的狩獵活動，皇帝和皇子們一起在山嶺原野之間騎馬馳突，射獵

虎豹熊鹿之類的野獸，雖多危險，卻也是極好的武術訓練。乾隆在這種生活環境中長大成人，當然

能夠得到很多的訓練機會，從而成為一名善於騎馬征戰的武士，雄偉壯健。但清朝的皇帝皇子們雖

多身體強健，卻絕無一人能如乾隆之壽至九十，而且垂老不衰，這就與各人的先天稟賦有關了。皇

子們的先天稟賦，得自其母后母妃的遺傳。出身富貴之家的妃嬪，不可能有強健的身體，而唯獨乾

隆例外，因為乾隆之生母並非一般出生於富貴之家的妃嬪，乾隆得天獨厚之處，就在這裏。」

這一段關於皇子們身體素質得自於其母后或母妃的遺傳的論述大體是能成立的。名門閨秀多是

弱不禁風的女子，而皇帝給皇子指婚時偏偏要從門第著眼，忽略了其身體條件。雍正皇帝的嫡福晉

和兩位側福晉都稱得上富貴之家的仕女，而所生子女多夭折；乾隆皇帝為皇子時，雍正指八旗大姓

富察氏為嫡福晉，富察氏三十七歲病逝，她生的兩個兒子先她而夭折，另外一名側福晉高佳氏出

身內務府世家，也是中年而亡，且終生都沒有生育，再一名側福晉烏喇納喇氏母家也是八旗官員，

她生的兩個兒子，一個女兒都壽命不長。與此形成鮮明對照的是，乾隆生母鈕祜祿氏出身寒微，以

王府粗使丫頭而上升為喜妃，幼時家境的貧苦卻造就了鈕鈷祿氏強健的體魄，去世的前一年還在乾

隆奉侍下登泰山，遊幸避暑山莊，乾隆四十二年（一七七七）正月以八十六歲高齡辭世。人的壽命

長短受到多種因素制約，特別是在科學不昌明的古代，皇子也概莫能外。但一般說來，后妃身體素

質好的，所生皇子多高壽；而后妃的身體素質如何，又與出身門第高下一定聯繫，富貴之家鮮有健

碩之女，而出身寒微者倒有可能體格堅韌。康熙皇帝相看過乾隆生母鈕祜祿氏後連連說：「有福之人」。傳世的《慈寧燕喜圖》有乾隆為其母祝壽的畫面，鈕祜祿氏方面大耳，看上去完全是一副雍容富貴的老太太模樣，但長得並不美。由此推測，乾隆生母身材高大、面目端正。乾隆皇帝天庭飽滿，地閣方圓，聲如洪鐘，這些顯性的遺傳特徵大多得自於他的出身寒微的生母鈕祜祿氏。其實從一些自然生理上來解釋許多事情，反而更通人情。

現在似乎沒有史料可以證明乾隆的性格受到了其生母哪些遺傳影響，但鈕祜祿氏在雍邸中的微賤地位顯然給乾隆幼小的心靈打上了深刻的烙印。

鈕祜祿氏十三歲時入雍邸為侍女，七年後生下乾隆，而又過了十餘年，才被剛即位的雍正冊封為熹妃，其名位仍在皇后烏喇納喇氏、貴妃年氏和齊妃李氏之後。這時，乾隆已十二、三歲了，自己生母在雍親王府中的「格格」身分、由此而連帶的自己為侍女所出的卑下處境，不能不給這個天生傲骨的少年深深的刺激。有人曾取笑乾隆是個「立嫡迷」，卻不真正了解乾隆內心的苦衷。乾隆從自己的痛苦歷程深深體味出，儘管是金枝玉葉，若生母卑賤，在王子群中仍要備受白眼和欺凌；他無論如何不想使密定的皇太子重覆自己走過的一段苦難經歷，因而一再堅持立元后嫡子為太子，直至徹底絕望才罷手。

在乾隆皇帝中年以後病態般的聚斂無厭心態中，似乎也隱隱看到其生母影響的影子。誠然，乾隆生在帝王之家，但他並不完全等同於富貴人家的紈袴子弟。他確實揮金如土，鋪張浪費，以最大限度地顯示富有四海的太平天子氣象；但他更注重斂財，在他內心深處有一種囊括天下財寶於一身

的強烈欲望。人們可以舉出許多種理由對此作出解釋，不過幼年時期的乾隆因生母貧賤而留下的種種不可磨滅的印象，致使他對擁有財富無止境的追求，是不應被忽略的一個因素。總之，乾隆的鋪張粉飾也好，對財富的狂熱追求也好，其中難免讓人感到有一種暴發戶的味道在內。

而乾隆對這位貧賤的母親也有著濃厚的報恩心理，在這方面它可真是儒家孝子的典範。雍正十三年八月二十三日，雍正皇帝崩逝，當即開示遺詔，以寶親王、皇四子弘曆即位。弘曆於當天降諭尊「母妃」鈕祜祿氏為皇太后，隨後上皇太后尊號「崇慶」，在命禮部準備上皇太后尊號的典儀時，乾隆特別說皇太后「誕毓朕躬，恩深鞠育」。鈕祜祿氏以誕育皇帝而被尊為皇太后，按宮中制度，乾隆稱其母為「聖母皇太后」，有時亦稱「聖母」，另一位應尊為「母后皇太后」的雍正元后烏喇納喇氏已於四年前病故，因而乾隆皇帝以四海養的太后唯鈕祜祿氏一位而已。

從名分上講，烏喇納喇氏是乾隆的嫡母，但皇子時代的乾隆似乎和她沒有建立起親密的母子之情，現在能夠見到乾隆寫給她的唯一一首詩題為「恭祝皇母聖壽」：

蓬萊曉日照金扉，�緱雲成五色輝。

觴捧六宮趨彩仗，嵩呼四海仰慈闈。

瓊筵恭進仙人膳，文綿歡呈玉女衣。

叨沐恩勤逢令節，年年拜舞慶春暉。

詩中雖有「春暉」、「恩勤」的字樣，但缺乏感人的親情，完全是應景文章。至於皇貴妃年氏、齊妃李氏這兩位對乾隆來說也是母親輩分的婦人，乾隆則從未提及。

被尊為崇慶皇太后時已四十四歲了，她膝下只有乾隆一子，而她老人家又是十分喜歡熱鬧的人，因此逢年過節，乾隆總是想辦法讓太后能開懷行樂。每年新正，先在重華宮中舉行家宴，乾隆二十五年「新正重華宮侍皇太后」一詩寫宮中天倫之樂甚詳：

鳳輦臨龍閣，新年第一祥。

彤庭增喜氣，綠野遍春光。

欣答初韶傘，欽稱萬壽觴。

粉椽蘭百和，勝帖燕雙翔。

浮服孫曾繞，遐齡日月長。

宮中行樂養，欲以化群方。

對比前面那首詩，即可看出乾隆對皇太后的感情了吧。

重華宮家宴之後，乾隆即奉皇太后從嚴素所居的暢春園移駐於圓明園的長春仙館，隨後慶賀新春的節目聯翩而至，正月十三日開始放燈，圓明園中燈光輝煌，如天上仙境，至正月十五日，歡慶氣氛達到高潮。入夜放煙火之前，皇上已陪皇太后在「山高水長」樓上坐定，觀看類似今天大型的舞燈表演，在樓前舞燈者有三千人，他們各執彩燈，口唱「太平歌」，隨著樂曲的節奏，循環進止，並依照帶隊人的指揮，一轉則三千人排成一「太」字，再轉成「平」字，以次作「萬」、作「歲」字，合成「太平萬歲」四字，取的是「太平萬歲」字當中的吉利。舞罷，則煙火大放，其聲如雷霆，火光照亮半邊天空，但見紅魚奮起，跳躍於雲海之內，令人歎為觀止。

乾隆侍母至孝，他知道熬個皇太后並不容易。在太后六十大壽時，打算盡量鋪張，以承母歡。他改清漪園（今頤和園）之甕山為「萬壽山」，在園內修「大報恩延壽寺」（今排雲殿）、「佛香閣」。在皇太后六十大壽之前，乾隆還命將大內的慈寧宮重加修葺，增加了前殿的重簷，以供太后在城裏居住時生活更舒適。皇太后的壽辰在十一月二十五日，往年到了這時節，京師多風雪，寒侵肌骨，但乾隆十六年自十一月初十至二十五日竟無一絲風，無一絲雨，晴和暄暖，如春三月光景。十九日這天，皇上已奉太后暢遊萬壽山，二十四日皇太后鸞輿自郊園進城，至西直門外高梁橋停蹕，皇太后御大安輦進城，鹵簿前導，乾隆親騎於輦前恭引，雲集北京的文武百官、京師士女，簪纓冠帔，跪伏在大街兩旁。為了烘托喜慶氣氛，萬壽山至西直門路旁由內務府備辦各種景點，高梁橋至大內西華門，則由在京王公大臣和各省督撫分段布置，目擊者對其盛況有如下精彩描述：

「十餘里中，各有分地，張設燈綵，結撰樓閣。天街本廣闊，兩旁遂不見市廛。錦繡山河，金銀宮闕，剪綵為花，鋪錦為屋，九華之燈，七寶之座，丹碧相映，不可名狀。每數十步間一戲臺，南腔北調，備四方之樂，倡童妙伎，歌扇舞衫，後部未歇，前部已迎，左顧方驚，右盼復眩，遊者如入蓬萊仙島，在瓊樓玉宇中，聽霓裳曲，觀羽衣舞也。其景物之工，亦有巧於點綴而不甚費者。浙省出湖鏡，則為廣榭，中以大圓鏡嵌藻井之上，四旁則小鏡數萬，鱗砌成牆，人一入其中，即一身化千百億身，如或以色絹為山岳形，錫箔為波濤紋，甚至有一蟠桃大數間屋，此皆粗略不足道。左慈之無處不在，真天下奇觀也。」

這一切，在王公大臣、各省督撫不過為討皇上之所好而爭寵，而乾隆則不過為博聖母一笑。

乾隆以為母親看了一定高興，結果大出所料，崇慶皇太后卻嫌過於鋪張奢華了，「甫入宮即命撤去」。這些自然可以說是乾隆好大喜功，但也從一個側面反映其孝順之心。以後再為太后舉辦壽典時，乾隆便不再那麼鋪張了。這也反映出鈕祜祿氏出身微卑，半生勞作，進而養成了不好奢華的品質。

崇慶皇太后身體康強，性又好動，乾隆每次巡幸都奉母同行。太后去世前乾隆曾四次南巡，太后每次必往；太后信佛，曾三遊五台，三幸泰山，又曾至嵩山拈香，至於塞外的避暑山莊，自乾隆六年皇帝首舉木蘭秋獮大典，即奉太后同行，此後每次大多同行。太后出身貧寒，迷信因果，巡幸途中多行善事，施捨老弱。據說一次乾隆奉太后南巡，御舟行至山東境，濟寧知州顏希深因事外出，而地方受災急需賑恤，顏母即令發官倉救濟百姓，山東巡撫卻以顏母違制上章彈劾。皇太后得悉此事，則以顏母有仁愛之心，不讓皇帝給予處分，還召見何氏於御舟之上，賜以匾額，褒獎備至。正趕上濟南知府出缺，顏希深被提升為濟南知府，沒過幾年，又擢拔為河南巡撫。也許因為她窮苦出身，崇慶皇太后雖然深知皇上孝敬自己，確也行事謹慎，恪守祖上所傳下來母后不得干政的家法。

乾隆四十二年（一七七七）正月，崇慶皇太后鈕祜祿氏去世。九月，乾隆發布上諭，決定明年秋間東巡祖陵。上諭還明示途中不圍獵，不遊玩，不擺筵宴，僅僅祭陵而已。東巡時果真如上諭所言，隊伍雖然仍很壯觀，但卻鴉雀無聲，默默趕路。途中雖有迎駕官員，也僅僅「賜茶」。由於一

路沒有活動，二十幾日便達永陵。六十八歲的乾隆一到陵園，還未達碑亭，便下輿慟哭失聲。步人啟運，至寶城前行禮，已哭得弓腰曲背，難能站立了。皇帝一哭，隨行臣、文武百官也都得隨著大哭，哭聲遂震動山野。

而乾隆前兩次東巡祖陵，不僅未哭，而且還得意洋洋，壯志滿懷。然而後兩次東巡謁陵，他卻大失常態，有了哭陵的哀狀。由此可見乾隆對其母的孝順，崇慶皇太后鈕祜祿氏雖然出生貧賤但真可謂鴻福齊天。

香 妃

《清史稿‧列傳一‧后妃》：容妃，和卓氏，回部台
吉和札賚女。初入宮，號貴人。累進為妃。薨。

香妃入選本書與其他人有所不同，她既沒有對滿清政治產生較大的影響，也沒有留下赫赫有名的子嗣。但這些都沒有降低後人對「香妃」的關注。

香妃的傳說：炒作香妃

新疆喀什城東三公里處有「香妃」墓，當地人稱「艾孜牙提」。「艾孜牙提」是座很大很雄偉肅穆的維吾爾族風格的建築，有圓頂，圓頂上有塔樓，塔樓尖兒上有鍍金月亮。大廳裏有半人高的平臺，平臺上排著七十二座墳丘。「香妃」墓顯然是藉助「香妃」的名氣，她的墓不過是這七十二座墳丘中的一座，位置在平臺東北角。她和她的家族在一起，這個家族有五代人共葬在這座大墓堂裏。

「香妃」何許人也？

據傳聞，乾隆中葉，清軍入回疆，定邊將軍兆惠俘獲一回部王妃，此女子天生麗質，更奇的是她身體會散發異香，人稱「香妃」。乾隆帝對她大為傾心，執意納之為妃，為討其歡心，特在西苑建造一座寶月樓，供「香妃」居住，並常親臨探視，希其順從。然而香妃性格剛烈，誓死不從，並身藏利刃，表示不屈決心，還時常因思念家鄉淒然淚下。皇太后得知此事，召見香妃，問她：「你不肯屈志，究竟作何打算？」香妃以「唯死而已」相答。太后說：「那麼今日就賜你一死。」香妃

頓首拜謝。於是趁乾隆帝單獨宿齋宮之際，命人將香妃縊死。太后處死香妃的原因，除了上述為成全其名節外，另有說是太后耽心自己的兒子弘曆（即乾隆帝）為香妃所害，還有一說由於香妃受乾隆帝寵愛，諸妃妒忌，向太后進讒言，太后聽信讒言而加害香妃。香妃死後，乾隆帝悲傷不已，最後以妃禮將其棺槨送往故鄉安葬。此說在清末民初流傳頗廣，出現不少敘述香妃故事的戲曲說唱、小說詩歌，繪聲繪色，淒婉動人，使不少人對香妃傳聞信以為實。一九一四年故宮浴德堂展出一幅以《香妃戎裝像》為題的清代女子戎裝油畫像，於是傳說更加流行。

香妃死後，乾隆只有歎息的份，無奈將其送往新疆安葬。她的遺體是按伊斯蘭教的規定做了處理之後，特意作了一頂轎子，由一百二十四人抬著，翻山越嶺經過大沙漠，路上走了有三年半的時間才回到喀什。還有傳說，香妃死後葬在了北京香山。北京香山之名因香妃而來。

顯而易見，香妃是和順治帝的董鄂妃，光緒帝的珍妃一樣被渲染得極絢麗、極悲壯極富傳奇色彩的人物。

一九一四年，北京古物陳列所成立，該所設在故宮外廷。成立時，古物陳列所從承德避暑山莊運來了一幅油畫，畫中女子小眼厚唇，披掛著西式盔甲。此畫被懸掛在西華門內武英殿西側的浴德堂後元代所建阿拉伯式浴室的門框上。阿拉伯浴室被稱為「香妃浴室」，懸掛的畫像被稱為「香妃」畫像，此外還有說明文字。戎裝畫像、阿拉伯式浴室、說明文字三位一體，互為佐證，加上古物陳列所所具有的嚴肅性、權威性，觀眾紛至沓來，一時捲起了一股「香妃」熱，其畫像被印成照片，價格昂貴，銷量卻很好。

這恐怕是歷史上第一次炒作香妃的事件，也是相當成功的一次。二十世紀七〇年代，在香港又有人炒了一回「香妃」，又有一種香妃像畫片出現，也是根據一幅油畫影印的。畫中人與戎裝的「香妃」不同，很秀氣，柳眉鳳目瓜子臉，這種形象的照片也不脛而走，被很多書商翻印，大發利市。

在旗裝戲《香妃》戲中她寡言笑，不屈從，進而謀刺，最後以殉身告終。近年流行的電視劇《還珠格格》中的「香妃」也是楚楚動人，讓人憐愛。於是人們認定，歷史上確實有個「香妃」。

誰是「香妃」：身世之謎

從清代乾隆朝留下來的許多歷史檔案資料來看，乾隆帝後宮中的容妃的事蹟都一一和傳說中的「香妃」相似。首次提出傳說中的「香妃」就是容妃的是北大教授孟森先生。他在抗戰前夕寫的《香妃考實》一文中，提到了一條主要的證明材料：有人「於民國二、三年間至東陵，瞻仰各陵寢；至一處，守者謂即香妃塚，據標題則容妃園寢也。」這是因為「民國二、三年」時守東陵的人，仍是原來清皇陵的守墓者。他們說容妃就是「香妃」當屬宮廷內部因襲的傳統說法，比較可靠。結合本章開頭趙爾巽的《清史稿》卷二百十四「后妃列傳」中的記載：「容妃，和卓氏，回部台吉和札賚女。初入宮，號貴人。累進為妃。薨。」這些記載表明，容妃確是實有其人的。在清

高宗諸妃中，「容妃」是首先提到的「回部」即維吾爾族妃子。同時，近年有學者以眾多可信的資料也考證出，傳說中的「香妃」，就是指乾隆皇帝的維吾爾妃子——容妃。傳說中關於「香妃」的許多事情是後人編造出來加上去的。

孟森教授在《香妃考實》一文中認為她可能是大、小和卓的妹妹或女兒，現在看來這種說法應該是一種因襲舊說的牽強附會。有學者發表《「香妃」史料的新發現》一文第一次公布了在故宮博物院中珍藏的清朝檔案資料，其中有一個重大的發現：「香妃」的祖先不屬於阿帕克和卓支系，而是屬於額賴瑪特和卓支系的。這支家族和大、小和卓同一個高祖，但不是一個曾祖。乾隆二十五年（一七六○），乾隆帝令額色伊、圖爾都、瑪木特和額賴瑪特和卓支系的其他人陪同「香妃」進京，都受到了清朝皇帝的封銜，並在皇宮南城牆外的西長安街，為他們建造了特別的寓所。根據中國第一歷史檔案館裏發現的資料，「香妃」是輔國公圖爾都的親妹妹，而圖爾都和「香妃」兄妹的父親，根據《西域同文誌》和《西域圖誌》所載的譜系表看，應該是「和卓」阿里（即艾力）。額色伊是她的五叔，帕爾薩是六叔，圖爾都是兄長。有的學者主張「香妃」之父為帕爾薩。但根據清皇宮內府檔案，清廷給帕爾薩的封爵和御贈他的財物、「香妃」去世後分給他的遺物等的數量都比別人少，不像是對待一位「國丈」大人。《清史稿‧后妃列傳》以及現在出版的《二十六史辭典》中都明確地寫著「容妃」是「台吉和札賚之女」。「台吉」是封號，「和札賚」三字包含了伊斯蘭教上層的稱呼「和卓」和「香妃」之父的名字「阿里」兩部分。「卓」和「阿」合音為「札」；「賚」是「里」的模糊音。「和卓阿里」四字的快讀音為「和札賚」。學者們等把「賚」字誤認為

「麥」，就永遠解釋不通。這類例子在《清史稿》等史籍中還很多，如把「和卓集占」快讀而翻譯成為「霍集占」就是另一例。如此流傳，往往弄錯了少數民族歷史人物的真名實姓。由此，我們基本上可以肯定「香妃」之父為額賴瑪特家族支系的和卓阿里，即和札賚。和卓阿里英年早逝，在大、小和卓反叛清朝時已經不在了。當年聯合布魯特武裝牽制並攻打喀什叛軍的「回部」武裝的是「香妃」的五叔額色伊和胞兄圖爾都

「香妃」在清宮

「香妃」家屬不僅不屬於大、小和卓叛亂集團，而正相反，他們還曾經起兵配合清軍平定大、小和卓之亂。當時，「香妃」的哥哥圖爾都和五叔額色伊一起，聯合了布魯特（柯爾克孜族）的武裝去攻打盤踞在喀什噶爾的叛軍。平定叛亂以後，「香妃」隨叔叔額色伊和哥哥圖爾都一起被乾隆皇帝召到北京長住。不久，進宮當了貴人，跨越了「常在」和「答應」兩個階級，得到特別的優待。新進宮的「和貴人」得到了珍珠、絲、毛、二百兩銀子和十五兩金子的賞賜。一個月後，她的兄長圖爾都喜獲一所有二十多間房的新寓所，在今東四附近。賞給他的禮物有布匹、馬具、家具和現金。他的年薪從一百兩銀子增加到二百四十兩銀子，而與此同時，額色伊和其他在京親屬仍保持他們原有的年薪水準。

在皇宮裏，和貴人享有和宮內所有妃嬪同等的華貴豪奢的生活。上面將哈密瓜等貢品分給宮中女眷時，和貴人往往得到額外的一份。由於她信奉的伊斯蘭教規定食物的嚴格限制，還帶來了她自己的維吾爾族廚師努爾買提，專門為她烹調清真食品，如「穀倫杞」即「抓飯」。她顯然繼續穿她自己的民族服裝，因為在她當妃嬪的頭五年，有文字記載在一七六五年，乾隆將她晉升為「妃」的級別時，說明她沒有滿族的宮廷服飾，上面命令為她縫製合適的長袍。乾隆二十七年（一七六二）

「和貴人」晉封為「嬪」，並改名為「容」，稱為「容嬪」，是秉承皇太后的旨意。乾隆二十六年（一七六一）甲午上諭：「欽奉皇太后意，貴人拜爾噶斯氏、霍（和）卓氏，……俱著封為嬪。」同年，其兄圖爾都從台吉擢升為「輔國公」。乾隆三十三年（一七六八）六月辛酉上諭：「欽奉皇太后旨，……容嬪著封為妃」。乾隆三十一年（一七六六）乾隆帝的第二位皇后死後，他再沒有立皇后，從此，容妃是宮中最高等級的妃嬪之一，僅次於皇貴妃。她的地位在妃子中處在第三或第四位上。

史書上記載，容妃曾多次隨乾隆和皇太后外巡。乾隆三十年（一七六五），她同乾隆帝去江南巡視，到過蘇州、杭州等繁華城市。在南巡中，供給她的菜肴有野鴨、鹿肉、雞和羊肉；乾隆三十六年（一七七一），她又隨同乾隆帝到山東去登臨泰山，瞻仰了曲阜孔廟。她還隨同乾隆帝一起巡視過東北的盛京（今瀋陽）和熱河，並是木蘭狩獵場的常客。從這麼多活動來看，容妃和乾隆之間關係十分融洽，並非像影視作品中描寫的那麼敵對。

大清朝在乾隆以前，沒有回族妃嬪的先例。容妃以回部女子至清朝，乾隆不把她安置在後宮，

特營建西苑寶月樓，作為金屋藏嬌之所。樓南隔街建「回子營」，修禮拜寺。當時，八旗以外的所有百姓都住外城。唯獨回子營近在咫尺，依靠九重。這是乾隆愛屋及烏。乾隆為容妃興建寶月樓的原因是：

第一，語言文化不相同。容妃講維吾爾語，不能與諸妃嬪住在一起順利交流，所以特地隔於南海最南之地，其地又距外朝之外垣。這裏同皇宮既聯繫又分割，環境優雅，湖水漣漪。乾隆會維吾爾語，可以同容妃用維語直接交談。第二，飲食習慣不相同。皇后的正宮坤寧宮兼作薩滿祭祀的場所。坤寧宮每日進豬兩口，在神案上宰豬，在大鍋裏煮豬肉，祭祀敬神。元旦祀神，皇帝、皇后行禮；春、秋兩大祭，皇后亦到，妃嬪自當侍從。而最尷尬者，則為后妃受胙，是一種豬肉米飯，這是回教徒所萬萬不能忍受之事。所以將容妃單獨安置在另一個生活區域，生活上很是方便。第三，生活風俗不相同。維族的衣服、裝飾，同皇宮的后妃、宮女都不同。皇宮除御花園外，別無遊觀之處。乾隆於瀛台之南築寶月樓，則隨時可以駕幸西苑，而不必如臨圓明園，路途既遠，又煩勞出駕。容妃在這裏則可免去其他妃嬪爭寵之擾。第四，宗教信仰不相同。滿族的宗教是薩滿教，乾隆又崇奉喇嘛教。維吾爾族信奉伊斯蘭教，要做禮拜。容妃所居之地，隔長安街而對回子營，建回教禮拜堂及民舍，並使內附之回民居住，屋舍皆沿襲回風。容妃站在樓上，可以望見對面的「回子營」，以解思念之情。

從報告容妃最後幾年生活的某些檔案資料獲悉，乾隆五十一年（一七八六）她命令從蘇州的皇家絲綢廠提取了價值近四百兩銀子的絲織品。乾隆五十二年（一七八七），她從皇宮的藥劑師處

開了「平安丸」，顯然當時她感身體不適，但似乎仍然在繼續正常地出席皇宮裏的酒宴和其他大事。乾隆五十三年（一七八八），第三個太陰月，她得到皇帝贈予的禮物奶糕。同年四月十四日，皇帝又送給她十個蜜柑。五天後（四月十九日），她竟不幸與世長辭了。她的確切死因，至今還無從查考。容妃去世以後，她的財產分給她的娘家、太監、宮女、穆斯林士兵及其妻子們，在有關資料中都有詳細的記錄。從毛皮和珠寶到臺燈和洗澡盆都被極為謹慎地分配給不同的人。檔案中還有一則鮮為人知的訊息：容妃還有一個女兒，她的遺物中有一部分是留給她的女兒，這是一位現已不知名的公主作嫁妝用的。

畫像之謎

後來傳有法國的耶穌會畫家郎世寧給容妃畫的戎裝像。時容妃進宮已有二十餘年之久，實際上不可能畫得很像。再說她那時候已年過半百，姿色不可能不減。從畫像分析，也許郎世寧根本沒有見到過這位容妃，因此有人對此像的真偽提出異議。有學者認為所謂「香妃戎裝像」也並不一定就是容妃。因為此像原在熱河行宮保存，拿到北京展覽時，並沒有任何題款和文字，據幾乎一生均在故宮工作的單士元老先生回憶：當時的說明文字是沒有根據的，是幾個人拿的主意，為的是以這張像來吸引遊客，卻為後人製造了混亂。其實，在乾隆皇帝身邊，確實有一位喜穿戎裝的女子，這不

是別人，就是他十分心愛的第十個女兒、和珅的兒媳婦和孝固倫公主。此人生來活潑伶俐，聰明好動，乾隆十分鍾愛，視若掌上明珠，從小就被養育在乾隆身邊。乾隆又因她「貌類己」，曾說「汝為皇子，朕必立儲也」。和孝公主從小就喜歡打扮成男孩子的樣子，更喜歡與男孩子一起遊戲。她經常跟隨乾隆一起出巡、秋獮，當時她用過的弓箭、盔甲、馬鞍、撒袋等物，後來一直為乾隆的皇孫輩所用。史料記載她「性剛毅，能彎十力弓，少嘗男裝隨上較獵，射鹿獲龜，上大喜，賞賜優渥」。聯想到所謂《乾隆帝與香妃御苑行獵圖》中射鹿的景象，正可以認證乾隆與和孝公主射鹿的情景，由此推測《香妃戎裝像》中的「香妃」應是和孝固倫公主。

「香妃」身葬何處：墓地之謎

「香妃」在乾隆五十三年（一七八八）五十四歲時因病去世。這一點在今天的清史學界已成定論。但關於容妃墓的地點，卻有不同的說法。

一為喀什噶爾（今新疆喀什），這座墓在新疆人眼中，與其說是「香妃」墓，倒不如叫它「阿巴克霍加麻札」更為準確。阿巴克霍加麻札是綜合維吾爾族建築與園林藝術於一體的藝術綜合體。整個建築群佔地七十畝，門口及圍牆外是一片挺拔的白楊樹，進大門後便是一座奇特的小花園，種有色彩絢麗的八瓣梅、大麗花等、奇花異卉，還有當地的特產菩提子。每當初秋，菩提子碩果累

累，呈翠綠色，彷彿是一串串翡翠，令人饞涎欲滴。麻札的阿巴克霍加主建築物高二十六公尺，底三十五公尺，寬三十公尺，牆由綠色的琉璃貼砌而成，巍峨宏偉，金碧輝煌。優美而神秘的環境更加渲染了「香妃」之迷給人們的無窮誘惑。據史記載，阿巴克霍加麻札始建於西元一六四○年至一九二七年，時間跨度達三個世紀之久。阿巴克霍加麻札包括大禮堂、教經堂、客廳、水池等，是一座很有藝術特色的建築群，墓內埋藏著伊斯蘭大傳教者阿巴克霍加和他父親阿去默罕德玉樹甫等五代霍加，計七十二人。據說，這裏的麻札幾乎為清一色的男性，唯一的女性便是阿巴克霍加的重侄孫女伊帕爾罕，也就是人們熟知的「香妃」。乾隆皇帝備受「香妃」情感的牽掛，不久便派出一百二十四人抬著「香妃」的靈柩從京城出發，沿長安、蘭州、古絲綢之路出玉門關，歷時三年半時間終於走到了「香妃」的出生地喀什，將她埋在阿巴克霍加麻札裏。這就是如今的「香妃」墓。

一為河北遵化縣東陵。史書上說，「香妃」去世以後，乾隆帝悲痛欲絕，特下詔書將他的這位愛妃隆重地安葬到距北京東面一百二十五公里河北遵化縣的清東陵中。在那裏，清代歷朝的順治、康熙、乾隆和他們的后妃們都長眠於此。那是一個面積很大的皇家陵寢地，風水獨好，現在已成為中外遊客嚮往的旅遊勝地。前面已經交代明白，這種說法有民國初年原清代皇宮委派的守陵人的識別為證。

一九七九年東陵容妃墓出土，史學家根據種種資料，推翻了各種「香妃」的傳說，認為「香妃」就是容妃。墓的地宮內由一道石門，四道石券組成，一具紅漆棺木停放在寶床之上，棺側被砍開一個大洞，棺內已空空無物。在杉木紅漆棺頭，有金漆的伊斯蘭文的可蘭經，可辨的文字為：

「以真主的名義……」棺外西側，於泥水中發現一具頭骨、一條長九十三公分的花白髮辮，上面結有紅色的頭繩。西北角的棺木下壓著一些繡花、緙絲袍褂的殘片，還有幾件織成的袍料。一條黃色八寶花綾織成的「哈達」最為引人注目，它與北京白塔寺的塔腹內所出的乾隆年間的哈達很相近，上面所織的文字，也類似「吉祥頌」。其他各色如意、荷包、珍珠、寶石、貓眼石、鑽石等飾物零星散見；另有幾顆牙齒和指甲。由這些墓中遺物可以推斷：

（一）清代帝、后、妃的棺槨上，大多是鐫刻藏文佛經，用以超度亡靈；唯獨容妃棺木上是可蘭經，這是死者生前的信仰及民族所屬的證物。（二）墓中所出的花白髮辮，證明了死者年齡。花白髮辮與檔案所載容妃年齡五十五歲相吻合。（三）墓中所出的頭骨，顯示出維吾爾族女性特徵，其骨縫密合程度及牙齒磨損狀況，也證實了容妃的卒年是五十五歲左右。（四）墓中所出的織物上織有「江南織造臣成善」、「蘇州織造臣四德」等字樣，據文獻記載，江寧織造臣成善正是乾隆五十多年任職的織造官，蘇州織造臣四德在乾隆四十五年至四十七年時任杭州織造，四十九年始調任蘇州任職。清宮檔案《繡杏黃緞淨八團金龍袍一件料工銀兩清冊》中載有容妃生前曾在蘇州選用了一批織物，正是四德任職時所織造。這些織物及織物上織有的織造官姓名，旁證了容妃生活的年代。

大量史實和物證表明，容妃就是傳說中附會的「香妃」，是乾隆帝四十一位后妃中唯一的一位維吾爾族女子；既不是叛亂頭目霍集占的妃子，也沒被皇太后賜死。最奇怪的一點是從所有出土的文物中，以及有關她身世的記載裏，都未曾找到她身上曾帶有香味，以及有關「香妃」之說的痕

跡。一個傳說中如此神秘的女子竟是一個平凡的宮妃，真讓人不可接受。

我們探究一個獨屬於容妃自己的名字，弄清她的血脈淵源，也是為了探究這樣一種可能性：會不會容妃之外另有一個回族婦女與乾隆有過瓜葛？譬如說被鎮壓下去的反清宗教首領的妻子，雖被獻入宮，卻終未成帝妃，卻實實在在是回族王妃？有沒有可能喀什「香妃」與容妃無涉，裏面所葬的雖不是異體生香的「香妃」，卻實實在在是有「香妃」名號的「香妃」？而後人則把這個「香妃」與容妃混成了一人？正是許許多多像香妃這樣沒有對中國歷史產生重大影響的女人，更加讓歷史猶如一座迷宮，充滿了幻覺和玄奧。

孝和皇太后

《清史稿·列傳一·后妃》：孝和睿皇后，鈕祜祿氏，禮部尚書恭阿拉女。后事仁宗潛邸，為側室福晉。仁宗即位，封貴妃。孝淑皇后崩，高宗敕以后繼位中宮。先封皇貴妃。嘉慶六年，冊為皇后。二十五年八月，仁宗幸熱河崩，後傳旨令宣宗嗣位。宣宗尊為皇太后，居壽康宮。道光二十九年十二月甲戌，崩，年七十四。宣宗春秋已高，方有疾，居喪哀毀，三十年正月，崩於慎德堂喪次。咸豐三年，葬后昌陵之西，曰昌西陵。初尊皇太后，上徽號。國有慶，累加上，曰恭慈康豫安成莊惠壽禧崇祺皇太后。逮崩，上諡。咸豐間加諡，曰孝和恭慈康豫安成欽順仁正應天熙聖睿皇后。

嘉慶皇帝顒琰是乾隆第十五子，因從小生得聰明仁孝而受到喜愛，永璉夭折後，即選立為皇儲。

乾隆八十五歲那年，顒琰已三十六歲，受禪而登位，奉乾隆帝為太上皇。顒琰前後立過兩個皇后。元配妻子喜塔臘氏是副都統、內務府總管和爾經額的女兒。乾隆三十九年，顒琰十五歲，乾隆帝把她許配給兒子，正式冊為嫡福晉。八年後生了兒子（即後來的道光皇帝），更為乾隆帝所喜愛。嘉慶元年（一七九六），喜塔臘氏冊立為皇后，可惜她沒有福氣，到第二年便病死，嘉慶帝加以諡號「孝淑」，把她葬於太平峪後，隨即在此建造自己的陵寢，名曰昌陵。

喜塔臘氏皇后死後，嘉慶帝又立鈕祜祿氏為皇后。這位繼后是禮部尚書恭阿拉的女兒，嘉慶帝為皇子時是側福晉，即位後封貴妃。到嘉慶六年，才由皇貴妃而冊立為皇后。鈕祜祿氏幸運一些，喜塔臘氏皇后所生的兒子登位以後，她被尊為皇太后，一直活到道光二十九年（一八四九），享壽七十四歲，這一年，道光帝也已六十七歲。道光帝對待她十分孝順，母子雖非親生，卻很融洽親愛。以至於當她於這一年十二月死後，染病的道光帝受不了打擊，隨即於第二年正月死於圓明園慎德堂為太后服喪的地方。究其中緣由，大概是因為道光的江山實際上是拜鈕祜祿氏皇后所賜（後詳）。

夫君嘉慶暴崩之謎

嘉慶二十五年（一八二〇）盛夏，嘉慶帝率領大批隨員、名優藝伎，浩浩蕩蕩向木蘭進發，不久抵達熱河，安頓於避暑山莊，開始了木蘭秋獮。嘉慶皇帝怎麼也想不到，這是他最後一次進駐避暑山莊。七月二十五日，年屆六十的他在毫無任何預兆的情況下，猝然離開了人世。當時鈕祜祿氏皇后並不在承德，而是在百里之外的北京。嘉慶皇帝死後，熱河行宮立即封鎖消息，避暑山莊大門緊閉，限制人員出入。二十七日留京王公大臣才得悉靈耗，延至八月初二日，道光皇帝向內閣發布上諭，才告知朝廷上下。當時朝鮮國官員在盛京中江地方見清官員皆著素服，頭帽拔去花翎，驚問其故，才曉知皇帝已逝。好好的皇帝怎麼會突然死亡呢？宮闈之事向來保密，清廷當然不會對民間公開解釋死因，於是民間就產生了各種推測和傳說。

一個說法是遭雷劈而死的。嘉慶帝到達避暑山莊後，立即全副武裝，率領滿漢大臣和八旗勁旅，大隊人馬直奔木蘭圍場。他們追蹤圍獵多日，虎熊全無，只獵獲一些野兔，連平常遍地覓食的麋鹿也甚少見。嘉慶帝非常掃興，決定提前結束秋獮。回來路上恰遇變天，雷電交加，大地震撼，忽然平地一聲雷，那麼多人中，唯獨皇帝被擊中落馬。凱旋回營變成護喪返京，滿朝驚恐呆然。類似的說法還有嘉慶皇帝在山莊遇疾，臥床調養，並無甚大礙，精神尚佳，照常處理政事。一日，熱河上空驟變，雷鳴電閃，頓時寢宮即遭雷擊，只有他觸電身亡等等。此說有一更荒誕不經的版本：

相傳，他長期變寵一小太監，經常尋歡作樂，引起近侍大臣們的非議，駐山莊以後，更加變本加

厲。帝之寢宮設於「煙波致爽殿」，殿後有一座小樓，名「雲山勝地」，據說此樓正是皇帝與小太

監幽會場所，某日，他們正在此尋歡，忽然道道閃電劈開雲層而下，一個火球飛進小樓，在嘉慶身

上炸開，頓時斃命。嘉慶被雷擊燒焦，面目全非，已經無法收殮入棺。若將事實曝光，無異於宮廷

之最大醜聞。大臣們商定個辦法，將一相貌體材與嘉慶相似之太監秘密絞死，再進行盛裝打扮，真

皇帝骸骨放在棺材底部，上面平躺著假皇帝屍體，以此掩人耳目，運回北京，祭葬了事。這個說法

雖然流傳很廣，但沒有絲毫史實根據，在此僅聊備一說。

根據當時的實際情況推測，嘉慶皇帝的死因大概是長期的操勞而導致的心臟衰竭。從登基以

來，皇帝這個差使把他弄得焦頭爛額，不管他為之付出多少心血，還是有源源不斷的麻煩事找上門

來，讓他心煩意亂，沒有一天輕鬆的日子過。特別是有幾件事讓他實在受驚不小。

一說遇刺。嘉慶八年（一八○三）二月二十日，嘉慶帝帶著隨從、侍衛等自圓明園上馬，入神

武門乘御轎。突然，一條大漢從神武門西廂房南牆衝出，直奔嘉慶帝所乘御轎，事情倉促，侍衛及

隨從都沒注意到有人奔來，一時間，那人已跑到面前，皇帝的隨從及侍衛這才看清，那大漢手裏拿

著一把短刀，面露殺氣。在嘉慶帝轎旁的定親王綿恩首先感到事情不妙，迎面上前阻攔。那人來勢

兇猛，舉刀便刺，綿恩衣袖被刺破，未能攔住那人。這時，固倫額駙親王拉旺多爾濟、御前侍衛丹

巴多爾濟等五人一齊阻住來者去路，展開搏鬥。搏鬥中，丹巴多爾濟被頗有武功的刺客扎傷。由於

侍衛們都是大內高手，訓練有素，以五打一，對方開始漸漸支撐不住，幾個回合之後即被生擒。兇

手自供行兇的理由是生活貧困，無處謀生，所以欲尋短見，但是又想了斷之前必須做點驚天動地的大事，所以才來行刺皇上。嘉慶皇帝不相信刺客的行兇理由，遂命令大臣繼續偵察，但是沒有結果。他自尊心受到嚴重打擊，也感到莫大羞辱。

二說起義軍衝入皇宮。嘉慶十八年（一八一三），農民起義軍公然衝進他的統治心臟紫禁城，在城樓上插反旗，直逼皇后住所，意欲搗毀金鑾殿。皇宮乃皇權象徵，苦鬥二十五年，可是依舊如斯，怎不叫他覺得失望、煩悶和傷感呢？面對日益衰敗的國家，他感到無能為力，但是又無法從數不勝數的公務中抽身自拔，在巨大的壓力之下，他的身體也漸漸惡化。

嘉慶帝從病倒至歸天，還不到一天工夫。雖然死前沒有任何徵兆，但是導致猝死的最大的禍首卻是長期的勞累、傷神、壓抑、苦惱、憂鬱和煩躁。死因不明。再者，他年逾花甲，身體肥胖，天氣暑熱，旅途勞頓，有可能誘發心腦血管病而猝死。可以毫不誇張地說，幾十年來，他為治理這個封建大國殫心竭力，付出了全部心血。他曾經有扭轉王朝頹敗的豪情，也露出以振興國家為己任的雄心抱負，但他的能力不足以帶領大清帝國走向中興，他根本無力駕馭這個動盪不安的大清王朝。

曾發生過。雖然一場虛驚，行刺者被制服，但有清以來，這種怪事先輩在位時從未嚴重打擊，也感到莫大羞辱。

恥大辱，使他再次感到了內心受到了很大的摧殘。

嘉慶不明白，為什麼父親（乾隆）在世的時候，天下太平，輪到自己坐江山，怎麼會如此棘手？為了那些長期阻撓國家振興的老大難問題，他嘔心瀝血，費盡心機，苦鬥二十五年，可是依舊潰。這是對他統治能力的極端藐視和否定。雖然起義軍被皇太子輕易鎮壓了，但這種歷來未有之奇

113

道光繼位之謎：太后定江山

旻寧三十二歲，也就是嘉慶十八年（一八一三），發生了天理教民攻入皇宮的突發性事件。這年，旻寧隨皇父巡狩木蘭，因陰雨綿綿，無法圍獵，奉命先期回到京師。當林清率領天理教徒攻入紫禁城衝向養心殿時，旻寧正在上書房讀書，聞變後表現鎮定，「急命進撒袋、鳥銃、腰刀，飭太監登垣以望」。這時，有的教民手舉白旗，攀牆登殿，靠近養心門，旻寧「發鳥銃殪之，再發再殪」。旻寧在事件中，還「飛章上聞」，向皇父奏報；「嚴命禁城四門」，到儲秀宮安撫鈕祜祿氏皇后；親自率領侍衛到西長街一帶訪查。旻寧在這一事變中的表現，或讚其智勇沉著，或譽其舉措有方。嘉慶帝在回京途中得到奏報，即封旻寧為智親王，他所使用的槍也命名為「威烈」。儘管旻寧有如此出色的表現，又秘密定為儲君，但在皇位繼承中，仍出現風波。閻崇年教授認為：旻寧繼位，得到以禧恩為代表的宗室之建議和認同，又得到皇太后的中宮懿旨和皇弟瑞親王綿忻的贊同，最主要是有軍機大臣等開啟鐍匣的御書聖旨。而筆者以為：道光能登臨大寶，決定性的人物則是鈕祜祿氏皇后（此時應該是太后了）。

嘉慶二十五年（一八二〇）七月十八日，嘉慶到熱河秋獮，自圓明園啟程。命皇次子智親王旻寧、皇四子瑞親王綿忻隨駕。這年，嘉慶六十一歲，「身體豐腴，精神強固」。二十四日，嘉慶到達熱河行宮，「聖躬不豫」。二十五日，嘉慶病情嚴重，當夕崩逝。嘉慶皇帝突然駕崩，國不可一

日無主，皇位繼承就成為當時朝廷的頭等大事。以下是閻教授在《正說清朝十二帝》一書中所提出

的關於道光繼位的疑點：

先看看清朝的祖制家法：皇帝立儲的鐍匣，按清朝「家法」應放在乾清宮「正大光明」匾後

面。雍正元年（一七二三）八月十七日，雍正皇帝在乾清宮西暖閣，宣布實行「秘密立儲」。皇帝

立皇太子的御鐍匣，懸置於乾清宮「正大光明」匾額之後。在道光之前，開啟「鐍匣」宣示傳位

密旨繼位者，僅有乾隆和嘉慶。而且，「宣示密緘」是嗣君與朝臣共同開啟的。乾隆作為清代第一

位以秘密建儲方式獲得帝位的皇帝，最初對秘密建儲制度頗不以為然，在經歷了兩次痛失嫡子及皇

后富察氏去世的打擊後，無可奈何地選擇了顒琰，並使秘密建儲成為清代神聖不可更改的「建儲家

法」。乾隆內禪皇位給嘉慶，是由乾隆親自開啟鐍匣宣諭的。嘉慶在避暑山莊病逝後，本應立即派

大臣急馳北京，到乾清宮取下正大光明匾後的秘密立儲御書。但是，當時並沒有這樣做。那麼秘密

立儲御書收藏在何處？據包世臣所撰《戴均元墓碑》中說：嘉慶二十五年（一八二〇年）春，戴均

元拜文淵閣大學士，晉太子太保，管理刑部。七月，戴均元和托津等隨從嘉慶帝到熱河秋獮，「甫

駐蹕，聖躬驟有疾，變出倉促，從官多惶遽失措」。戴均元和托津督促內臣翻檢皇帝遺物，最後在

嘉慶皇帝近侍身邊的「小金盒」裏找到了傳位詔書。「鐍匣」沒有放在乾清宮「正大光明」匾之

後，「鐍匣」開啟時也沒有儲君等在場，這是違背清室「家法」的。

宗室提議有疑點：嘉慶剛駕崩，總管內務府大臣禧恩，建議由旻寧繼位。禧恩，宗室，滿洲正

藍旗，睿親王淳穎之子。嘉慶二十五年（一八二〇）七月，禧恩作為內務府大臣，隨嘉慶皇帝車駕

到避暑山莊。《清史稿·宗室禧恩傳》記載：「仁宗崩於熱河避暑山莊，事出倉促，禧恩以內廷扈從，建議宣宗有定亂勳，當繼位。樞臣托津、戴均元等猶豫，眾不能奪。會得秘匱朱諭，乃偕諸臣，奉宣宗即位。」可見，奉旻寧嗣位一事在當時似曾經過一場激烈的爭論。更讓人疑惑的是，禧恩只是內務府大臣，按照「家法」，他沒有資格「建議旻寧繼位」，可是他又為什麼違背「家法」而這樣「建議」？

列朝臣子態度有疑點：《清史稿·托津傳》記載：「仁宗崩於熱河避暑山莊，事出倉促，托津偕大學士戴均元，手啟寶盒，奉宣宗即位。」《清史稿·戴均元傳》記載：「均元與大學士托津督內侍檢御篋，得小金盒，啟，宣示御書立宣宗為皇太子，奉嗣尊位，然後發喪。」上文所引包世臣所撰《戴公（均元）墓碑》中記載：在嘉慶臨終時，由托津、戴均元督促太監，翻箱倒櫃，尋覓鐍匣，最後由近侍於身邊找出小金盒。這些辭典前引《清史稿·宗室禧恩傳》的記載相矛盾。另外，托津、戴均元開啟金盒盒時，也沒有見記載當事人旻寧在場。這些都使人們對此事的真偽產生懷疑。

史料記載上的矛盾：嘉慶秘密立儲朱諭旨緘藏在「鐍匣」內。《清仁宗實錄》載：「上（嘉慶）疾大漸，召御前大臣賽衝阿、索特納木多布齋，軍機大臣托津、戴均元、盧蔭溥、文孚，總管內務府大臣禧恩、和世泰，公啟鐍匣，宣示御書：嘉慶四年四月初十日卯初，立皇太子（旻寧）。」《清仁宗實錄》是道光繼位之後修纂的。咸豐朝所修的《清宣宗實錄》也有大致相同的記載。然而，這同前面《清史稿·宗室禧恩傳》的記載相矛盾。也與最早成書的包世臣所撰《戴均元墓碑》不合。

太后懿旨的疑點：孝和睿皇后傳懿旨讓旻寧嗣位。孝和睿皇后並不知嘉慶皇帝密詔鐍匣在什麼地方，她應當也不知道「秘密立儲」所立的皇太子是誰。然而，當她在北京皇宮驚悉嘉慶崩於熱河行宮噩耗時，便發出懿旨：「嗣位尤為重大。皇次子智親王，仁孝聰睿，英武端醇，現隨行在，自當上膺付託，撫馭黎元。為此特降懿旨，傳諭留京王大臣，馳寄皇次子，即正尊位。以順天下臣民之望。」旻寧在熱河接奉懿旨時，伏地叩頭，感恩不盡！復奏皇太后文曰：「子臣（旻寧）跪奏……本月二十五日，皇父聖躬不豫，至戌刻大漸……維時御前大臣、軍機大臣、內務府大臣，恭啟匣，有皇父御書：嘉慶四年四月初十日卯初，立皇太子（旻寧）朱諭一紙。該大臣等，合辭請遵大行皇帝成命，以宗社為重，繼承大統。子臣遜讓，至再至三。該大臣等，固請不已。本日（二十九日），恭奉懿旨，子臣即正尊位。皇父、皇母，恩慈深厚，子臣伏地叩頭，感動不能言喻……謹將鐍匣所藏皇父朱諭，恭呈懿覽，謹繕摺復奏，恭謝慈恩。七月二十九日。」這便讓人產生疑問……皇太后指令旻寧繼位違背「祖制」、「家法」，如果懿旨同遺詔發生矛盾怎麼辦？

看了以上的疑點，但此時再回顧一下事情的經過，分析一下史料，大家就推斷出事情的真正緣由，得出道光繼位的關鍵所在。八月二十二日，嘉慶帝的靈柩從避暑山莊運回到北京，在乾清宮停放。先是，嘉慶暴卒，事前毫無準備，避暑山莊沒有準備棺木。旻寧命速送「梓宮」來熱河，嘉慶遺體在避暑山莊入殮，由承德運往北京。旻寧跟隨靈柩而行，並已開始處理政務。八月二十七日，旻寧正式即位於太和殿，頒詔天下，成為清朝入關後的第六代皇帝。

嘉慶從「不豫」到駕崩，在三、四個小時之內，這一點無論是實錄，還是包氏碑文及《清史稿·禧恩傳》所說的「變出倉促」，「事出倉促」，都毫無置疑地證明了嘉慶帝是猝死。故老傳聞中有關他被雷電劈死之說，雖無從證實，似乎也印證了突發性這一特點。

與嘉慶帝一生的身體「素健」相比，他的死實在來得過於突然，實在是出乎包括他本人在內的所有人的意料，以至於死後梓宮還尚「無合製良材」足見，嘉慶帝並未料想過身後事，而突然的暴逝也沒有給予他從容逃寫遺詔的時間，這一點道光帝本人也承認所謂「遺詔」為樞臣代擬；而且從包氏碑文及《清史稿·禧恩傳》的相互佐證來看，嘉慶帝甚至連傳位密詔所放何處都未及交代。難道是一份暗存自己身邊，一份明存大內乾清宮正大光明匾後。嘉慶帝本人得以繼統的傳位詔是由眾臣恭取於正大光明匾後，由乾隆帝親自宣示的。嘉慶帝親政後，於嘉慶四年四月初十日密寫傳位詔書，立皇二子旻寧為皇太子，但這份密詔似從未置於正大光明匾後，難道是二十餘年隨身攜帶？有許多學者也認為密詔不可能在嘉慶身邊。這也說明嘉慶帝本人對傳位詔的置所守口如瓶，只是他所沒有想到的是沒有來得及交代而猝然辭世。

正因為先帝沒有交代後事，特別是傳位詔書放在何處，影響了新君的迅速入統，造成了皇位的一時真空，所以「從官多皇速失措」。這也為醞釀陰謀提供了機會。軍機大臣托津、戴均元「督內臣檢御篋十數事」仍無所收穫。時間很快進入了七月二十六日。親貴重臣一方面派人馳報京師，一方面召開緊急會議商量舉措。《清宣宗實錄》上記載有：二十六日「命內務府大臣和世泰帶領首領太監人等馳驟前赴圓明園。」及「是日，軍機大臣等傳知在京王公百官。」這一則是宣示先帝猝崩

的噩耗，一則也是告知承德尚未找到繼位詔的情況，要求在大內及圓明園裏找尋傳位詔。

同時，一則，國不可一日無君。親貴重臣也正為暫時的皇位空虛召開了緊急會議。睿親王淳穎之子禧

恩「以內廷從，建議宣宗有定亂功協當繼位。」儘管以前有種種跡象表明極有可能宣宗就是嘉慶帝

生前囑意的繼承人，禧恩的「建議」不無道理，而且他指出了道光的重要功績，即嘉慶十八年九月

的紫禁城定亂之功。但在沒有找到足以作為法律依據的傳位密詔以前，多數大臣未予妄加推斷，作

為中樞臣首的托津，戴均元更顯得鎮定與謹慎。此時只要發現傳位密詔的，道光便名正言順地成為

了新君，即可消除承德諸臣由於皇位空虛而產生的惶恐，恰恰在此時遺詔戲劇般的出現了。

七月二十七日，道光的新君身分「諭內閣：朕繼承大統，母后應尊為皇太后」。同時，「又

諭：著派吉倫泰帶領太監二名馳驟回京至圓明園。著蘇楞額、阿克當阿傳知總管太監，奏明皇太

后。令吉倫泰面叩請安。」這是承德方面第二次派人「馳釋回京」，這次顯然是告知北京，傳位遺

詔已找到，道光已順利承統。從時間上計算，此時的北京剛剛收到來自承德的第一份馳報，開始於

大內和圓明園裏查尋密詔。經過一天的緊張查尋，在京的大臣們一無所獲。孝和皇太后此時果斷地

決斷，並非己出的皇二子旻寧就是先帝的繼承人，並為此專門以懿旨的形式令留京王大臣飛速馳寄

承德的旻寧，令其「即正尊位，以慰大行皇帝在天之靈，以順天下臣民之望。」

《清宣宗實錄》記載了這份懿旨到達承德的時間為七月二十九日。儘管道光接到懿旨時，已經

順利繼統，但他對「母后」在關鍵的繼統問題上給予自己的支持感到由衷地感激。讀者看了之後，

可能覺得太后的作用好像不大，其實大家細細想來發現嘉慶遺詔的經過是不是太蹊蹺，太可疑，為

什麼各種跡象上有這麼多的矛盾，史書上也將從嘉慶猝死到道光即位的這段時間進行了模糊化的曲筆。我以為，所謂的嘉慶遺詔很有可能是偽造的，宗室和朝臣的態度都有可能是密謀的結果，政治家為利益而分贓的事件，古今中外比比皆是。大家一定要明白，清朝和別的朝代不同——皇太子不一定就能繼位。而道光不合法的繼承皇位一定要得到宮廷中地位最高的皇太后的支持，而太后的懿旨正給了他最大的正當性，他也可以理直氣壯地面對同謀者，這時道光繼位才算大功告成，所以才有道光對皇太后「子臣伏地叩頭，感激不能言」。

而以後道光對太后的種種寬容和孝順也無時無刻不昭示太后的決定性的支持，也暗示了道光得皇位有點心虛。下一篇也許會對大家有點啟示。

孝全皇后

《清史稿·列傳一·后妃》：孝全成皇后，鈕祜祿氏，二等侍。道光十一年六月己丑，文宗生。十三年，進皇貴妃，攝六宮事。十四年，立為皇后。二十年正月壬寅，崩，年三十三。宣宗親定諡曰孝全皇后，葬龍泉峪。咸豐初，上諡。光緒間加諡，曰孝全慈敬寬仁端安惠誠敏符天篤聖成皇后。

嘉慶二十五年（一八二〇）八月，皇帝在熱河避暑山莊駕崩。智親王旻寧於太和殿即皇帝位，改元道光，史稱清宣宗，冊立嫡福晉佟佳氏為皇后。佟佳氏是三等承恩公舒明阿的女兒。旻寧為皇子時，她入侍王府。旻寧的元配福晉鈕祜祿氏是戶部尚書一等子爵布顏達賚的女兒，嘉慶元年旻寧十五歲時冊為嫡福晉，但嘉慶十三年即病死，佟佳氏扶為正室，故得以立為皇后。然而佟佳氏也不很長壽。於道光十三年四月崩逝。六宮無主，道光晉封全貴妃鈕祜祿氏為皇貴妃，統攝六宮事。第二年又冊封她為皇后。這位皇后是皇太后的侄女兒，姑侄成了婆媳，親上加親，可見道光對太后的孝心，但誰也料不到這姑侄間竟會矛盾重重。皇后的父親頤齡是宮中的二等侍衛，封一等男爵。她幼年時曾隨父親上任去蘇州，學成江南女子的纖巧秀慧，還發明了一種七巧拼板，作為閨中的娛樂玩具。道光帝聽說頤齡的女兒才貌雙全，名聞遐邇，親自下詔求選。進宮後侍奉君王，曲意承歡，大得寵幸。先為貴人，進而嬪，再進而妃，貴妃，皇貴妃，還因才、智、貌樣樣都舉世無雙，特賜予「全」字的封號。

皇后與太后不和

道光十一年六月，全妃為皇帝產下一皇子，即後來的咸豐帝。由此，更得寵幸。冊全妃為后時，道光帝顯得比第一次冊后時更為欣喜。帝后過了兩三年伉儷情深的安穩時光。轉眼是皇太后

皇后死亡之謎

六十歲誕辰。道光帝為討太后歡心，親自製作皇太后六旬壽頌十章，在太后的壽康宮頌讀賀壽。而皇后為了討得兩宮歡心，也來湊熱鬧，虧得她詩詞文章無一不精，當下一揮而就，寫成「恭和御詩十章」，獻給太后。過了幾天，道光帝去向太后請安時，隨便聊起皇后賦詩祝賀一事。太后說：

「皇后敏慧過人，未免可惜。」道光帝覺得她講得奇怪。太后又道：「婦女以德為重，德厚方能載福，若依仗著一點才藝賣弄自己，恐不是有福之人。」道光帝聽了也沒放在心上。誰知宮中有好事之徒，長舌婦人，把皇太后的這種隨意閒聊講給皇后聽。皇后有些不高興，隨口說道：「我乃一國之母，生下皇子，又是皇長子，將來免不了身登大位，我便是皇太后的命，難道能說我沒有福份麼？」才色俱佳的皇后，因道光帝的寵愛，更生驕嬌之氣，她不免心存芥蒂，面上也就流露出來。有時去壽康宮請安，言語中頗含譏諷。皇太后一貫養尊處優，又是皇后姑母，怎麼忍受得了？婆媳兩人竟然越來越生分了，再加上宮嬪們從中搬弄是非，關係更加不和。只是苦了道光帝，一面是母親，一面是愛妻，兩頭周旋不過來。

道光十九年（一八三九）冬，皇后鈕祜祿氏偶然受了些風寒，躺在床上。皇太后親自駕臨坤寧宮探視，態度十分慈祥，使道光帝頗覺欣慰。轉眼已經過了元旦，皇后的病已有好轉，她便去壽康

宮向太后叩頭謝恩。過了兩天，太后特派一名太監，親賜皇后一瓶美酒，說是飲食後能祛風寒，舒筋活血。皇后謝恩之後把酒喝了，尤覺甘美異常。誰知當夜躺在床上竟忽然仙逝了。七日，道光皇帝傳旨，追諡皇后為孝全皇后。道光帝悲痛之餘，覺得皇后死得可疑，但有人認為道光因清代家法森嚴，不敢懷疑皇太后，只好隱忍下去。皇太后也顯得很悲傷，三次親臨奠祭，顯得不同尋常。這年冬天，道光帝封靜貴妃博爾濟吉特氏為皇貴妃，命她撫養年方十歲的皇子。道光帝時常悼念死去的妻子，從此不再冊立皇后。其實這件事非常蹊蹺，道光為什麼會如此愛戴甚或寬容皇太后呢？大家如果聯想到我上節所談到的道光繼位之謎可能會有所收穫。

孝全皇后的暴崩，沒有一個明確的說法，道光皇帝也未深入調查。這給後人留下了一個千古疑謎。以下是《清宮詞》中有關於皇后之死的詞作：

如意多因少小憐，蟻杯鴆毒兆當筵。

溫成貴寵傷盤水，天語親褒有孝全。

歷史上關於孝全皇后之死，還有一個說法。

在道光十一年、十二年，道光皇帝連生三子，即皇后所生的四阿哥奕詝（十一年六月初九）、祥妃所生的五阿哥奕誴（十一年六月十五日）、靜妃所生的六阿哥奕訢（十二年十一月二十一日）。在這三位阿哥中，道光皇帝很不喜歡五阿哥。因此，他被立為皇儲的可能性極小。後來，道光皇帝把他出嗣為惇親王綿愷之子。他所喜愛的是四阿哥和六阿哥。

隨著歲月的流逝，道光皇帝的年齡慢慢大了，立儲已成為朝野關注的問題，而道光皇帝也開始

考慮這個問題。道光只能從四阿哥和六阿哥中選擇一個。他仔細地觀察兩位阿哥。四阿哥奕詝年齡

較長，又是皇后所出，他本人又聰明好學，性格溫厚敦莊，很有人君之度。六阿哥奕訢十分聰睿，

無論是讀書，還是騎馬射箭，都勝過四阿哥奕詝；相貌也特別像道光皇帝。顯然道光皇帝對六阿哥

的鍾愛超過了四阿哥。

　孝全皇后長時間和道光皇帝生活在一起，深悉道光皇帝的心理。作為母親，她多麼希望自己

的兒子能成為皇儲，在將來入繼大統登極稱帝啊！要實現這一目標，唯一的障礙便是六阿哥的存

在。因此，孝全皇后決定鋌而走險，除掉六阿哥。這四阿哥與六阿哥，每天一同上學念書，下學又

一同歸宮玩耍，兩人感情十分友愛，可以說勝過一奶同胞。平日裏，六阿哥常到鍾粹宮來找四阿哥

玩耍，孝全皇后待他很好，六阿哥也常留在鍾粹宮裏吃飯，因此，皇后對六阿哥的生活喜好十分了

解。

　年關過後的正月初十，四阿哥與六阿哥在鍾粹宮中一直玩到很晚，皇后便派宮女報知靜貴妃，

要留六阿哥在鍾粹宮晚膳。用飯之前，孝全皇后把四阿哥拉到一邊，對他說：「一會吃飯的時候，

不要吃那條魚。」四阿哥好奇，問為什麼，孝全皇后瞪了瞪他，不讓他問。晚膳送上來以後，十分

豐盛，菜中有一道紅燒魚，這是六阿哥最愛吃的。他見菜上完，可以吃飯後，便急急地拿起筷子，

去夾那魚吃。四阿哥聽母親說不讓自己吃魚，擔心魚有問題，他見六阿哥夾魚，便用腳踢他。六阿

哥剛把魚夾起，被四阿哥一踢，身子一斜，魚塊便掉在地上，恰好有隻貓躺在桌下，見有魚塊掉

下，便一口吞食。六阿哥低頭探看，見貓把魚塊吃掉了，正要發笑，不料那貓忽然竄起，在屋裏跑

了一圈，便倒地死掉了。

六阿哥見狀，嚇得臉色煞白，急忙回去告訴母親靜貴妃。靜貴妃立即把此事報告給道光皇帝和孝和皇太后。二人聞訊，震驚非常，立即命人追查投毒之人，負責為兩位阿哥準備膳食的廚師招出是皇后主使。孝和皇太后大怒，命道光皇帝賜死了孝全皇后。

此傳說尚未有充分的史實證明，在此僅供讀者參考。

皇后之子：生不逢時的咸豐

繼位之爭：四阿哥與六阿哥

咸豐十歲時，生母孝全皇后突然去世，他便由六皇子的生母孝靜貴妃撫養。兄弟倆感情更深一層，如同一母同胞。兄弟倆感情很好，但說起來這也是不幸，因為皇位只有一個，究竟誰能成為皇帝呢？有關道光立儲的故事，民間有多種說法，在野史中記載也很豐富。大約有四種說法：一，先立六子，後改四子。因為孝靜貴妃最寵愛六皇子，道光曾預先寫好諭旨立他為儲。書寫時有個太監在階下偷看，這件事漸漸傳了出去，道光知道後很不高興，便改立了四皇子。二，沒人定六子，

天定四子。六皇子特別聰明，道光非常喜歡他，有心立他為皇儲。道光將死時，急忙傳令召見六皇子。不料這時四皇子剛好來請安，聽說這個消息趕忙跑到父皇身邊。道光歎息一聲，昏迷過去。等到六皇子趕來，道光已經駕崩，四皇子已經即位了。三，心憐皇后，恩施其後。四皇子生前與母孝全成皇后生前與孝和皇太后關係不好，她由貴妃晉升為皇后不久，就突然死去了。一首《清宮詞》中寫到她的暴死「事多隱秘」，言外之意是被太后害死了。道光十分悲痛，決定立四皇子為儲，以此告慰皇后亡靈。四，手心手背，左右為難。道光晚年確實最鍾愛六皇子，想把家國大業交給他。但又因四皇子品德賢良並且年長，所以猶豫不決，最終立了四子。

從傳說可以看出：道光更偏愛六皇子。這從道光為兩兄弟擇親的情況也可以得到證實。道光為四皇子指定的是負責祭祀的太常寺少卿富泰的女兒，為六皇子指定的是都統桂良的女兒。相比之下，六皇子親家更有權勢。而在封建社會，婚姻是與政治相聯繫的。不過，繼承皇位事關國家大局，僅僅擁有皇帝的偏愛是不夠的，還要有群臣的擁戴。隨著道光日漸衰老，兩兄弟加緊了爭奪父皇歡心、謀取皇位的步伐。

道光晚年時命皇子們隨駕到南苑圍獵，檢驗皇子騎射才幹。據文獻記載，六皇子武藝超群，在圍獵中獲得獵物最多。而四皇子卻站在一旁，不發一箭。原來，四皇子知道自己騎射不如六皇子，事前請他的師傅杜受田出了個高招。善於揣摩道光心理的杜受田說：「阿哥千萬別發一槍一箭，而且要約束手下人不得捕捉動物。皇上如果問及原因，你便說現在正值春天鳥獸萬物孕育的時候，不忍心傷害牠們，也不願用這種方式與弟弟們競爭。」六皇子獲禽最多，四皇子則未發一矢。他照計

而行，果然道光非常高興，讚歎道：「這真是具有帝王心胸的人說的話啊！」

又一次，道光召兩皇子問他們對國事政務的看法。二人接旨後分別請教自己的老師。六皇子的老師卓秉恬有才氣，好發議論。他告訴六皇子：「當知無不言，言無不盡。」而杜受田卻告誡四皇子：如果談國事政務，你比不過六爺。只要皇上說自己快死了，不等他問政，你就趴在地上哭。四皇子言聽計從，他的表現使道光深感這個孩子仁孝。後來兩兄弟對各自老師的不同態度，說明杜受田在為四皇子爭位中確實立了功，因而得到恩寵。而六皇子爭位失敗，對老師特別不滿。

道光三十年，道光帝去世，兩皇子的皇位之爭也有了結果。道光傳位秘檔，是唯一保存至今的一組有關秘密立儲的珍貴實物。其中共有諭旨四份。立儲諭旨用滿漢文寫道：「皇四子奕詝立為皇太子。」又用漢文寫道：「皇六子奕訢封為親王。」這是道光逝世的前四年寫的。還有兩份交代身後應辦事項的遺旨，並都貼有封條。此外，還有朱諭一份，意思是說，諸位大臣當以國計民生為重，同心協力輔佐新皇帝。這份朱諭是道光臨死前書寫的，字跡很潦草。秘密立儲的諭旨該只有立儲內容，但道光在立四皇子為太子的同時，又考慮了六皇子。這種一紙兩諭的特例耐人尋味。而道光臨終朱諭給人的感覺是，大臣們對立四皇子為皇太子好像存在不同看法。四皇子繼位並不是一帆風順。在丁國鈞的《荷香館瑣言》中，記載了這樣一個情節：道光在他病危時，曾召御前大臣八人到寢宮，讓他們一起開啟秘密立儲的鐍匣。當時，六皇子生母孝靜皇貴妃叮囑御前大臣不要馬上接鐍匣，御前大臣就有點猶豫推諉。道光見此情景，非常憤怒，以手拍床。御前大臣才不得不去接鐍匣，當眾開啟，宣讀四皇子為皇太子的諭旨。道光帝選擇皇太子的主要標準是所謂的「德」。本

128

來皇太子的選擇，應當是「德才兼備」，道光選擇皇太子的時候，沒有「德」、「才」兼顧，而是偏重「德」。這也是比較符合已經受過儒家倫理薰陶的滿清宗室的選君標準。史學家認為，這則記載與史實不符，但從中可以看出，兩兄弟爭儲的傳聞，確實是事出有因的。

道光的一紙朱諭，決定了兩兄弟的命運，從此四皇子黃袍加身，成為咸豐帝，而六皇子作為親王俯首稱臣。但兄弟倆的鬥爭卻並未結束。

咸豐繼位後，恭親王小心謹慎，一度得到咸豐信任，出任領班軍機大臣。但後來兩兄弟嫌隙漸生。事情是這樣的：孝靜皇貴太妃認為自己撫聖有功，多次託恭親王向咸豐請求為自己加封太后，咸豐沒有同意。《祺祥故事》記載：咸豐五年，皇太妃病重。咸豐前去看望，遇見恭親王。咸豐隨口問：額娘病得怎樣了？恭親王說：「很重，看樣子要等晉封皇太后才能閉眼。」倉促間咸豐「哦、哦」了兩聲。沒想到恭親王聽後立即到軍機處傳旨，禮部隨後奏請尊封皇貴太妃為康慈皇太后。為此咸豐非常生氣，但不得已批准了。九天後，康慈皇太后病逝。不久，咸豐便以「辦理喪事有疏忽」的罪名將恭親王趕出軍機處，並罷免了他的其他重要職務。咸豐還降低了養母康慈皇太后喪禮的等級，在諡號中不加道光的「成」字，也不在祖廟立牌位，創造了清代皇后喪禮的特例。太后陵墓也沒與皇帝陵在一起，而是與十六個妃子的園寢在一起，但中間用牆與妃子墓隔開，並用黃瓦以示區別。這些矛盾也許為後來的辛酉政變埋下了深深的伏筆。

不全是他的錯

閻崇年教授在《正說清朝十二帝》一書中認為將咸豐十一年的皇帝生活，最明顯的三個特點就是：「錯」、「錯」、「錯」！其實，許多事情並非都是咸豐的錯。步入十九世紀中葉的大清王朝，早已度過了它的黃金時代，進入無可挽救的衰敗時期。展現在這位新皇帝面前的是一個政治混亂，財政匱乏，軍隊腐敗，民不聊生，千瘡百孔的社會。

面對這種局面，年僅二十歲的咸豐帝憑藉著年少氣盛、血氣方剛和進取精神，嚮往祖輩康乾盛世，立志恢復先輩的文治武功，決心做一番中興大業的偉績，挽救正在走下坡路的大清王朝。為此，咸豐採取了一系列措施，調整了對內、對外政策。首先從整頓吏治入手，重懲昏庸官吏。當時大清王朝的官場習氣已腐敗到極點。機構臃腫，人浮於事，結黨營私，互相傾軋，互相推託，效率極低。就連最高的決策中樞，每當討論各種重大決策時，諸王大臣根本不認真負責，或推託不言，或藉端開談，置公事於腦後，有的甚至乾脆托故不到。對此，咸豐以道光時期的寵臣軍機大臣穆彰阿開刀，革其職，以做傚尤，同時還選能任賢，重新提拔了杜翰、肅順等一批重要官員，強化了自己的統治。

在調整統治班子同時，咸豐還加強了對社會腐敗現象的治理。科舉是封建文人登上統治地位的重要途徑，也是選拔人才的重要方法。因社會腐敗，科舉考試中弊端嚴重，漏洞百出，行賄受賄案件時有發生，咸豐認識不到科舉制自身的弊端，認為只要整頓好考場秩序，就能選拔合格的人才，

在咸豐八年（一八五八），他嚴厲地懲處了順天府鄉試舞弊案，將主考官柏俊等革職入獄。對當時財政匱乏，管理混亂，大小官吏不擇手段假公濟私的現象，咸豐也都整頓了一番。但咸豐處理政務過於猛烈，特別是他自己提拔以「剛猛」著稱的肅順，得罪了一大批既得利益者，結果弄得滿朝上下怨聲載道，不僅未能實現咸豐的初衷，還加劇了清朝內部的分裂和鬥爭，使整頓朝綱，打擊貪官污吏，力圖挽救衰敗王朝的成效甚微。

最為人爭議的是咸豐帝在抗擊英法聯軍進攻北京時的「臨陣脫逃」。其實這能全怪最咸豐嗎？

先是，咸豐四年（一八五四），英、美、法三國向清政府提出修改《南京條約》等要求，遭到清廷拒絕。咸豐六年（一八五六），英國藉口「亞羅號」事件，進犯廣州，被擊退。

咸豐七年（一八五七）十一月，英法聯軍攻陷廣州。兩廣總督葉名琛兵敗，後被俘，解送印度加爾各達，囚禁而死。

咸豐八年（一八五八）三月，英法聯軍及英、法、俄、美四國公使，抵達天津大沽口外，要求所謂「修約」。咸豐令直隸總督譚廷襄「以夷制夷」：對俄示好，對美設法羈縻，對法進行誘勸，對英嚴辭責問。譚廷襄奉旨行事，結果沒有成功。四月，英法艦隊在俄、美支持下，攻陷大沽炮臺，逼近天津，清軍八千餘人潰敗。這時，咸豐想起當年同英國簽訂《南京條約》的耆英，但英、法拒絕同耆英談判。咸豐不得已派大學士桂良、吏部尚書花沙納為欽差大臣，赴天津談判。五月，欽差大臣桂良、花沙納分別與英、法、俄、美等國代表，簽訂中英、中法、中俄、中美《天津條約》。條約樣本奏上，咸豐雖然憤怒，卻不得不批准。他在盛怒之下，令耆英自盡，算是找了一隻

替罪羊。同時，沙俄西伯利亞總督穆拉維約夫趁火打劫，兵逼璦琿（今愛輝），約黑龍江將軍奕山談判邊界事務。俄用武力迫使奕山簽訂中俄《璦琿條約》，割去黑龍江以北、外興安嶺以南中國領土六十萬平方公里，並將烏蘇里江以東四十萬平方公里中國領土劃為所謂中俄「共管」。

咸豐九年（一八五九）五月，英、法藉口換約，又率軍艦到大沽口。英法艦隊，進攻大沽炮臺。清提督史榮椿下令開炮還擊，重創英、法艦隊，擊沉四艘、擊傷六艘，死傷四百餘人，重傷英艦隊司令賀布。英法聯軍在美艦掩護下狼狽退走。咸豐見大沽獲勝，盡毀《天津條約》。大沽口戰後，咸豐帝料到敵人會來報復的，在防務上不敢有所怠懈。同時，為了「趁此獲勝之後，設法撫馭，仍令就我範圍」，改派何桂清到上海與英法和談，以求趁勝修改前一年《天津條約》中的主要條款。以軍事力量為後盾取得外交上的勝利是一種行之有效的外交策略。咸豐帝一面加強防務，一面派人和談，似乎是在「戰」與「和」之間搖擺不定。實際上「戰」、「和」並不是互相矛盾的：

「戰」是為了「和」。「戰」不成則應戰。「戰」不是最後結局，最終還是要走到「和」的。從史料上看，咸豐帝為「戰」與「和」之間劃定了一條界限，「用兵之道，不宜稍涉游移，……夷情願和則應在滬，欲戰則必來津，大沽海口，仍以雞心灘為界，倘夷船駛入，毀我防具，自應開炮轟擊，使官兵有所適從，不敢懈怠。」大沽口雞心灘就成了「戰」、「和」的分界線了。

咸豐十年六月底，英法艦隊來到天津海口。這次英法軍不敢輕敵，他們避開防守嚴密的大沽炮英法聯軍很明顯要報復大沽口大敗之仇。擺在清政府面前只有決一雌雄一條路了。

臺，而從設防較弱的北塘登陸。經過新河、塘沽之戰，清守軍抵擋不住，英法軍隊得以抄襲大沽炮臺的背後。很快，大沽炮臺落入敵手，清將僧格林沁的部隊退防通州。天津失陷。咸豐帝一面派桂良到天津「暫時羈縻」敵人，一面從各地調集大軍到通州勤王。這時英法軍已兵臨城下，提出的和談條件又提高了很多，除了在《天津條約》的基礎上增加賠款數額（並付現銀）外，還要增開天津為通商口岸，撤除通州防務等等。桂良竟然「違旨畏夷」，同意接受對方的要求。傳統的說法認為桂良之所以敢這樣做，是根據咸豐帝的避戰求和的方針。這是沒有根據的。事實上，咸豐一直在調兵遣將嚴防通州，從這階段的有關史料上看不出他有「避戰」的傾向。他也絕不願接受英法新提出的無理要求，「通商及佔據海口，斷不可允許。」「豈復有餘款先付現銀之理，即使有款可付，奚異於開門揖盜。」「（桂良）自當義正詞嚴，與之理論，以杜該夷無厭之求。」桂良擅自接受英法的要求顯然是他個人的責任，與咸豐帝無關。咸豐帝後來嚴厲地斥責了桂良的行為。

不久，英法聯軍向通州推進，咸豐帝下了決心與之決戰，聲言要「親統六帥，直抵通州，以伸天討而張撻伐。」八月初，咸豐帝下了宣戰詔書，「朕若再事含容，其何以對天下？現嚴飭統兵大臣帶領各路馬步諸軍，與之決戰。近畿各州縣地方士民或率領鄉兵齊心助戰，或整飭團練，阻截路途……務各敵愾同仇，明攻暗襲，以靖逆氛。」此舉大有全民皆兵之勢。

中國軍隊和英法聯軍在八里橋一帶展開了大規模的決戰。這場決戰打得異常酷烈。中國軍隊以少有的勇敢迎頭痛擊聯軍。然而，由兩萬五千名騎兵和為數眾多的民團所組成的「中國軍隊」還打不過一小群歐洲人，法國和英國的炮兵壓倒了他們的箭、矛、遲鈍的刀和不像樣的炮，由僧格林沁

指揮的這支清軍精銳幾乎在八里橋全軍覆沒。咸豐帝賴以依靠的最後實力消耗殆盡，北京門戶洞開。皇帝本人只好逃往熱河，留下恭親王奕訢在京和談。最後，簽訂《北京條約》。

第二次鴉片戰爭以中國的失敗而告終。究其失敗的原因，並非由於咸豐帝消極避戰、一味退讓，而是中國各年來積弱積貧，中外力量對比過分懸殊的結果。這是中國近代史的必然悲劇。舊式的武器，落後的戰術，終歸抵擋不住擁有船堅炮利的英法侵略軍的進攻。中國只有「師夷長技」，勵精圖治，富國強兵，才能擺脫挨打失敗的命運。

我們不能將所有的過錯都推給孝全皇后這一「有心殺賊，無力回天」的四阿哥呀！歷史不能僅僅以成敗論英雄。

慈安太后

《清史稿‧列傳一‧后妃》：孝貞顯皇后，鈕祜祿氏，廣西右江道穆揚阿女。事文宗潛邸。咸豐二年，封貞嬪，進貞貴妃。立為皇后。十年，從幸熱河。十一年七月，文宗崩，穆宗即位，尊為皇太后。是時，孝欽、孝貞兩宮並尊，詔旨稱「母后皇太后」、「聖母皇太后」以別之。十一月乙酉朔，上奉兩太后御養心殿，垂簾聽政。同治八年，內監安得海出京，山東巡撫丁寶楨以聞，太后立命誅之。十二年，歸政於穆宗。十三年，穆宗崩，德宗即位，復聽政。光緒七年三月壬申，崩，年四十五，葬定陵東普祥峪，曰定東陵。初尊為皇太后，上徽號。國有慶，累加上，曰慈安端康裕慶昭和莊敬皇太后。及崩，上謚。宣統加謚，曰孝貞慈安裕慶和敬誠靖儀天祚聖顯皇后。

道光三十年（一八五〇）正月，二十歲的奕詝在大行皇帝梓宮前登上皇位，改元咸豐，史稱清文宗。他將杜受田擢升為協辦大學士，視為心腹大臣，凡事都要同他商量。為感激撫養自己長大的靜皇貴妃博爾濟吉特氏，尊她為慈康皇貴太妃，居壽康宮，並封她所生的兒子奕訢為恭親王。

奕訢當皇子時娶的嫡福晉薩克達氏，是太常寺少卿富泰的女兒。這位皇后就是後來同慈禧一起垂簾聽政的東太后，慈安太后。慈安是廣西右江道道台穆陽阿的女兒，滿洲鑲黃旗人，生於道光十七年七月十二日（一八三七年八月十二日），文宗當皇子時便侍候左右。咸豐二年（一八五二）二月，以秀女入選，封貞嬪。五月，晉封貞貴妃。六月，為皇后。因為晉封的時間相距很近，她封嬪與晉封貴妃的典禮均未舉行。她心地善良、單純，咸豐帝對她很敬重，但不甚愛幸。

慈安是廢西右江道道台穆陽阿的女兒，

位，追諡她為孝德皇后。又冊封鈕祜祿氏為皇后。

「政變」與「垂簾」

八國聯軍侵入北京，咸豐帝逃到熱河，留恭親王奕訢在京議和。在熱河時，身為內務府大臣和戶部尚書的肅順取得了實權。等到議和告成，圓明園已燒了三日三夜，內外庫款，搶掠始盡，咸豐帝抱病在外，得此消息，更加心灰意懶。咸豐帝不願看到所有這些現實，特別不願看到歐洲軍隊仍在天津留駐，所以他一再推遲返京日期。適值秋末冬初，天氣漸寒，這時候咸豐帝發起哮喘病來，

住在行宮裏一步也動不得，只得把回鑾的事暫時擱起。於是縱情聲色，聊以解悶驅愁。後來睡夢不寧，茶飯懶進。初時還掙扎著坐朝聽政，病情一天似一天，臥在寢宮，竟不能動彈了。咸豐十一年七月，病情突然惡化。召載垣、端華、肅順、景壽、穆蔭、匡源、杜翰、焦佑瀛八人為顧命大臣「贊襄一切政務」，立皇子載淳為皇太子。過了一天，咸豐帝崩於避暑山莊，享年三十一歲。載淳在靈樞前即了皇位，擬定新年號為「祺祥」。尊二十五歲的咸豐皇后鈕祜祿氏為慈安皇太后，及生母葉赫那拉氏為慈禧皇太后。後人分別稱她們為東太后、西太后。

新皇繼位，政權盡歸肅順等八大臣。但咸豐並不是把權力全部授予他們，由於他們只受權「贊襄」，所以不能合法地啟用通常代替「朱批」的御璽。他們不得不求助於兩位皇太后的固有的權力，因為母后的地位能夠合法地代表幼主使用御璽。在咸豐未亡時，那拉氏時常干預政事且計謀頗多，咸豐怕她將來母以子貴，生性懦弱的鈕祜祿氏不是對手。肅順也極力勸咸豐效仿漢武帝殺鉤弋夫人的故事處決那拉氏，以免婦人擅政。但咸豐遲遲不忍下手，另外他也擔心肅順大權獨攬，留著那拉氏也是個制約。為了性情溫和心地善良的皇后鈕祜祿氏考慮，他寫下一道密詔。誰知人算不如天算，正是這道密詔最終要了東太后的命。

西太后慈禧本是權力欲極強的人，而留在北京的恭親王精明能幹，是咸豐的胞弟，按清朝祖制，應由他輔政，且他有洋人的支持，內心頗為不平。雖然肅順嚴加防範，使出種種手段讓西太后與奕訢不能見面，但西太后用苦肉計，使身邊的太監安德海回到北京與奕訢密謀一番。最終在回京的途中，逮捕了顧命八大臣。朝廷政權從此便落在恭親王與兩宮太后的手裏，兩太后也開始了「垂

簾聽政」。但慈安性情溫和，心地善良，雖位在慈禧之上，卻從不驕縱。

垂簾聽政的地點，兩太后有意選定養心殿正殿的東暖閣，不使用過去清代七帝處理日常政務的正殿。兩太后的住處，由於小皇帝同治住在養心殿的後殿，而清宮過去有一條規定：在位皇帝不得與先朝后、妃同居一宮，因此兩太后有意住在距養心殿不算太遠的西六宮的長春宮，慈安太后住長春宮履綏殿，慈禧太后住長春宮平安室。小皇帝同治也循先帝舊例，每日親自到長春宮向兩太后問好和請安。

兩太后聽政的時候，東暖閣裏前後擺設兩個寶座，都朝西，座掛黃色紗簾。小皇帝坐在簾前寶座上，兩太后並肩坐在紗簾後的寶座上，慈安太后坐在寶座南端，慈禧太后坐在寶座北端。應召前來的大臣跪在小皇帝前邊的地氈上，膝下墊著墊子。大臣奏報時問話、發指示的主要是後邊坐的西太后，小皇帝只是呆坐在前，一言不發，充當傀儡皇帝。

同治十三年（一八七四）正月二十六日，同治帝十九歲親政前，兩太后最後一次垂簾聽政，在養心殿召見親王、郡王、御前大臣、軍機大臣、大學士、總管內務府大臣、六部尚書等宣布：兩人撤簾歸政，諭令諸王、大臣以後要盡心輔佐皇帝，「力戒因循」。可是，當年十二月，同治帝就在出天花時病死了。

同治沒有兒子。死後，兩太后在養心殿正殿東暖閣召見醇親王奕譞、恭親王奕訢等親王及郡王、貝勒、公、御前大臣、軍機大臣、總管內務府大臣、弘德殿行走、南書房行走等人員時，當眾宣布立醇親王奕譞之子載湉入承大統，年號光緒。

載湉是道光皇帝的孫子，他母親是慈禧太后的妹妹，醇親王奕譞的福晉。載湉成為皇帝當天，宮內即派出御前大臣到太平湖醇親王府邸迎接皇帝入宮。

載湉身穿大蟒袍補褂進宮時，乘坐的暖輿經大清門、天安門、午門，到達乾清門廣場下輿，進內右門，然後進養心殿謁見慈安、慈禧太后。即位大典舉行以後，載湉就住進了養心殿，開始為同治帝守孝二十七天。

光緒帝即位後，慈安太后搬到了東六宮鍾粹宮，從此被稱為東太后；慈禧太后仍然住在西六宮的長春宮，從此被稱為西太后。

兩宮皇太后慈安和慈禧在光緒帝即位後，繼續在養心殿東暖閣垂簾聽政，仍然是小皇帝載湉坐在前面，仍然是坐在簾後的西太后操縱一切，西太后開始成為光緒朝的實際統治者。

光緒六年（一八八○）二月初，西太后生病，兩太后共同垂簾聽政的形式才第一次有了改變，改為小皇帝在前，後邊只有東太后一個人聽政。這也是兩太后垂簾聽政以來，十八年間的第一次。兩個多月後，西太后病癒，又恢復了兩人共同聽政。過了一年，光緒七年三月，東太后突然去世，以後就只有西太后一個人垂簾聽政了。

垂簾聽政使那拉氏始終設法保持了對詔書和欽命的最後決定權。兩太后不但掌控御璽，而且還在幼帝面前召集所有文武大員聽政，也就是行使了攝政權。當接受省職的官員按常規上朝見駕時，兩太后與幼帝一起坐朝，她們坐在幼帝寶座之後的八扇黃色薄紗屏風後面。慈安太后為人隨和，沒有野心，又不善於辭令，凡有王公大臣奏對事項，總是由慈禧問話。漸漸慈禧的鋒芒超過了與之

共同攝政的慈安太后，名為兩宮垂簾聽政，其實都由慈禧一人做主。正因為慈安一副與世無爭的心腸，所以開始時東西兩宮相處還很融洽。

與慈禧交惡

清代帝后喜歡園居，從康熙中葉開始，在北京西北郊先後興建了暢春園、圓明園、萬壽山清漪園、玉泉山靜明園、香山靜宜園，人們稱之為「三山五園」。咸豐十年，英、法聯軍攻陷北京，將三山五園焚毀。鄰近紫禁城的西苑（亦稱三海，即北海、中海、南海），也因年久失修，不免殘破。每當慈安、慈禧和同治、奕訢等到西苑遊玩時，慈禧往往以言試探說：「此處該修了。」奕訢嚴色厲聲而言：「嗻！」絕無二話。慈安則說：「空乏無錢奈何？」此事也不得不作罷。慈禧則面露慍色。

慈禧生平愛看戲，內監安德海替太后造了一座戲園，召集梨園子弟，日夕演戲。因此安太監愈得太后歡心。安太監於兩宮垂簾時，曾有參贊秘謀的功績，至此權力越大，除兩宮太后外，沒有人敢違忤他，就是同治皇帝，也要讓他三分。宮中稱他小安子，都奉他如太后一般。慈禧有時高興，連咸豐帝遺下的龍衣，也賞與小安子。

安德海得志猖狂，把慈安、皇帝與恭親王都不放在眼裏。一天，恭親王為江南的軍務進宮去見

慈禧。走到西宮門口，只見安德海在前面走。安德海明明瞧見恭親王，也不上前去招呼，竟大模大樣地走在前面。恭親王心中不覺大怒，但他在宮門外卻被太監們擋住了，說太后有事。恭親王沒奈何，只得忍著氣在宮門外候著。誰知安德海原是故意不叫太監們通報，有意捉弄。直候到天色快晚，還不見傳見。從此恭親王恨不得殺安德海而後快。

機會終於來了。同治八年（一八六九年），安德海悄悄地出京，替慈禧太后織辦龍衣。照清宮的成法，太監不許出京城一步，如查出便立刻就地正法。如今安德海恃寵出京，非但不小心，反而沿途招搖，藉著慈禧太后的威勢，自稱欽差大臣。安德海乘船隻順運河南下，龍旗招展，宛如天子出巡一般，沿途搜刮民財，激起民憤，一路上騷擾地方，逼勒官府。他坐著大號太平船兩隻，船上插著無數日形三足鳥旗、龍鳳旗幟，攜帶許多美貌的童男童女。又沿途傳喚歌伎到船上玩樂。上百縴夫在河岸拉船，兩岸觀看的人站得密密麻麻。七月二十一日，是安太監的生日，這一日船到了德州地界。

山東巡撫丁寶楨聽到這個消息，下公文給東昌、濟寧各府縣跟蹤追拿，一面寫了一本密奏，八百里文書送進京去。那天，恭親王正在軍機處，接到奏章，起了殺安德海的心意。他稟報慈安太后及皇帝，把殺安德海的諭旨擬就，連同丁寶楨的奏摺，一齊上呈慈安太后觀看。慈安太后看了大駭道：「這奴才如此妄為，還當了得！國法家法要緊，一切由王爺處置。」說畢立刻在諭旨上用了印，恭親王拿了就走。同治也恨安德海入骨，於是下旨立斬。丁寶楨便將安德海就地正法。

這件事情，慈禧開始竟未曾得知，直至案情已了，方傳到慈禧耳中。慈禧不禁花容變色，幾乎

要墜下淚來，大怒道：「東太后瞞得我好苦，我向來道她辦事和平，不料她亦如此狠心，我與她絕不干休。」於是慈禧因安德海之死而遷怒慈安，與東太后有了隔閡。

誤毀遺詔

年輕的同治得病不治而亡，立醇親王奕譞的兒子載湉即位，是為光緒。光緒帝幼時，也喜歡與慈安親近，彷彿當日的同治帝，慈禧心中漸生不悅。到光緒六年，往東陵致祭，慈安太后因為咸豐帝在日，慈禧尚為妃嬪，不應與自己並列，因此讓慈禧退後一點。慈禧不允，幾乎爭吵起來，後想到皇陵旁爭論，很不雅觀，且要招惹瀆不敬的譏議，不得已忍氣吞聲。回到宮中越想越氣，暗想前次殺小安子，都是恭親王慫恿，東后贊同，這番恐又是他煽動，權為退後，擒賊先擒王，除了東后，還怕什麼奕訢？但慈安有咸豐的遺詔，不好下手。

先前咸豐帝在熱河，臨危時，曾密書朱諭一紙，授予慈安。慈安展開遺詔，裏面寫著：「諮孝貞太后：懿貴妃援母以子貴之義，不得不尊為太后；然其人絕非可倚信者，即不有事，汝亦當專決。彼果安分無過，當始終曲予恩禮；若其失行彰著，汝可召集廷臣，將此旨宣示，立即誅死，以杜後患。欽此。」後來因慈禧在宮中太過囂張，慈安曾取密詔給慈禧，令她警誡一二。而慈禧自然恐懼，從此刻意承歡慈安，幾於無微不至，這樣幾年過後，就把慈安迷惑過去，慈安以為她沒什

麼野心。

東陵祭後，慈禧處心積慮想消滅這道隨時能要她的命的遺旨，卻苦於沒法可施。這一天慈安太后稍有感冒，太醫進方沒有效，就不再服藥，誰知過了數日，竟然不藥而癒。慈安後來對慈禧說，服藥一點用處也沒有。慈禧微笑不語，慈安不覺暗異。忽見慈禧左臂纏著布帛，便問她是什麼緣故？慈禧道：「前日見太后不適，進參汁時，曾割了臂上的一片肉與藥同煎，聊盡心耳。」慈安聽了這句話，大為感動，她流淚對慈禧說：「我不料你竟是如此好人，先皇帝為何懷疑你呢！」竟取出咸豐的遺詔，當著慈禧的面用火焚毀。其實正中了慈禧的陰謀。（此事雖尚無正史材料證明，但流傳甚廣，當可備一說。）此後慈禧日漸放肆，語多不遜，事事專權，不與慈安協商。慈安開始後悔，然而已經來不及了。但東太后不除，終究是掌權的障礙。

死因之謎

光緒帝繼位以後，仍然是兩宮垂簾體制。慈安見大臣，「吶吶如無語者，每有奏牘，必西宮誦而講之，或竟月不決一事。……邇年以來，太后益謙讓未遑，事無巨細，必待西宮裁決，或委樞府主持。」但是，慈禧愈是謙讓，卻愈是能得人心。慈安對兩宮同時垂簾的狀況總是感到不是滋味，尤其是慈安寬厚仁讓，深得軍機大臣的歡心，甚至連自己的親生子同治帝在立后這樣重大的事情上

總是傾向於慈安，所有這些現象都使慈禧感到：慈安的存在就是對自己權力的威脅。慈禧的這種顧慮是由來已久的。光緒七年（一八八一）四月八日，年僅四十五歲、比慈禧還小兩歲的慈安太后突然暴斃宮中。清廷的垂簾聽政由兩宮並列一下子變成了慈禧一人獨裁。對慈安太后突然死亡，在當時與後來都有種種懷疑與猜測，成為二百多年清宮史上的又一疑案，歸納起來，主要有下列幾種說法：

第一種說法是清朝官方的「正常病死說」。在朱壽朋的《光緒朝東華錄》裏載有慈安的遺詔，說她在「（一八八一年農曆三月）初九日偶染微疴，初十日病勢陡重，延至戌時，神思漸散，遂至彌留」。但是這種「因病致死」是那樣的快速而又突然，連當時的當事者也大為懷疑。據《清稗類鈔》載，在慈安初感身體不適時，御醫為她診脈，認為「微疾不須服藥」，沒想到當晚就聽說「東后上賓，已傳吉祥板（棺木）」，大為詫異，還以為外間謬傳。後來噩耗證實，御醫大戚曰：「天地間竟有此事，吾尚可在此？」還是不信慈安是因病致死。另一位見證人是左宗棠，當時任軍機大臣，突然聽說慈安得病身亡，頓足大聲說：「昨早對時，上邊（指慈安）清朗周密，何嘗似有病者？即去暴疾，亦何至若是之速耶？」

第二種說示是因慈禧與慈安交惡，慈安被迫自殺說。據《清稗類鈔》另一種記載，慈安與慈禧共同和垂簾聽政，慈禧權欲極重，慈安卻倦怠少聞處事，並不與之爭權，因此倒也相安無事。但到了光緒七年年初，慈禧患血崩劇疾，不能視事，慈安有一段時間獨視朝政，致使慈禧大為不悅，「諈以賄賣囑託，干預朝政，語頗激」，以致慈安氣憤異常，又木訥不能與之辯，惱恨之下，「吞

鼻煙壺自盡。」

第三種說法是慈禧進藥毒死說，此一說史料最多，如下：

《慈禧外紀》載：當年咸豐臨終時，曾秘密留下了一個遺詔給慈安，要她監督慈禧，若慈禧「安分守己則已，否則汝可出此詔，命廷臣傳遺命除之。」但老實的慈安將此事告訴慈禧，暗下毒藥，加以謀殺。

惲毓鼎的《崇陵傳信錄》中也說：垂簾聽政的兩太后一天閒談起咸豐末年舊事，慈安對慈禧說：「我有一件事，一直想跟你說。請你看一件東西。」慈安從小箱子裏取出一張咸豐留下的遺詔給慈禧看。內容是他對慈禧其人很不放心，如慈安果然發覺慈禧有什麼不安分守法的事，可以在眾大臣面前宣讀此詔，除掉慈禧。慈禧笑道：「我們兩姐妹相處久了，處得很好，何必留下它呢？」當場把遺詔燒了。慈禧臉都紅了，謝過慈安，快快而去。光緒七年三月十一日，慈安在庭院中看金魚休閒，慈禧那邊來了一位太監，送來一盒點心說：「這種點心，西佛爺覺得好吃，不肯獨用，送一點給東佛爺嘗嘗。」慈安高高興興地當場嘗了一塊。於是，當天慈安忽然得病，很快就死了。

《聞塵偶記》卻認為慈安是因與人私通懷孕，事為慈安察覺，準備廢掉慈禧太后稱號，慈禧聞之，先下手為強，設計毒死了慈安。

《雲海樓隨筆》中說，光緒當皇帝後，雖說是東西兩太后同訓朝政，實際上慈安不大管事，宮中吃齋念經，一切都是慈禧說了算。於是，慈禧得以為所欲為。當時有名伶楊月樓，被召進宮演

戲。慈禧看上了他，經常召他進宮，甚至留他在宮中過夜。一天，慈安有事找慈禧，慈禧不在，只見楊月樓睡在慈禧床上。慈安大驚而退。慈禧知道後，大懼。馬上讓楊月樓吃下一碗杏酪後出宮。楊回家後就死了。慈安並不打算追究此事，但慈禧一直忐忑不安。一次，朝廷討論表彰某大臣家人節烈的時候，慈安藉這個機會好言好語地規勸慈禧。慈禧不安，心裏更不是滋味。過了幾天，慈禧讓宮婢給慈安送去點心，慈安吃過後便暴殂，連太醫都來不及叫。作者說，這是當年在宮裏一位宮監告訴他的。王無生《述庵秘錄》所記與此說相同，但有小異，同慈禧來往的名伶姓金。慈安發現他們二人睡在一起，痛責之，於是引起慈禧的殺機。此外還說，當時慈禧正產後血崩得重病，靠四支吉林人參救活。

宮廷內幕，千古之謎。上述後幾種說法都出自傳聞與野史筆記，究竟真相如何，雖有待進一步的考證與分析研究，但這也正反映了民間甚至宮廷內對慈安暴死與慈禧有關的整體取向。

光緒七年（一八八一）四月八日，慈安逝於宮中。喪儀極為簡單，葬於普祥峪，稱定東陵。二十七日後一律除孝，慈禧竟不穿孝服。國母之喪如此簡陋，亙古未有。對於東太后的死，《清史稿》記載只有一句：「六年，西太后不豫，上命諸督撫薦醫治疾。八年，疾癒。孝貞皇后既崩，西太后獨當國。」古人作史往往筆削春秋，微言大義，「西太后獨當國」這幾個字或許暗含有不可言說的意味。

慈禧

《清史稿・列傳一・后妃》：孝欽顯皇后，葉赫那拉氏，安徽徽寧池廣太道惠徵女。咸豐元年，后被選入宮，號懿貴人。四年，封懿嬪。六年三月庚辰，穆宗生，進懿妃。七年，進懿貴妃。十年，從幸熱河。十一年七月，文宗崩，穆宗即位，與孝貞皇后並尊為皇太后。（光緒）三十四年十月，太后有疾。上疾益增劇。壬申，太后命授醇親王載灃攝政王。癸酉，上崩於瀛臺。太后定策立宣統皇帝，即日尊為太皇太后。甲戌，太后崩，年七十四，葬定陵東普陀峪，曰定東陵。初尊為皇太后，上徽號。國有慶，累上加曰慈禧端佑康頤昭豫莊誠壽恭欽獻崇熙皇太后。

葉赫那拉氏的起源

關於葉赫那拉氏的起源，他們的後代一直堅信著最早有這樣一個故事：在元末明初時，已在葉赫河建立了葉赫城的葉赫那拉氏家族與愛新覺羅家族發生了一場戰爭，當時，愛新覺羅家族的頭領為了使葉赫那拉氏臣服，就指著大地說道：「我們是大地上最尊貴的金子（愛新覺羅就是金子的意思）！」而葉赫那拉的部落首領聽了大笑，他指著天上的太陽說道：「金子算什麼，我們姓它！」葉赫那拉氏最後打敗了愛新覺羅，成為當時東北較大的一支部落。

據史料記載：葉赫那拉氏是滿族中的大姓，也是起源較早的姓氏。葉赫那拉氏的始祖，原來是蒙古人，到扈倫部，招贅在那裏，那拉的意思就是愛，他領有其地，並成為一國，因為他的國是在葉赫的河邊建立的城市，所以叫葉赫那拉。葉赫那拉氏是滿族八大姓氏之一，其中也先後出過許多文豪武將，如歷來被譽為「清初學人第一」的滿族傑出文人納蘭性德就姓葉赫那拉。但真正使葉赫那拉揚名天下的，當屬葉赫那拉氏的三位皇后。

葉赫那拉氏和愛新覺羅氏世世代代都是血統之親，努爾哈赤就是葉赫那拉氏所生，也是葉赫那拉家的姑爺，他的皇帝兒子皇太極也是葉赫那拉氏所生，在大清朝時有一個世代說法——葉赫那拉氏家世代出美女。努爾哈赤的皇后也就是皇太極的母親，就是大清第一位皇后孝慈高皇后。孝慈是葉赫部長楊吉努之女，在明萬曆十六年，她十四歲時是作為建州女真與葉赫女真結軍盟的條件嫁與

努爾哈赤的，她與努爾哈赤生活了十五年，僅生下皇太極一子。她於二十九歲便病逝，於清崇德元年被皇太極追諡為太祖高皇后。在孝慈與努爾哈赤共同生活的十五年間，正是努爾哈赤積極向外擴張，統一女真各部，並收降一部納娶一妃的輝煌時期。努爾哈赤是用三十六年的時間統一蒙古與東北其他各部之後，最後才向葉赫那拉氏宣戰的！原因有一個：葉赫那拉的汗是他的親舅舅，各守關的將領都是他的表哥、表弟。當時，努爾哈赤帶著他的千軍萬馬，包圍了葉赫城，但他沒有馬上宣戰，而是跪在城前三天三夜，請求葉赫那拉氏投降，團結起來，共同對付明朝政權。可是葉赫那拉家族認為，你是我們家的姑爺，你不聽我的指揮，還要聽你的，那哪行呀！堅決不同意。沒有辦法的情況下，努爾哈赤下了一道令，凡是願意投降的，一律高官厚祿，凡是反抗的不管是誰，我六親不認，一律屍首分家。就這樣，努爾哈赤向葉赫那拉氏宣戰，經過激烈的戰鬥，努爾哈赤最終殺進城去，殺了幾萬人，而葉赫那拉氏的那些被包圍的首領也紛紛自殺，寧死不降，直到最後，老一代的都死了，剩下年輕的看到大勢已去，大勢所趨，才向努爾哈赤投降了。這個故事在民間流傳頗廣。

也正是因為這個故事，一直流傳著葉赫那拉與愛新覺羅為世仇，宮中后妃與秀女，不選葉赫那拉氏的傳說。其實這是荒誕無稽之談，不僅太宗（皇太極）的生母是葉赫那拉氏，高宗乾隆的順妃，亦都出於葉赫那拉氏。但讓葉赫那拉家族真正門庭顯赫名揚天下的卻是慈禧皇太后！

慈禧的身世之謎

道光十五年（一八三五）慈禧出身於滿洲鑲藍旗的一個官宦世家。慈禧的曾祖父吉朗阿，曾在戶部任員外郎，遺下銀兩虧空，離開人世。祖父景瑞，在刑部山東司任郎中。在道光二十七年（一八四七）時，因沒能按時賠償其父吉朗阿在戶部任職時的虧空銀兩而被革職。外祖父惠顯，在山西歸化城當副都統。父親名叫惠徵，在吏部任筆帖式，是一個相當於人事部秘書、翻譯的八品文官，後有升遷。根據清宮檔案《內閣京察冊》（清政府對京官三年一次的考察記錄）記載：

慈禧的父親惠徵，在道光十一年（一八三一）時是筆帖式，道光十四年（一八三四）考察被定為吏部二等筆帖式。道光十九年（一八三九）時是八品筆帖式。道光二十三年（一八四三）再次考察定為吏部一等筆帖式。道光二十六年（一八四六）調任吏部文選司主事。道光二十八年（一八四八）、二十九年（一八四九）因為考察成績又是一等，受到皇帝接見，被外放道府一級的官職。同年四月，任山西歸綏道。咸豐二年（一八五二），調任安徽的道員。

慈禧太后，由於她的特殊地位、身分、影響與作用，對她的身世，有多種說法。尤其是慈禧的出生地，可謂眾說紛紜。主要有六種說法：（1）甘肅蘭州；（2）浙江乍浦；（3）內蒙古呼和浩特；（4）安徽蕪湖；（5）山西長治；（6）北京。

第一，根據慈禧的父親惠徵曾任過甘肅布政使衙門的筆帖式，認為慈禧出生在甘肅蘭州說。傳

說慈禧出生在當年他父親住過的蘭州八旗馬坊門。可專家查閱文獻、檔案，發現惠徵雖然做過筆帖式，但其地點是在北京的吏部衙門，而不是在蘭州的布政使衙門。

第二，根據慈禧的父親惠徵曾在浙江乍浦當官，認為慈禧出生在浙江乍浦。《人民日報》曾發表一篇題為：《史界新發現——慈禧生於浙江乍浦說》的文章。這篇文章說：慈禧的父親惠徵，在清道光十五年至十八年（一八三五～一八三八）間，曾在浙江乍浦做過正六品的武官驍騎校，而慈禧正是在這段時間出生的，所以她的出生地在浙江乍浦。文章中又說：在現今乍浦的老人當中，仍然流傳著關於慈禧幼年的傳說。當時的規定，京官每三年進行一次考核。學者查閱清朝考核官員的檔案記載：這時的惠徵被考核為吏部二等筆帖式，三年後又被作為吏部筆帖式進行考試，可見這時惠徵在北京做吏部筆帖式，為八品文官。所以，這種說法值得懷疑。

第三，根據慈禧的父親惠徵曾做過安徽徽寧池太廣道的道員，道員衙署在蕪湖，因此說她出生在蕪湖。慈禧既然生長在南方，便善於演唱江南小曲，由此得到咸豐帝的寵幸。一些小說、影視多是這麼說的。我們當然不能以慈禧擅唱南方小曲，作為她出生在南方的證據。根據歷史記載：惠徵當徽寧池太廣道員是在咸豐二年（一八五二）二月，正式上任是在同年七月。而慈禧已經在咸豐元年（一八五一）入宮，被封為蘭貴人；檔案中還保存有蘭貴人受到賞賜的賞單。可見慈禧不是生於安徽蕪湖。

第四，根據慈禧的父親惠徵曾任過山西歸綏道的道員認為慈禧出生在今內蒙古呼和浩特說。慈禧的父親惠徵當年曾任山西歸綏道，道署在歸化城（今呼和浩特市）。據說在呼和浩特市有一條

落鳳街，慈禧就出生於落鳳街的道員住宅裏，甚至傳說慈禧小時候常到歸化城河邊玩耍。但道光二十九年（一八四九），惠徵任山西綏遠道道員時，慈禧已經十五歲，所以說慈禧不可能出生於歸化城。不過，慈禧可能隨父惠徵在歸化城住過。

第五，慈禧出生在今山西長治說。此說認為慈禧不是滿洲人，生父也不是惠徵。今山西長治當地傳說：慈禧原是山西省潞安府（今長治市）長治縣西坡村王增昌的女兒，名叫王小慊，四歲時因家道貧寒，被賣給上秦村宋四元家，改姓宋，名齡娥。到了十一歲，宋家遭到不幸，她又被轉賣給潞安府（今長治市）知府惠徵做丫頭。一次，惠徵夫人富察氏發現齡娥兩腳各長一個瘊子，認為她有福相，就收她作乾女兒，改姓葉赫那拉氏，取名玉蘭。後來玉蘭被選入宮，成了蘭貴妃。可經專家考證，在這段時間，歷任潞安府的知府共有七個人，但是沒有惠徵。既然惠徵沒有在山西潞安府做過官，那麼慈禧怎麼會在潞安被賣到惠徵家呢？

第六，北京說。筆者以為慈禧後代的說法比較有說服力，慈禧的直系後裔葉赫那拉‧根正認為：「其他說法中的女子，有可能那個地區出過某些宮女，不一定是慈禧，把這些事往她身上說，因為畢竟慈禧的名聲太大。關於這個問題，在二十世紀九○年代初社會上炒作慈禧出生地問題的時候，我問過我的伯父景莊，他說：『這有什麼可爭可辯的呀，慈禧就是咱們家的姑奶奶，家譜上寫著呢。』」慈禧是一八三五年十一月出生在北京西四牌樓劈柴胡同（她家老宅），她當時是卯時生人，她出生以後，家裏請了幾個保姆、幾個嬤嬤、幾個管家都有詳細記載。」

總之，不管慈禧生長在哪裏，她都是出身於官宦家庭。而從小就聰慧、伶俐，特別是具有普通

孩子難得的謀略和遠見！據慈禧曾孫回憶：在慈禧十四歲的那一年，她家裏出了一件大事。慈禧的曾祖父吉朗阿曾在道光時擔任清戶部員外郎，負責中央金庫。但就在他卸任十幾年後，在查賬時，查到了庫銀虧空幾十萬兩。道光接到奏報以後，非常氣憤，下旨不管是誰，不管什麼時期，凡是在銀庫的工作人員都要一查到底。經過反覆的調查，最後竟查不出個結果，在這樣的情況下，道光下令，就從虧損的那一年一直到現在，所有工作人員平攤這些虧空的銀兩，已經去世的，由他的兒子、孫子償還。當時慈禧的曾祖父已經去世，就把她的祖父給抓了起來。事情一出，家裏立刻亂了。

年少的蘭兒此時卻表現得非常鎮靜，她勸自己的父親惠徵，將家裏僅有的一點銀兩拿出來，交了出去，又讓父親帶著她去親戚和朋友家，借了一些銀兩。但她沒有讓父將這些銀兩全部交上去，而是用這些錢去上下通融。因為慈禧的祖父景瑞曾任刑部員外郎，認識很多的政府官員，有許多老關係，她的父親也時任安徽的後補道台，也有很多朋友關係，正是在年少的慈禧的指點下，惠徵打通了上下關係，很快將她的祖父營救了出來。她也因此受到了當時她所接觸的那些滿族貴族，特別是她的父母的偏愛。由此可見，她具有一般女子所沒有的遠見、膽識、機智、謀略和手腕。這些都讓她在後來的政治風雲中立於不敗之地。

慈禧・政變・滿清王朝

咸豐十年（一八六一）七月十七日，咸豐帝病死。他臨終前做了三件事：（一）立皇長子載淳為皇太子。（二）命御前大臣載垣、端華、景壽、蕭順、穆蔭、杜翰、焦祐瀛八人為贊襄政務大臣，八大臣控制了政局。（三）授予皇后鈕祜祿氏「御賞」印章，授予皇子載淳「同道堂」印章（由生母慈禧掌管）。顧命大臣擬旨後要蓋「御賞」和「同道堂」印章。不久，八大臣便同兩宮太后產生極大矛盾。

三股勢力

當時，朝廷主要分為三股政治勢力：其一是顧命大臣勢力，其二是帝胤勢力，其三是帝后勢力。三股政治勢力的核心是同治皇帝，哪股政治勢力能夠同帝后勢力相結合，它就會增加勝利的可能性。當時的清廷內有「南長毛、北捻子」之憂，外有列強重起戰端之患。最高決策層為此產生了嚴重分歧，從而導致了政治勢力的重新分解組合，出現了三股勢力集團。

第一股勢力集團是聚集於咸豐周圍握有重權的端肅集團，核心人物為怡親王載垣、鄭親王端華、戶部尚書蕭順。從該集團崛起來看，它是因太平天國農民起義猛烈發展，咸豐為使統治機構能夠發揮得力的鎮壓功能，把決策權由「軍機處」轉移到幾個幹練的御前大臣手中而形成的。端肅集

團對內主張堅決鎮壓農民起義。為此他們一方面尚嚴刑峻法，力除積弊，但對漢人又心存疑慮。他們對外態度是排外的，肅順即為咸豐一朝對外政策的制定者和執行人，他的全部努力就是以確保中國處於對各部族首領的控制地位，因此，要清帝與歐洲的蠻夷酋長平起平坐，這對於他們來說，是特別難以忍受的。這樣就使列強的政治經濟觸角向中國更廣、更深地伸展時受到阻礙。

為使清廷恭順地履行不平等條約，打擊端肅，培植為列強控制的集團就提到列強的議事日程上來，奕訢集團應運而生。奕訢曾是王位的有力競爭者，敗北後長期失寵，但他不是個甘於寂寞的人物，一八六○年英法聯軍攻佔北京給其境況帶來了轉機。他通過與列強接觸，思想發生重大變化，提出「滅捻為先，治俄次之，治英又次之」的處理「內憂外患」的行動原則，獲得了站在階級鬥爭前沿的地主階級的擁護和支持。列強也需要從最高階層內部來扶植一派抗衡端肅，在政治上求得主動，在《北京條約》簽字後，曾請咸豐回朝，其目的也正是想藉洋人之力，推倒端肅，箝制咸豐。這些請求均遭咸豐拒絕而作罷，但卻說明了列強已涉足清廷最高統治層，並且漸漸成為各派別較量的不可忽視的一顆砝碼。

咸豐之死使本已複雜的權力之爭更加複雜。咸豐彌留之際遺語六歲載淳為太子，載淳即位後立即宣布：「繼承大統，尊孝貞皇后為母后皇太后，尊懿貴妃為聖母皇太后」，這樣作為載淳生母的那拉氏取得了與鈕祜祿氏同等的政治身分。權欲極強的那拉氏，對咸豐托孤的「贊襄政務」八大臣大權獨攬極為不滿，更對肅順效「鉤弋故事」的獻策懷恨在心，決意要從其手中分權。此時那拉氏對內外

矛盾處理的主張與端肅並無二致，而為爭權她與奕訢合流後，則與當時兩大矛盾緊密相連了。

當時朝廷大臣實際上分為兩部分：一半在承德，另一半在北京。即：前者是以肅順為首的「承德集團」，後者是以奕訢為首的「北京集團」。在北京的大臣，又發生了分化，一部分傾向於顧命大臣，大部分則傾向於帝胤和帝后勢力。從而出現錯綜複雜的局面。「承德集團」隨駕，主要人物有贊襄政務八大臣。「北京集團」以恭親王奕訢為首，其支持者為五兄惇親王、七弟醇郡王、八弟鍾郡王、九弟孚郡王，還有軍機大臣文祥、桂良、寶鋆等人。

其實，咸豐帝彌留之際的「後事」安排，是一種意在調適權力平衡但又必然引起權力爭奪的行政制度。上諭「鈐印」的規定，從制度上確保了皇權不致旁落，使慈安、慈禧太后處於雖無垂簾之名而有臨政之實的地位，故此時人明確指出，實際是「（太后）垂簾（八大臣）輔政，蓋兼有之」的權力機制。慈禧取得代子鈐印權力後，便理所當然地成為皇權的代表，因而干預朝政也就成為順理成章的事了。但同時也為慈禧掌握清廷最高權力提供了可能，使慈安、慈禧太后處於雖無垂簾之名而有臨政之實的地位，故此時人明確指出，實際是「（太后）垂簾（八大臣）輔政，蓋兼有之」的權力機制。慈

政變

七月十八日，大行皇帝入殮後，以同治皇帝名義，尊孝貞皇后為皇太后即母后皇太后，尊懿貴妃為孝欽皇太后即聖母皇太后。

八月初一日，恭親王奕訢獲准趕到承德避暑山莊拜謁咸豐的梓宮。據《我的前半生》記載：相

傳奕訢化妝成薩滿，在行宮見了兩宮皇太后，密定計，旋返京，做部署。奕訢獲准同兩宮太后會面約兩個小時。奕訢在熱河滯留的六天裏，盡量在肅順等面前表現出平和的姿態，麻痹了顧命大臣。

兩宮太后與恭親王，破釜沉舟，死中求生，睿智果斷，搶奪先機，外柔內剛，配合默契。恭親王同兩宮太后密商決策與步驟後，返回北京，準備政變。此時，咸豐皇帝剛駕崩十三天。

初五日，醇郡王為正黃旗漢軍都統，掌握實際的軍事權力。

初六日，御史董元醇上請太后權理朝政，恭親王一二人輔弼的奏摺。

初七日，兵部侍郎勝保到避暑山莊。勝保在下達諭旨不許各地統兵大臣赴承德祭奠後，奏請到承德哭奠，並率兵經河間、雄縣一帶兼程北上。

十一日，就御史董元醇奏摺所請，兩宮皇太后召見八大臣。肅順等八大臣以咸豐遺詔和祖制無皇太后垂簾聽政故事，擬旨駁斥。兩宮皇太后與八位贊襄政務大臣激烈辯論。八大臣「嘵嘵置辯，已無人臣禮」。《越縵堂國事日記》記載：肅順等人恣意咆哮，「聲震殿陛，天子驚怖，至於涕泣，遺溺后衣」，小皇帝嚇得尿了褲子。最後，八大臣想先答應兩宮太后，把難題拖一下，回到北京再說。殊不知，回北京等待他們的是難逃的厄運。

十八日，在承德宣布咸豐靈柩於九月二十三起靈駕，二十九日到京。

九月初一日，同治上母后皇太后為慈安皇太后，聖母皇太后為慈禧皇太后徽號。

初四日，鄭親王端華署理行在步軍統領，醇郡王任步軍統領。兩宮太后召見顧命大臣，提出端華兼職太多，端華說他只做行在步軍統領；慈禧說那就命奕訢做步軍統領。奕訢做步軍統領就掌

握了京師衛戍的軍權。沒過多久，奕訢又兼管善捕營事。

二十三日，大行皇帝梓宮由避暑山莊啟駕。同治與兩宮皇太后，奉大行皇帝梓宮，從承德啟程返京師。

二十九日，同治奉兩宮太后回到北京皇宮。同治奉兩宮皇太后間道疾行，比靈駕提前四天到京。兩宮皇太后到京後，即在大內召見恭親王奕訢等。

三十日，發動政變。同治與兩宮皇太后，宣布在承德預先由醇郡王寫就之論旨，宣布載垣、肅順等罪狀：

（一）「上年海疆不靖，京師戒嚴，總由在事之王大臣等籌劃乖張所致。載垣等不能盡心和議，徒以誘惑英國使臣以塞己責，以致失信於各國，淀園被擾。我皇考巡幸熱河，實聖心萬不得已之苦衷也！」

（二）以擅改諭旨、力阻垂簾罪，解載垣、端華、肅順、景壽，穆蔭、匡源、杜翰、焦祐瀛退出軍機。

不久，同治帝在大典上穿小朝袍。初一日，命恭親王為議政王、軍機大臣。隨之，軍機大臣文祥奏請兩宮皇太后垂簾聽政。《清史稿．文祥傳》記載：「十月，回鑾，（文祥）偕王大臣疏請兩宮皇太后垂簾聽政。」命大學士桂良、戶部尚書沈兆霖、侍郎寶鋆、文祥為軍機大臣。

這次政變，因載淳登極後擬定年號為祺祥，故稱「祺祥政變」；這年為辛酉年，又稱「辛酉政變」；因政變發生在北京，又稱為「北京政變」。其時，「辛酉政變」的三個主要人物——慈安皇

太后二十五歲，慈禧皇太后二十七歲，恭親王三十歲，年輕帝胤聯盟戰勝了老邁的宗室顧命大臣。

慈禧得勝與正統皇權

正如閻崇年教授在《正說清朝十二帝》一書中所分析的，辛酉政變的成功有以下幾個直接原因。

第一，兩宮皇太后和恭親王奕訢，抓住並利用官民對英法聯軍入侵北京、火燒圓明園的強烈不滿，對「承德集團」不顧民族、國家危亡而逃到避暑山莊的不滿，而把全部歷史責任都加到顧命八大臣頭上。這樣便取得了政治上的主動，爭取了官心、軍心、旗心、民心，顧命八大臣則成了替罪羊。

第二，兩宮皇太后和恭親王奕訢，利用了顧命大臣對慈禧與奕訢的力量估計過低而產生的麻痺思想，又利用了兩宮皇太后掌握「御賞」、「同道堂」兩枚印章，顧命大臣雖可擬旨不加蓋這兩枚印章卻不能生效。

第三，兩宮皇太后和恭親王奕訢戰術運用合理：搶佔先機，先發制人，沒有隨大行皇帝靈柩同行，擺脫了顧命大臣的控制與監視，並從間道提前返回，進行政變準備。原定九月二十三日起靈駕二十九日到京，因下雨道路泥濘，而遲至十月初三日到京，比原計劃晚了四天。兩宮太后於二十九日到京，三十日政變，時間整整差了三天。這為她們準備政變提供了時間與空間。

第四，兩宮皇太后和恭親王奕訢意識到：這是他們生死存亡的歷史關鍵時刻，唯一的出路就是拼個魚死網破。慈禧曾風聞咸豐帝生前肅順等建議他仿照漢武帝殺其母留其子的「鉤弋夫人」故事，免得日後皇太后專權。但是，咸豐帝沒有像漢武帝那樣做，而是用「御賞」和「同道堂」兩枚印章來平衡顧命大臣、兩宮太后之間的關係，並加以控制。結果，這兩枚印章使得兩宮太后有能力打破最初始權力平衡結構。

另外，更深沉的原因是正統皇權思想在政變中的巨大影響作用。我們可以簡單回顧一下政變前後的幾次較量，便可一目了然。

較量之一：慈禧的太后封號。咸豐帝病逝當天，皇后鈕祜祿氏即循例被尊為皇太后，率眾嬪妃於靈前奠灑，那拉氏則無晉封。此舉雖為肅順等人抑制那拉氏、以示嫡庶等差的有意安排，但卻不能無視其「母以子貴」的特殊政治身分以及由此而生的皇權分量。故此第二天，肅順等不得不以「內閣奉上諭」的形式尊那拉氏為皇太后。

較量之二：慈禧有無干預朝政權。最初，肅順等人擬實行「八大臣贊襄輔政制度」，凡「詔諭疏章」等事，皆由其擬定處理意見，「太后但鈐印，弗得改易」。慈禧對此頗為不滿，以拒絕鈐印相抵制。「議四日」，肅順等人只得妥協，同意以後的一切官員章疏均須送太后批閱；諭旨亦須由太后過目認可鈐印發下後，才能生效；任命尚侍督撫等大員，由贊襄政務王大臣等「擬名請訓擬定」，其他官員的任免，亦須「在御前擊簽，兩宮並許可」。肅順等人之所以做如此妥協，大概不能僅以其政治上的幼稚不成熟來解釋，他們面對的不是慈禧個人，而是充斥於人們心際腦海中神聖

不可侵犯的皇權。在中國歷史上，任何無視皇權並向其挑戰的人，都不會有好下場，哪怕是握有實際軍權、可以指鹿為馬的權臣。肅順等人不會不懂這點政治常識。

較量之三：慈禧是否垂簾聽政。鄧之誠先生曾說：慈禧太后「既已看摺……召見軍機……且以朱印代筆，即無異垂簾，所不同者，唯不召見外臣。」但是，慈禧並不滿足於這種猶抱琵琶半遮面式的「聽政」，而是熱衷於名副其實的「垂簾聽政」。九月初六，山東道監察御史董元醇上疏稱：當此天下多事之秋，「皇帝陛下以沖齡登基，所賴一切政務，皇太后宵呼思慮，斟酌盡善，此誠國家之福也」。要求清廷「明降諭旨，宣示中外，使海內咸知皇上躬雖幼，皇太后暫時權理朝政，左右並不能干預」。同時要求「於親王中簡派一二人，令同心輔弼一切事務」。只有如此親賢並用，才能「既無專擅之患，亦無偏籌畫」，然後「再求皇太后、皇上裁斷施行」。由此可見，董元醇提出以太后垂簾聽政與親王輔政制取代顧命大臣輔政制，完全是以維護皇權、防範臣下專擅立論的。肅順等人面見兩宮太后時，雖公然抗論，聲稱自己「係贊襄皇上，不能聽命太后」，甚至說「請太后看摺亦係多餘之事」，但他們批駁董元醇請行太后垂簾聽政主張時，也是以皇權為護符，以維護皇權立論的。這不僅令人感到頗有意思，更令人深思其故。肅順等人以新帝名義擬旨痛斥董元醇：「皇考……特召載垣等八人，令其盡心輔弼。朕仰體聖心，自有深意。」董元醇「奏請皇太后暫時權理朝政，甚屬非是……該御史必欲於親王中另行簡派，是誠何心！所奏尤不可行。」肅順等人將擬定的這一諭旨遞上，慈禧將其留中不發。肅順等人以「決意攔車」停止辦事的方式相抗。最後，慈禧以退為進，將董元醇的奏摺及肅順等人所擬諭旨同時發下。

此後，肅順等八大臣「始照常辦事，言笑如初」。

就當時的結果來看，似乎肅順等人取得了勝利。但在皇權思想頗盛的封建專制制度下，肅順等人與慈禧圍繞太后是否臨朝聽政問題的較量，是以肅順等人為代表的臣權與以慈禧太后為代表的皇權的較量。肅順等人的「勝利」中醞釀著危機與大禍，為慈禧以後治罪肅順等人提供了口實。當時在熱河化名守黑道人的軍機章京即明確指出：如肅順等人並不過分強求，慈禧未將董元醇的奏摺及肅順等人所擬諭旨發下，而是「將此摺淹了，諸君（肅順等人）之禍尚淺」。「擱車之後，（慈禧）不得已而發下，何以善其後耶！……吾謂諸君之禍，肇於擱車矣」。

須知，此段議論並非「辛酉政變」後人們的追思之論或後見之明，而是事前的前瞻預言。這位不出名的軍機章京何以有此未卜先知之明？因其已看到肅順等人與皇權抗爭必然失敗的命運。故此，這名軍機章京大罵肅順等人「可謂渾蛋矣」。「渾蛋者」，既是村夫市井的粗俗之語，又是在譴責肅順等人不識時務，竟敢冒天下之大不韙，公然與皇權對抗，在政治方面未免過於幼稚與無知。如果說肅順等人在熱河與慈禧的多次較量基本打成平手，那麼，一旦清廷回到北京，廣大官僚士大夫即要全力維護皇權的常態秩序了。肅順等人的失敗不但即將臨頭，而且充滿了必然性。後來的歷史也證明了這一點。

較量之四：曹操、王莽之流與孤兒寡母。清廷決定回到北京之時，肅順等人自恃為贊襄政務王大臣，輕估了皇權思想對朝臣的巨大影響力量。而慈禧太后與小皇帝回到北京後，則竭力利用滿朝

文武的正統皇權思想和忠君意識，將自己打扮成長久受人欺侮的孤兒寡母。肅順等人則是欺君藐上、專權謀逆的亂臣賊子，直如西漢王莽之於漢平帝及孺子嬰，東漢董卓、曹操之於漢獻帝等。慈禧與小皇帝剛至北京郊外，慈禧即對循例前來郊迎的元老重臣「涕泣」，「縷述三奸欺藐之狀」，爭取眾多大臣的同情。大學士周祖培奏稱：「何不重治其罪？」其實早在熱河之時，慈禧即密令醇郡王起草上諭，羅列了肅順等人「不能盡心和議」，反對清帝回京，「常常置辯，已無人臣之禮，擬旨時又陽奉陰違，擅自改寫」等罪名。慈禧此時雖暗藏殺機，卻揣著明白裝糊塗，故意以弱者的姿態詢問，「彼為贊襄王大臣，可逕予治罪乎？」奕訢亦以「祖培等弱昧不足與共謀」。未向其透露政變機密。故此，尚蒙在鼓裏的周祖培繼而出謀劃策稱：「皇太后可降旨，先令解任，再予拿問。」慈禧順水推舟答稱：「善。」由此可見，慈禧太后一直在利用朝野上下的皇權思想及其頒布上諭之權與肅順等人進行著殊死的較量。

咸豐十一年（一八六一）九月三十日，奕訢與文祥、周祖培等人入朝待命，載垣、端華等阻止說：「外廷臣子，何得擅入？」奕訢等人立於宮門之外。未久，有旨下，命將肅順、載垣、端華等人治罪。載垣、端華厲聲喝斥道：「我輩未入，詔從何來？」贊襄政務王大臣與慈禧、奕訢的鬥爭已經公開白熱化，文武百官及兵丁侍衛面臨著是忠於「王事」，維護皇權，還是倒向贊襄政務王大臣一邊的抉擇。奕訢緊緊抓住人們的正統皇權和忠君思想，大聲喝道：「有王命在此，誰敢違者」。遂有「侍衛數人來前，�二人冠帶，擁出隆宗門」。另據晚清著名學者王闓運的《祺祥故事》記載，當奕訢向載垣、端華出示將其治罪的上諭時，兩人面對赫赫皇權、皇命「皆相顧無語」。奕訢問其

是否遵旨？載垣等只得向皇權低頭稱：「焉有不遵」，遂束手被擒。贊襄政務王大臣的核心肅順，面對慈禧等人手中的皇權，同樣是無可奈何，無所作為的。渾寶惠先生曾說：「以一少年之奕訢，偕睿王仁壽帶領提署番役」，前去擒拿肅順。肅順雖心中不服，身邊又有兵丁護衛，「尚猶咆哮」，問諭旨所由來」，但仍是「事已去矣」。原因何在？「此無他，（皇）權在手耳」。

「死的皇帝敵不過活的太后。」

綜上所述，慈禧等人掌握著小皇帝及頒布詔旨之權，奉有咸豐帝遺詔的贊襄政務王大臣實在無可奈皇權者何，正統皇權思想在政變中的巨大影響作用應該是具有決定性的，雖然它無影無形，但「辛酉政變」中雙方每一次實力變化，都與它息息相關。正如臺灣著名清史專家莊練先生所說：

辛酉政變與滿清國運

「辛酉政變」是君權與相權的一次大的衝突，表現了兩宮皇太后和恭親王的聰明才智。它的重大結果是清朝體制的一大改變。經過「辛酉政變」，否定「贊襄政務」大臣，而由慈安皇太后與慈禧皇太后垂簾聽政，這是重大的改制。「辛酉政變」後，恭親王為議政王，這是當年睿親王多爾袞輔政的再現。但有一點不同：既由帝胤貴族擔任議政王、軍機大臣，又由兩宮太后垂簾聽政。這樣皇權出現二元：議政王總攬朝政，皇太后總裁懿定。這個體制最大的特徵是皇太后與恭親王聯合主政，後來逐漸演變為慈禧獨攬朝政的局面。隨之產生一個制度：領班軍機大臣由親貴擔任，軍機大

臣滿洲兩人、漢人兩人。在同治朝，大體維持了這種五人軍機結構的局面。「辛酉政變」就滿洲貴族而言，主要是宗室貴族同帝胤貴族的矛盾與拼殺。兩宮皇太后特別是慈禧皇太后，主要利用和依靠帝胤貴族，打擊宗室貴族，取得了勝利。

「辛酉政變」的意義不僅在於它完成了清政府最高權力由「顧命八大臣」到慈禧太后的權力轉移，更重要的還在於它改變了清廷的內外政策，將其政權從瀕於滅亡的境地挽救出來：在於它改變了其權力布局，對晚清政治具有深遠的影響。

通過政變登上政治舞臺的慈禧太后，為擺脫危機而施行了新的內外政策：

對外：執行議和外交，以取得「中外相安」並討得列強對其政權的支持。為此，她採取了主動而積極的態度。突出的事例就是在宣布端肅等罪狀時，就把「不能盡心議和，徒以誘獲英國使臣以塞己責，以致失信於各國」列為首要罪狀。就列強一方而言，面對清廷動盪的局面，他們也清楚「實際上中國的前途是很黑暗的，除非外邊給它強有力的援助」，否則「這座房子就會倒坍下來，而我們的最好利益也就此埋入廢墟。」列強對華政策由主要是「打」而變成「中立」。中外反動勢力通過政變達成了默契，出現了「中外和好」的局面。

對內：實行滿漢合流。太平軍的作戰力很強，八旗兵不堪一擊，綠營也腐敗透頂，湘軍成了能和太平軍相抗衡的唯一力量。為盡早將太平天國革命鎮壓下去，清廷注意調整同曾國藩等人的關係。給他們以更多、更大的權力。一八六一年十一月即慈禧太后操權的當月，就令曾國藩統轄蘇浙皖贛四省軍務，所有四省巡撫、提督以下文武官員悉歸節制。不久，又加其太子少保銜和協辦大學

士，隨後重用左宗棠、李鴻章。曾國藩集團成為地主階級當權派中最大勢力集團。這與咸豐朝對漢族地主的猜忌、壓制恰恰形成鮮明對比。滿漢地主階級為鎮壓農民起義，密切地合作起來。在中外反動勢力聯合絞殺下，太平天國農民起義被鎮壓，清政權在風雨飄搖中得到了暫時的喘息機會。

政變的另一結果是那拉氏調整了權力布局，這集中地表現為她實行垂簾聽政，這種統治形式實質上是她個人獨裁專政，故此，在她統治的四十八年的時間裏，始終不惜以各種政治手腕竭力維護垂簾聽政式的政治局面。權力布局的又一改變是：清政府的權力格局，由「內重外輕」變成「內輕外重」，中央極權和地方實力集團握有重權的矛盾現象為之解決。慈禧太后採取在地方實力派中扶植一派抗衡另派的手法，使他們之間相互制約。以利於她居間調節。但使用這種政策的結果則造成晚清政治中延綿不絕的眾多派別的紛爭。

政治格局變了，滿清的國運有轉機嗎？馬上開始的由政變勝利者所主持的新政將決定這一切！

慈禧・新政・中國

自強・求富

慈禧發動「辛酉政變」，本係權欲驅使，但權力一旦在握，她也活得很不輕鬆。與其同類武則

天相比較，她所面臨的時代要遠為複雜得多，堪稱「古今未有之變局」。慈禧太后垂簾聽政，一言九鼎。她的性格、心態和識見，對這場改革運動的進程和結局，干係十分重大。這位宮廷頭號女人不能不使出渾身解數，以撐持風雨飄搖的老大帝國。

慈禧發動政變後，以「自強」、「求富」為宗旨的洋務運動迅即拉開序幕。很難設想，如果沒有慈禧太后的支持，洋務運動怎麼可能在強大守舊勢力的阻擾下延續三十多年？很長一段時間裏，慈禧被一些史家稱為「頑固勢力的總代表」，說她「一貫頑固守舊」，殊不知慈禧掌權正值國事衰微之際，她並不缺乏改革進取之心。滿清迴光返照的「同治中興」正是在慈禧當政期間發生，而洋務運動如果可以算是中國走向現代化的第一次努力的話，這和慈禧大量信任、啟用洋務派有必然的關係。

洋務派每辦一事，必招致頑固派和清流黨的攻訐，朝廷上無一日安寧。面對頑固派和清流黨的囂聲，慈禧太后巧妙地施展其政治手腕，逐漸地減少來自他們的阻力。一八六六年，洋務派擬在同文館加設天文、算學館，選派科甲正途出身的人進館學習。此議一出，文淵閣大學士、理學大師倭仁便倡首反對。他認為以中國之大，不患無才，「何必師事洋人」。慈禧見倭仁振振有辭，即令他保舉數員精通自然科學的中國教師，另行設館授徒，以與同文館的洋教習相比試。倭仁見上頭動了真格，趕快申辯，說所謂中國「不患無才」，不過是自己「以理度之」，為想當然之事，「應請不必另行設館，由奴才督飭辦理。況奴才並無精於天文、算學之人，不敢妄保」。倭仁受此挫抑，後竟鬱悶成疾，請求開缺休養。

清流派代表人物張佩綸也曾經領教過慈禧太后的厲害。中法戰爭期間，張佩綸放言高論，以談兵事為能，對洋務派的軍事外交政策不屑一顧。中法戰爭爆發，慈禧順水推舟，任命張佩綸為福建海疆大臣，到前線指揮作戰。張佩綸臨事茫然，暗中卻叫苦不迭。據《中法兵事本末》記載：「張佩綸，何如璋甫聞炮聲，即從船局後山潛逃。距船廠二十餘里。……適有廷寄到，督撫覓張佩綸不得，遣弁四探，報者賞錢一千，遂得之。」張佩綸的色厲內荏，慈禧的治人之術，於此可見一斑。但這次的代價是否也太大了。

慈禧一面應付頑固派、清流黨的訐鬧，一面給備受委屈的洋務派打氣。一八七八年，曾國藩的長子曾紀澤出使英法前夕，與慈禧有段十分耐人尋味的對話：

慈禧：「也是國家運氣不好，曾國藩就去世了。現在各處大臣，大多總是瞻徇。」

曾紀澤：「李鴻章，沈葆楨，丁寶楨，左宗棠均為忠貞、肱骨之臣。」

慈禧：「他們都還不錯，但都是老班子，新的都趕不上。」

曾紀澤：「郭嵩燾是正直之人，此次亦是拼卻聲名替國家辦事，將來仍求太后、皇上恩典，始終保全。」

慈禧：「上頭也深知郭嵩燾是個好人。其出使之後所辦之事不少，但他挨這些人的罵也挨夠了。」

曾紀澤：「郭嵩燾恨不得中國即刻自強起來，常常與人爭論，所以挨罵，總之郭嵩燾係一個忠臣。好在太后、皇上知道他，他就拼了聲名也還值得。」

慈禧：「我們都知道他，王大臣等也知道他。」

慈禧不僅對曾、左等洋務運動的「老班子」念念不忘，而且頗有後繼乏人之慮。郭嵩燾作為洋務運動的新銳，是中國首任駐英法大使。他極力主張向西方學習，動輒與老臣們爭論，得罪了許多人。在頑固派眼中，郭嵩燾被看成士林敗類，名教罪人。「出乎其類，拔乎其萃，不容於堯舜之世；不能事人，焉能事鬼，何必去父母之邦。」這首刻薄的對聯便是頑固派送給郭嵩燾的禮物。慈禧說他「挨這些人的罵也挨夠了」，實際上在為郭嵩燾鳴不平，同時對曾紀澤也是一種激勵。

慈禧無疑是支持改革的，但處在一個社會大變革的時代，她與一個最高統治者應有的知識素養和精神面貌又有一定的差距。她沒有主動吸納新知識的渴求和行動，因而在不少問題上表現出驚人的無知，如認為修鐵路破壞風水，火車要用驢馬來牽引等等；她貪圖安榮享樂，不惜挪用海軍軍費修造頤和園。無知和私欲，直接影響到她所支持的洋務運動的實績。更為重要的是，她對事態的嚴重性、改革的進程和目標從未有過足夠的心理準備和通盤考慮，而是在外力的刺激下被動地調整政策，這也表明慈禧仍然不夠一個卓越政治家的前瞻視野。

一八九五年的甲午戰爭失敗後，一八九八年由光緒帝主持的戊戌變法維新應運而生。此事其史書多有詳解，筆者在此並不詳談。在大家的腦海裏，「戊戌變法」運動是慈禧太后一手鎮壓下去的，慈禧此舉成了阻礙中國進步的關鍵。然而，慈禧並非一貫就反對變法維新。甲午慘敗，老佛爺豈能無動於衷？據費行簡《慈禧傳信錄》載，早在變法之初，慈禧即對光緒說：「變法乃素志，同治初即納曾國藩議，派子弟出洋留學，造船製械，以圖富強也。」「苟可致富強者，兒自為之，吾

不內制也。」光緒素怕慈禧，待到慈禧坦露心跡，抑鬱頓釋，也就在幾個書生的簇擁下放膽行動起來，恨不得把一千年的任務在一個禮拜之內便大功告成。欲速則不達，反而適得其反，得罪大批既得利益者。他們的所做所為漸漸超過慈禧所能容忍的限度，以致吞下血腥政變的惡果。

慈禧的不滿，大概有兩個方面。其一，維新派有針對她的兵變計劃，直接威脅到她的地位和生命。陳夔龍《夢蕉亭雜記》云：「光緒戊戌政變，言人人殊，實則孝欽並無仇新法之意，徒以利害切身，一聞警告，即刻由淀園還京。」在權力之爭中，慈禧是比較心狠手毒的。如果改革要以犧牲她的權力為代價，那是萬萬不行的。其二，光緒帝和維新派全變、大變的急進變革主張，造成整個社會結構的強烈震盪，使許多與現存社會有利害關係的社會集團和政治勢力覺得受到了威脅。百日維新期間，上諭達一百一十多件，令人目不暇接。各地方官員都怨聲載道。光緒帝嚴懲阻撓變法的官員，樹敵太多。至於廢除八股改革科舉制度，又在龐大士人群體中引起普遍恐慌。慈禧擔心全線出擊造成大廈傾覆，便出面干涉，穩定政局。

「戊戌變法」運動雖被鎮壓，可那只是宮廷內的權力鬥爭，改革畢竟已是大勢所趨，關鍵在於由誰主持改革，以及如何進行改革。精明的慈禧太后通過戊戌政變確保了自己的地位之後，立即主動發出繼續改革的訊息：「前因中外積弊過深，不得不因時制宜，力加整頓。而宵小之徒，竊變法之說，為煽亂之謀。業經嚴拿懲治，以遏橫流。至一切政治有關國計民生者，無論新舊，均須次第推行，不得因噎廢食。」慈禧的這一舉動，給政變後萬馬齊喑的局面注入了興奮劑，使主張變法維新的社會力量重燃希望之火，這實為她政治上的高明之處。

正當慈禧意欲緩進地推行改革時，義和團運動爆發。義和團運動，打著「扶清滅洋」的口號，對於痛恨洋人的慈禧太后而言，一開始就頗對胃口。然而在如何對待義和團的政策上，經過了激烈的爭論的，其間還夾雜著列強的干涉。到了一九〇〇年，中國的事不僅僅牽涉到中國人而已。

庚子之變

一九〇〇年初，義和團的主力轉進直隸，逼進京畿。慈禧太后派刑部尚書趙舒翹、大學士剛毅先後去涿州調查情況。太后之所以對義和團採取慎重的態度，主要是義和團在痛恨洋人方面和太后有相似之處。義和團提出「保護中原、驅逐洋寇」，他們要焚燒教堂，因為教會「勾結洋人，禍亂中華」。他們要「三月之中都殺盡，中原不准有洋人」。

慈禧太后在一八九八年後痛恨洋人，其根源在於她發動政變廢光緒，另立新君的舉措，遭到洋人的極力干涉。據《庚子國變記》載：「首先是法國醫官探視被后黨宣布為病重的光緒，結果發現沒事。上雖同視朝，嘿不一言，而太后方日以上病狀危，告天下。」「各國公使謁見，請法醫入視病，太后不許，各公使又亟請之，太后不得已，召入。出語人曰：血脈皆治，無病也。」太后聞之不悅。以英國為首的列強反對太后廢光緒，立新君。一九〇〇年一月二十四日，太后決定立端王載漪之子溥儀為大阿哥（皇位繼承人），預定陰曆元旦（一月三十一日）使光緒帝行讓位禮。當時天下譁然。經元善等連名上書至二千人。「載漪害怕，遣人風各公使入賀，太后亦君各公使夫人飲，

甚歡，欲遂立溥儀。各公使不聽，有違言。太后及載漪內慚，日放謀所以報。會江蘇糧道羅嘉傑以

風聞上書大學士榮祿言事，謂：英人將以兵力會歸政。因盡攬利權。」榮祿奏之，慈禧愈發生氣。

其次是英人庇護康有為這事使太后憤怒。「遂以李鴻章為兩廣總督，欲詭致之，購求十萬金，

而英兵衛之嚴，不可得。鴻章以狀聞，太后大怒曰：此仇必報！」

可見，太后發現義和團從底層開始燒教堂、殺洋人的時候，其心態自是複雜的。一方面，她得

到剛毅等的覆命，言義民無他心，可以依靠。另一方面，她感到處處受洋人的「氣」，又找不到報

復的機會。當一九○○年六月十一日，董福祥的甘軍受義和團的影響在永定門殺死日本使館書記生

杉山彬，並剖其屍後，局面已愈發不可收拾。當時群情激昂，據曾紀澤的女婿吳永（當時任懷來縣

知縣）回憶，太后對義和團的認識是這樣的：「當亂起時，人人都說拳匪是義民，怎樣的忠勇，怎

樣的有法術，描形畫態，千真萬確，教人不能不信。後來又說京外人心，怎樣的一夥兒向著他們；

又說滿漢各軍，都已與他們打通一氣了，因此更不敢輕說剿辦。後來接著攻打使館，攻打教堂，

甚至燒了正陽門，殺的、搶的、我瞧著不像個事，心下早明白。但那時他們勢力也大了，人數也多

了，宮內宮外，紛紛擾擾，滿眼看去，都是一起頭上包著紅布，進的進、出的出，也認不定誰是

匪，誰不是匪，一些也沒有考究。這時太監們連著護衛的兵士，卻真正同他們混在一起了。……這

時我一個人，已作不得十分主意，所以鬧到如此田地。我若不是多方委曲，一面稍稍遷就著他們，

穩住了眾心，一方又大力的制住他們，使他們對著我還有幾人瞻顧；那時紙老虎穿破了，更不知要

鬧出什麼大亂子，連皇帝都擔著很大的危險。」

西太后的自述表明在普遍的仇外和反抗侵略情緒高漲的情況下，她如何利用了義和團而又不可收拾的無奈心理。

真正導致局面無法收拾的，是義和團入城後發生的不受控制的滅洋教、殺洋人和二毛子事件導致的八國聯軍侵華。第一批八國聯軍由英海軍提督西摩爾率領，自一九〇〇年六月十日組織自天津出發，十六日向大沽炮臺發出交出炮臺的最後通牒。正是在十一日發生日本外交官被殺、十三日義和團入北京城的前後幾天。十五日，太后召大學士六部九卿入議，當著群臣哭泣。吏部侍郎許景澄進言：「中國與外洋交數十年矣，民教相仇之事，無歲無之，然不過賠償而止。唯有攻殺使臣，中外皆無成案，今交民巷使館，拳匪日窺伺之，幾於朝不謀夕，倘不測，不知宗社生靈，置之何也？」太常寺卿袁昶也進言：「釁不可開，縱容亂民，禍至不可收拾，他日內訌外患，相隨而至，國何以堪？」慷慨歔欷，聲震殿瓦。太后目攝之。可見太后是不以為然的。

太后不僅認為有何大不了的，而且她是執意要硬到底的。真正促使她下決心同各國一戰的，是端王載漪在大沽炮臺失陷同日，偽造的一份外交團照會。經榮祿進呈的這份照會，要求四件事：一、指明一地令中國皇帝居住；二、代收錢糧；三、代掌兵權；四、請太后歸政皇帝，廢大阿哥。

據景善記載：「剛毅來告訴我，他從未見過老佛爺那樣地發怒，即使當她聞悉康有為謀反時也沒有如此。彼族焉敢干預之權！她高喊著。是可忍，孰不可忍也；當滅此朝食。現老佛爺准立決死戰，慈意所屬，雖沐恩甚優之榮相，亦不敢勸阻，恐生意外也。」促使太后宣戰的另一線索，是六月十九日召開御前會議的當天，上海的《字林西報》發表了一篇社論，用強硬的詞句斥責中國政府：

「中國與各大強國同時作戰，它是由西太后和她的奸黨的選擇而作戰的。他們非常愚蠢，妄自尊大，自以為他們能夠安全地抗拒列強聯軍……不管發生任何事件，這批奸黨若不自動離去，就必須被逐出北京城。希望有可能把光緒皇帝尋出來，把他重新置於皇位之上。現時必須對中國人明白指出，挑起目前的戰爭的是西太后，我們不是對中國作戰，而是對那個篡奪政權的北京政府作戰。」

慈禧太后被幾種力量推動著：一是洋人對她的攻擊甚至想奪她的權，促使她對洋人強烈地痛恨，二是周圍頑固派的火上澆油，三是義和團煽動的全面的對洋人的仇恨情緒，更給了她報仇的機會、理由和實力。這一切都使太后感到了莫大的激憤和衝動。六月二十日，德國公使克林德在乘轎去總理衙門途中為虎神營士兵槍殺，使館中的外國衛隊得知後，結隊外出準備尋釁。義和團立即開始攻打使館。次日，清政府發布了「宣戰」上諭。

然而，慈禧太后真的是要傾全國之力與外敵決一死戰嗎？事實證明，當這口惡氣出得差不多的時候，她也理性的認識到雙方實力的差距，這時她也就害怕起來。她的宣戰僅僅只持續了五天。六月二十一日宣戰；六月二十二日又發給義和團二萬石粳米，同日懸賞洋人首級。據《景善日記》，「莊王出示懸賞，以勵殺敵，殺一男夷者，賞銀五十兩；殺一女夷者，賞銀四十兩；殺一稚子者，賞銀二十兩」。二十五日，密諭各省遍殺洋人，但袁昶、許景澄將諭旨中的殺字改為「保」字或「保護」字。無人敢以此奏聞太后。同時，太后還賞給進攻使館的神機營、虎神營和義和團銀各十萬兩。

然而，自六月二十五日進攻使館第一次明顯的停火開始，七月十八日到二十八日，八月三和四

日，又有幾次停火。據英人赫德的記述：「有人從中給我們以部分的保護，這似乎是可能的事：歷次攻擊並不是由政府所能調動的數目的兵員所發動，攻擊沒有一次幹到底，總是正當我們恐怕他們一定要成功的時候停住了。假使在我們周圍的軍隊真的徹底而決心地攻擊的話，我們支撐不了一個星期，或許連一天都支撐不了。所以一種解釋是可信的，那就是一定有某種保護。或許是知道摧毀使館區將會對這個帝國和這個皇朝帶來怎樣的損失的一位聰明人，在發布命令和執行命令之間從中作梗。其實，真正害怕的是太后本人。她從六月二十五日開始即派榮祿前往使館要求停戰，榮祿在當晚九時得到的議和命令，次日帶隊往使館界，懸一牌，書奉太后諭旨，保護使館。洋人皆由館中走出，與榮祿商議，於是有三點鐘之久，不聞槍聲。

慈禧態度變化的一個重要事件，是六月二十五日早上，端王、莊王、瀾貝勒、瀛貝勒領帶六十餘名義和團員入宮，尋找二毛子，至寧壽宮門，太后尚未起床，他們大聲呼噪，請皇帝出來，說皇帝是洋鬼子的朋友。太后在吃早茶時聽到，大怒，斥退端王等。她這才意識到情況遠比她意料的複雜而危險，情況早已經超出了她的預料和掌控。

自此，朝廷佔主流的意見已經傾向於議和。而六月二十六日，東南督撫們在密不公布「宣戰」諭旨的同時，還和各國領事商訂了《中外互相保護章程》九條。「東南互保」導致中外關係出現奇特的不統一局面。真正了解太后意圖的，看來只有南方的地方大吏如兩廣總督李鴻章、兩江總督劉坤一和湖廣總督張之洞等。

慈禧還於七月二十日起連日派人向使館送西瓜、菜疏、米麵等物，又派人去慰問。八月二日，

聯軍約四萬人自天津出發，七日，清廷任命李鴻章為全權大臣，即日電商各國外交部，先行停戰。但列強執意要攻入北京。八月十四日，聯軍攻入北京。十五日，西太后挾光緒帝出奔往太原、西安。九月七日發出上諭，對義和團痛加剷除。

晚年悔悟

慈禧對無法收拾的局面，雖然歸罪於義和團和辦事不力的下臣，但並沒有完全逃避個人輕率魯莽的責任。根據她後來回憶說：「依我想來，還算是有主意的。我本來是執定不同洋人破臉；中間一段時期，因洋人欺負得太狠了，也不免有些動氣。但雖是沒攔阻他們，始終總沒有叫他們十分盡意的胡鬧。火氣一過，我也就回轉頭來，處處都留著餘地。我若是真正由他們盡意胡鬧，難道一個使館有打不下來的道理？不過我總是當家負責的人，現在鬧到如此，總是我的錯頭；上對不起祖宗，下對不起人民，滿腔心事，更向何處訴說呢？」慈禧太后在決策時的處境，確實比較艱難。

正如她自己所說：「去涿州查看義和團的兩個『國家倚傍的大臣』（指剛毅和趙舒翹），回來覆命時，太后曾問他們『義和團到底可靠不可靠？』他們並沒有給回覆。而餘外的王公大臣們，又都是……要與洋人拼命的。教我一個人如何拿得定主意呢？」

慈禧還是把客觀環境當作決策的理由，因此也擺脫了自身的罪責。這次打擊似乎使她有所清醒，在回鑾過程中，就急匆匆地準備在宮中召見各國駐華公使夫人，一反常態地要開展「夫人外

交）。一方面表明她認識到妄自尊大可能會帶來毀滅性的危險，另一方面，她也是極力地掩飾對洋人的刻骨仇恨。

慈禧對洋人的仇恨，據公主德齡的回憶，是相當普遍而深刻的。老佛爺（指慈禧）向來恨外國人，也許不是沒有道理的，因為有這麼多的外國人喜歡評論她的政府。她最討厭的就是傳教士，由此發展到痛恨一切外國人，不管他們在什麼地方。下面的引文說明了慈禧對西方人、西洋文明的主要看法。

德齡回憶中慈禧曾說：

他們憑什麼對我如此無禮！這不是他們的國家，對這個國家的內政，他們應該沒有發言權。難道我不能處罰我自己的臣民嗎？如果我派到外國的使節，他們干預那個國家的行動，試問，那個國家的政府能同意嗎？……

他們不喜歡我們的生活方式，可是這是我們的生活方式，我們喜歡。他們不喜歡，他們可走，我們並沒有請他們來。他們到我們國家來，那是我們的容忍。……

當這些所謂文明國家的人還在把尾巴鉤在樹枝上打秋千的時候，我們的國家已經是一個文化發達的國家了，而這些國家竟厚顏無恥地派傳教士到我們國家來宣傳宗教，宣傳文明！他們給我們的人民灌輸基督教的毒素，於是中國信洋教的人馬上就不尊重我們的規矩和我們的傳統習慣。中國內地發生的多數問題都是由信洋教的中國人引起的。

他們能給我們提供什麼比我們已經有的更好的東西？根本沒有！我們從遠古時代起就懂得

要尊敬父母。外國人不是這樣，當他們達到一定年齡的時候就離開父母的家，並且從此就不再服從他父母了。

此外，她還多次抱怨西方的婚俗、有關教堂許多不真實的傳聞。最終，她認為外國人今天已經成為中國的禍根，但願有什麼方法能讓他們永遠離開中國。

慈禧太后在八國聯軍侵華後，一反常態地招待外國公使夫人。當時有的公使夫人接到邀請後非常氣憤，說：「還講什麼禮儀？應該把她踩在我們腳下！她用槍炮對付我們，應該請求原諒的是她，而不是我們對她彬彬有禮！」但一九〇二年六月的這次召見，使這些外族貴婦感受到了身為一個沒落帝國之主的威嚴，她們忘記了幾天前聚會時大家義憤填膺的神情，一個個都被慈禧太后威嚴的儀表和這種莊嚴的場面深深震懾，都遵照觀見皇后的禮節向她行了三次大禮。

可以說，慈禧在八國聯軍入侵北京，被迫西逃的打擊下，必然是有所醒悟的。一九〇〇年八月二十日，她在逃至宣化縣的雞鳴驛，以光緒帝的名義，下詔罪己。詔曰：「近日釁起，團練不和，變生全猝，竟敢震驚九廟。慈輿播遷，自顧藐躬，負罪實甚。」

可以想見，慈禧在西逃的過程中，經歷怎樣的心理掙扎。這從她在八月二十二日、十二月一日分別兩次降諭：一方面要求各中央、地方官員直言，另一方面要求各中央和地方大臣在兩個月內提出新改革的迫切心情中可以看出。其實，慈禧太后就是從此時開始、從宮廷禮節開始，著手曾經被一再擱擱、而今不得不進行的改革，雖然為時有點晚，但仍然反映了「老佛爺」晚年的一些理性和積極的精神要素。一九〇一年一月二十九日，慈禧在西安發布「預約變法」上諭，要求王公貴族，

清末新政

與戊戌變法相比較，清末「新政」實際上是一場更具現代化性質的改革。但對於滿清政府而言，「新政」的果實他們覺得並不那麼甜美。政治上，它在沿襲戊戌變法裁汰閒冗官方針的基礎上，設立外務部、商部、學部、巡警部、郵傳部等新的政府機構，使傳統的六部體制不復存在；經濟上，首先肯定了戊戌變法時獎勵工商、發展實業的各種措施，而後頒布《商人通例》、《公司律》、《破產律》、《商會簡明章程》等多種經濟法規，為工商業的發展提供必要的法制保障；軍事上，戊戌變法時的主張為整頓團練、令八旗改練洋操，並著手改革軍制，而新政則致力於用現代化軍隊建制編練新軍，軍隊組成、武器裝備和指揮水準明顯改善；文化教育上，戊戌變法時提出改革科舉制度、設立新式學堂、獎勵遊學，新政則宣布廢除科舉制度，大規模地開辦新式學堂和派遣士人出國留學，並參照日本模式制定出中國最早的學制──《欽定學堂章程》以及《奏定學堂章

部臣疆吏「各就現在情形，參酌中西政要，舉凡朝章國故、吏治民生、學校科舉、軍政財政，當因當革，當省當併，或取諸人，或求諸己……各舉所知，各抒己見，通限兩個月，詳悉條議以聞。」上諭發布後，各地方反應強烈，其中尤以兩江總督劉坤一、湖廣總督張之洞二人聯銜會奏三疏最為完備。慈禧閱罷，認為「事多可行，即當按照所陳，隨時設法，擇要舉辦。」同年四月，清政府設立督辦政務處，命奕劻、李鴻章等六人為督理大臣。至此，清末「新政」正式上演。

程》。

作為最高統治者的慈禧，對「新政」寄予厚望。她在接近古稀之年，卻對魏源的《海國圖誌》、徐繼畬的《瀛寰誌略》等介紹外國歷史地理的書籍產生極為濃厚興趣，時常閱讀以廣見聞，這在以往帝王也很少有過的事情。「新政」推行過程中，雖有著種種弊端，但絕非無善可陳，更不是什麼「假維新」。新政的推行，確實在為中國逐步積累著現代化資源，為社會的轉型準備著物質和社會方面的條件。《清史稿·后妃傳》中稱：「（慈禧）晚乃壹意變法，忧天命之難諶，察人心之將渙，而欲救之以立憲，百端並舉，政急民煩，陵土未乾，國步遂改。」

不過，當時的國內外環境沒有再給中國提供一個穩健改革的機遇。一九〇四年，日俄戰爭爆發，島夷小國戰勝了龐然大物俄羅斯。國內外輿論認為，這是立憲國戰勝專制國的鐵證，「皆謂專制之政，不足復存於天下。」於是國內立憲的呼聲，由微弱轉為高漲。慈禧在強大輿論壓力下，不得不將「新政」歸於憲政改革。憲政改革，意味著要突破政治體制中最核心的部分。這一重大的舉措，給清末改革帶來功能性紊亂，也給慈禧招致難以承受的壓力。

本來，後起國家的現代化在初期需要一個集權的中央政府，以便整合社會力量，充分調動和使用各種資源，穩健地推動現代化的進程，日本即是一個成功的先例。

日本從一八六八年開始明治維新，到一八八九年頒布《大日本帝國憲法》，歷時二十餘年。而中國在實行「新政」不久即轉入憲政改革，其結果只能導致政治資源的分散，使原已就「內輕外重」的政治格局更趨嚴重。當時國內就有人痛切地指出：「論日本之政，其所以致富強者，以其能

振主權而伸國威也。今之議者不察其本，而切切以立憲為務，是殆欲奪我自有之權，而假之以自便自私也。……夫日本以收將權而存其國，而我國以限君權而速其禍，不可謂善謀國者也。」

一九〇六年，光緒奉慈禧諭旨，宣布「預備仿行憲政」，並以官制改革為下手處。官制改革以行政和司法相互獨立為基本原則，「總使官無尸位，事有專司，以期各有責成，盡心職守。」由於官制改革牽涉權力和利益的重大調整，引起統治集團內部的躁動不安。有關官制改革的條陳如雪片一般飛到慈禧的眼前，其意見之紛雜、鬥爭之激烈實屬罕見，老佛爺感覺「如此為難，還不如投湖而死。」區分清楚中央與地方的權限是官制改革中最頭痛的問題之一，清政府本欲通過官制改革收取督撫的兵權和財權，哪知督撫卻以設內閣、開國會相要挾，中央與地方的矛盾更形突出。官制改革陷於進退維谷的境地。

一九〇八年，憲政編查館頒布九年預備立憲逐年籌備事宜清單。與此同時，慈禧和光緒帝聯名發布《九年預備立憲逐年推行籌備事宜諭》。上諭中指出：「當此危急存亡之秋，內外臣工同受國恩，均當警覺沉迷，掃除積習。……所有人民應行練學自治教育各事宜，在京由該管衙門，在外由各省督撫，督飭各屬隨時催辦，勿任玩延。」又云：「至開設議院，應以逐年籌備各事辦理完竣為期，自本年起，務在第九年內將各項籌備事宜一律辦齊，屆時即行頒布欽定憲法，並頒布召集議員之詔。」這是慈禧生前頒布的最後一道諭旨，也可說是慈禧的政治遺囑。

不久，慈禧悲鬱而逝，權力軸心頓成虛弱，要求速開國會、速立憲法的呼聲更趨高漲。立憲派的鞭策和清廷的拖延，導致兩者合作的最終破裂。滿清王朝在革命派和立憲派的呼喊聲中土崩瓦

解，清末改革以失敗而告終。中國也開始進入一個更沒有「重心」的時代。有誰能說民國初年比慈禧掌權時的清朝強了多少？

是非功過：評說女人慈禧

婦人干政是不符合中國正統觀念的。於是晚清的衰敗，中國的失敗，都被誇大到必須由西太后負主要責任不可了。而中國在近代面臨的千年未有之變局，面臨的亡國滅種的危機，必須由一兩個執政者負責，這種看法是偏離了實事求是的客觀標準的。從政治鬥爭的核心問題——權力鬥爭的角度而言，慈禧只是做了她的角色必然要做的一些事情而已。文化、政治以及民族的危機實非她一人之過。

蘇同炳對慈禧可謂不以為然。他假定：「如果不是道光誤立奕詝，清代歷史上不會出現慈禧太后垂簾聽政的局面，不致以一個淺薄無識的婦人掌握中國的命運達四十餘年。當可斷言，慈禧雖有才具而實無見識，所以晚清中國的命運，才會在她手中變得衰敗沒落，終至有亡國滅種之危險。」

但我們要知道首先歷史不可假設，即便假設六阿哥奕訢真的是皇上，也未必能挽救晚清中國的命運。其次，「同治中興」正是在慈禧當政期間發生，而「洋務運動」如果確實可以算是中國走向現代化的第一次努力的話，這和慈禧大量信任、啟用洋務派有必然的關係。

胡適的高徒唐德剛認為「西太后原是個陰險狠毒，睚眥必報，狐狸其貌而虎狼其心的潑婦人」。對於政治中的人物，是否適用普通的道德標準呢？

白克好司認為：「如太后之為人，不可以尋常道德之見解觀之，若執此以斷，既不能得其真評。觀於在太后以前及其同時代的人物，證以中國百姓之公論，則太后並非一殘暴之君。不獨此也，即英國近世，以爭國家權力之故，其殺人之手段，亦難言乎仁道也」。這樣的評價較為公允。

對於慈禧這樣一位如此重要、又引來如此爭議的人物來說，很難作出服眾的公論。但是有幾點似乎經常被忽略了：一是評價慈禧太后時，也很容易不自覺地受正統思維的影響。婦人攝政在中國歷史上都是遭懷疑和唾棄的。問題是，如果咸豐帝以後的幾個皇帝如果能當政，就一定比慈禧太后強嗎？實際上，中國危機的根源在於千年的王朝統治；二是評價慈禧太后的概念化傾向。歷史人物的評價不能以「好人」或「壞人」的簡單標準去衡量。對慈禧自然也不例外。

近代史研究的開創者蔣廷黻認為，自鴉片戰爭到庚子年，這六十年中所受的壓迫，所堆積的憤慨，他們（指頑固派）覺得中國應該火速抗戰，不然國家就要亡了。「我們不要以為頑固份子不愛國，從鴉片戰爭起，他們是一貫反對屈服，堅強地主張抗戰。在戊戌年，西太后復政以後，她硬不割讓三門灣給義大利，她令浙江守土的官吏準備抗戰。後義大利居然放棄了他的要求。」當然，慈禧太后對於中國所處環境的認識、對於她的使命的認識遠遠不能和洋務派、維新派相比。慈禧本人在改革派和極端頑固派之間長期尋求平衡。在維護國家利益方面，她在大多數時期是堅決維護的。

晚年慈禧從大難中醒悟，決定開創新時代時，卻是覆水難收時，沒有第二次機會。

關於慈禧的政治是非評價已經太多太多，我不想在這裏就她的政治功過再多作評論，下面只想從一個女人的視角評價作為女人的慈禧。

在眾多的評價慈禧太后的著作中，德齡的描寫是最有人情味的。德齡在《慈禧後宮實錄》中，行文至最後，給我們展現了曾經統治世界上人口最多的古老帝國的老佛爺的另一面：她只不過是個女人。她有女人對美的追求，對青春的渴望。正是從這個角度，人們對於女人當政有著奇特的偏見。其實中國歷史對女性而言是不公平的。這片土地上不知曾生長過多少傑出的女子，她們水晶般聰明，鮮花一樣美麗。可惜她們只能在文字之外悄悄凋零，上天賜予她們才華，卻沒給她們施展的領地。然而，正當中國幾千年來首次因為文化碰撞而陷入空前的困難之時，慈禧憑著自己超人的膽量和聰明，繞過重重阻礙，出現在歷史的聚光燈下。也許多災多難是那時中國不能擺脫的宿命，她的出現，此時卻顯得那樣不合時宜。她也曾在政治舞臺上盡力調動自己的演技，然而事實證明，她的演出是一場失敗之作。

平心而論，在強大的觀念和制度籠罩之下，慈禧在她的政治演出中表現的才幹和能力還是出人意料地傑出。她比大部分男人剛強果斷。她可以稱得上有膽有識，機智精敏。在她四十八年的統治生涯中，她始終牢牢控制著整個局面，把那些男人中的精英人物操縱在股掌之間。她很有膽量。就在英法聯軍逼近北京，咸豐皇帝準備倉皇逃走的時候，她從儲秀宮的帷幕後面第一次站出來，冒著違反祖制的巨大危險，極力反對這個懦弱的決定。「當皇上之將行也，貴妃力阻。言皇上在京，可以鎮懾一切。聖駕若行，則宗廟無主，恐為夷人踐毀。昔周室東遷，天子蒙塵，永為後世之羞。

其實起初，她只是想替懦弱的丈夫當當家，後來，就是想保住愛新覺羅家的產業，以免孤兒寡母受人欺負。她只是一個愛享樂的精明的貴族女子，用她所熟悉的管理家庭的方式管理著國家。從現存的文獻資料中，你可以看到許多她召對大臣的談話記錄，許多時候，這些談話更像是和親戚們話家常，而不是政治家們之間的對話。晚清最有名的大臣曾國藩第一次進京面見太后，沒想到慈禧和他談的都是些家常，什麼你兄弟幾人？出京多少年了？曾國荃是你胞弟嗎？之類。曾國藩在當天的日記中驚訝且失望地寫道：「兩宮才地平常，見面無一要語。」毫無疑問，她熱愛權力，也有學者稱她是「權力欲驅使著靈魂」，但是僅僅滿足於用權力控制他人，維護自己的地位和生活而已。

她並不想在政治領域建功立業，青史留名。她沒有男人那樣為了事業、為了國家和民族犧牲自我的獻身精神，她沒有因政治而犧牲自己的私人生活。相反，她對自己的私人生活傾注了大量的熱情，她更關心的是給自己建造園林，使她快樂的是和那些聰明的宮眷談女人們的話題，是豢養寵物，是研製化妝品。以她的地位和條件，如果她敏感一些，事業心強一些，她完全有可能更深地接觸嶄新的西方文明，更理智地觀察世界，明瞭中國的處境和需要，因而憑自己的才智把國家引導到更安全的軌道上來。可惜她僅僅對巴黎的時裝、華爾茲舞感興趣。每天處理完政務之後，她把大量的時間用於化妝、遊賞、宴飲、看戲。她完全把自己置於一個傳統女貴族的生活趣味當中，沒有看到用另外的方式發揮自己才智的可能。她和圓明園、頤和園的情結以及對陵墓過分的追求豪奢也說明了這一點。

在權力鬥爭中她果斷冷酷，在世界大勢前卻反應遲鈍；她有足夠的聰明和手段控制局勢，卻沒

有足夠的熱情和責任感去改變中國。在很多時候，她能明智地順應時勢，採納正確的意見，比如信任漢人，支持「洋務運動」。也有很多時候，她為了維持自己的地位而做了許多錯事，影響了整個國家的前途。比如她兩次打擊恭親王，僅僅是因為恭親王權力太大，讓她不太放心。兩次打擊，使得這位大清王朝的主心骨心灰意冷，「依違兩可，無所建白。」對晚清政局造成了不可忽視的影響。她進行的歷次政治鬥爭，都是純粹的權力之爭而非政見之爭。作為一個滿族女人，慈禧太后能得知事情真相的機會非常少，但她在每個場合都能做到堅持自己的立場，從不被周圍的反對力量所壓倒。這迥然不同於東方宮闈中那些只會紡紗織布的女子。

有人把她比作俄國女皇葉卡捷琳娜二世，實際上這種比較是不確切的。她有著葉卡捷琳娜的精明果敢，卻沒有和她一樣的科學頭腦和政治眼光。在後者的開明專制統治之下，俄國提高了行政效率，招致了大批外國科學家，科學技術得到了長足的發展，綜合國力大大增強。而慈禧帶給中國的新政卻不那麼成功。

她的素質使她完全能夠躋身一流政治家的行列，但是她所成長的環境局限了她的眼光，使她浪費了這個寶貴機會。這時的中國需要一個具有非凡氣魄和超人識度的巨人來引導，才有可能擺脫沉重的惰性，度過重重劫難。可惜，歷史沒有產生這樣的巨人，卻把這個位置留給了她，一個過於專注自我的女人。這就是她的悲劇所在。

不過，如果抽去其他因素，單純從女人這個角度去看的話，我們發現，她是相當亮麗的。無論是外表還是內質，都頗為光彩照人。她不像那個時代的大多數女子一樣，自甘柔弱地依附在男人身

上，因為習慣的強大而自我壓抑，在不公正的自我犧牲中麻麻木木地消磨掉一生。她無所畏懼地向「男在上女在下」的傳統進行挑戰，衝破重重阻礙來張揚自己的生命熱量。她身上具有許多現代女性的特質。慈禧極其自信，敢做敢當，從不壓抑自己，也不委屈自己。面對一群男人組成的政治世界，慈禧毫不膽怯。她通過自己的聰明和狡黠成功地把這個世界變成了維護自己欲望的工具。慈禧精力充沛，她熱愛生命。她不像別的女人那樣缺乏生命的熱度，自甘於生命火焰有氣無力地默默燃燒。《宮女談往錄》中的有位老宮女回憶說：「太后就是講精氣神兒，一天到晚那麼多的大事，全得由太后心裏過，每天還是那麼優遊自在，騰出閒工夫，講究吃，講究穿，講究修飾，還講究玩樂，總是精神飽滿，不帶一點疲倦的勁兒。」她特別愛美，四十多年裏，天天都要在妝鏡前消磨上幾個小時，一定要把自己修飾得一絲不苟，光彩照人。她經常說：「一個女人沒心腸打扮自己，那還活什麼勁呢？」她天生喜歡大紅大紫，喜歡明亮絢麗的東西。她冰雪聰明，剛進宮時還不怎麼識字，可是通過自學，她練出了一筆好字，詩也寫得挺不錯的。她喜歡唐詩宋詞，喜歡《紅樓夢》，這部小說是她在深宮的寂寞伴侶。她還喜歡繪畫，留下了一批還過得去的作品。她有很高的藝術鑒賞力，對於園林建築頗有造詣。她在生活中的每個細節都安排得有滋有味。

她有冷酷無情的時刻，可是也富於人情味。少女時代在綏遠城居住的慈禧對文學、書畫和歷史非常感興趣。她在此讀書、學畫、下棋、彈琴，且經常騎馬射箭。對於少女慈禧的長相史書中並無記載，野史中描繪她：「每一出遊，旁觀者皆喃喃做歡喜讚，謂天仙化身不過是也。」特別是對身

邊的宮女，她極其和藹可親，很少疾顏厲色。宮中的女僕們回憶起她來，話語中不無溫馨：「老太后總是最聖明不過的人，對自己最親信的貼身丫頭都是另眼看待的。不管外面有多不順心的事，對我們總是和顏悅色。比如，她對我講：『榮兒，你過來，你那辮梢梳得多麼憨蠢，若把辮繩留長一點，一走路，動擺開了，那有多好看！』」在這些回憶錄中，你看到的絕不是那個冷面冷心的鐵女人，而是一個既威嚴又慈祥的老太太。

她是一個不完全的女權主義者，她的女權覺醒是不徹底的。由於文化傳統的局限，她沒有想到在男人的領域全面發展自己。在她的意識深處，她始終擺脫不了「相夫教子、看家守業」的身分定位。但作為一個女人，慈禧最對不起愛新覺羅家族的，正是在孩子教育上的失誤。對獨生子同治，她任母愛氾濫，過分驕縱，使這個孩子成了清朝十二代帝王中最沒出息的一個，自制力極其差勁。這樣一個兒子，她怎能放手讓他接管全部權力？而對繼子光緒，她又矯枉過正，管束過嚴，教育出一個性格上過於懦弱的孩子。這樣的繼承者實在無法承擔起拯救帝國的重任。家庭教育的失誤，無疑是慈禧這個聰明女人的最大敗筆之一。這也許與慈禧自己過於強硬的性格有關，讓兒子們都對她太畏懼。而這，又恰恰是她如此長久地涉足於政治不能自拔的部分原因。

不可否認的是，葉赫那拉深深迷戀權力，這是她難以擺脫的弱點。權力這兩個字具有太大的吸引力，對權力的渴望根植於人性深處。這個東西使得人性中根深蒂固的超越意識得到最充分的實現，這是任何強者都難以抵禦的誘惑。從這點上來說，慈禧的失敗是由於人性的普遍弱點而不是自己的性別因素。其實，做為統治者她有足夠的智慧和權威。慈禧太后垂簾聽政期間在軍機大臣領

189

班的職位上待過的只有兩個人——恭親王和慶親王。前者被貶黜過許多次，其榮譽被剝奪殆盡，而後者在三十年裏則始終是個「不倒翁」，所得到的榮耀全都原封未動地保存了下來。張之洞、劉坤一、王文韶這三位傑出的總督、大學士也是這樣。慈禧太后從來都讓他們擔任重要職務，但他們從未遭過她的貶黜。因為他們都是她的國家裏最進步的官員，但其中沒有一個人強大到足以危及她的統治，所以沒有必要提醒他們上面有個強權人物。因為，歷史和事實都已經讓所有人知道：只要她大筆一揮，就可以讓任何官員從天上掉到地下。

慈禧就是這樣一個女人。她有著那個時代普通女人所沒有的叛逆性格，卻跳不出那個時代人們的局限。她嫵媚又潑辣，她聰明又無知，她大膽又保守，她勤奮又貪圖逸樂。她不理解政治，政治也給了她千載罵名。

女人慈禧由著自己的性情，風風光光、曲曲折折走完了自己的一生。在生命的最後，她好像有一點後悔。她在病榻上留給人們的最後一句話是：「以後勿使婦人干政。此與本朝家法有違，須嚴加限制。」她承認自己不成功地涉足了政治。她希望別人不要效仿她，而要做單純的女人。可是，如果她不涉足政治，她怎麼可能把女人做得那樣風光？她給不出這個問題的答案。

而她或許會料到自己身後的罵名，但卻萬萬想不到自己死後，會遭受盜陵拋屍的奇辱大辱，這也許是她最擔心的！

附：慈禧東陵的故事

東陵「三絕」

慈禧生前在政治上權威顯赫，在生活上享盡了人間富貴，而她為自己所修築的陵墓更是極盡奢華。慈禧的陵寢，是清東陵建築群中最有看頭的一景。明樓紅牆，黃瓦飛簷，雖與同為皇太后的慈安陵隔一道馬槽溝，以完全相同的規模和樣式坐北朝南並立，但內在裝修與細節設計卻不能同比。

有關建陵的歷史記載和傳說，便合成了一個讓人驚歎的「女權」故事。

咸豐皇帝駕崩後，慈禧的親兒子載淳繼位，在這年僅六歲的同治皇帝背後，慈安和慈禧作為東、西太后垂簾聽政。同治五年（一八六六）後，兩位皇太后即選中東陵的風水寶地普陀峪和普祥峪建陵寢，由於清二百年歷史上還沒有兩個皇太后一起建陵的先例，如何建陵便成了無制可依、無章可循的難事。在承修大臣提出的同葬一陵（棺槨並排，無高低貴賤之別），或者一陵兩地宮的上奏被慈禧否定後，最終實施了建兩座陵的方案，建陵經費則通過提高賦稅的方法解決。這兩座陵於同治十二年（一八七三）八月同時開工興建，到光緒四年（一八七九）同時完工，慈安陵居西，慈禧陵居東。兩座陵墓建築規模大體相同，但慈安陵共用白銀二百六十萬兩，而慈禧只用了

二百二十七萬兩。當時雖為兩宮皇太后共同執政，可慈安地位高於慈禧。慈禧是一爭強好勝的女人，哪能甘居他人之後呢。其實兩宮太后的陵墓在所有皇后陵中均屬上乘，可是慈禧對此並不滿足。慈安死後，西太后大權獨攬，唯我獨尊，於光緒二十年（一八九五）藉其陵寢滲水之機，下令拆除三大殿重新修建。整個工程長達十三年之久，耗資巨大，直至慈禧死時才休止。雖然陵制已定，老佛爺在陵寢局部的規模與樣式上不僅另闢新徑，還極盡揮霍之能事，在內裝修和建築細節上大作文章，使重修的慈禧陵成為清代最豪華獨特的一座皇家陵寢。

重建的慈禧陵，用料之精美、工藝之高超、裝修之獨特，均居明清帝后陵之首，堪稱慈陵之「三絕」。

一絕，用料之精美。步入慈禧陵隆恩門，一眼就看獨具一格的紅褐色門窗菱花和樑枋斗拱，渾然一體，給人以清心悅目之感。乍看不如宮廷中常見的紅漆彩樑柱那麼豔麗，細瞧才可發現木質紋理精細、色彩典雅。這是一種名貴的黃花梨木，多產於海南島。遍訪各處建築，用此木建殿堂者，唯有慈禧陵一處。在三殿六十四根柱子當中，除隆恩殿七公尺高的金柱、中柱為包廂外，其餘均為直徑一公尺、高三點六五公尺的獨根筆直的原木。這些名貴的材料，構成了慈禧陵木質精美之一絕。據清史記載，僅三大殿所用的葉子金就達四千五百九十二兩以上。而這貨真價實的金碧輝煌雖然經過盜墓者貪婪的洗劫，如今依然可見那「金絕」的豪華殘跡與碎片。至於木絕，也足以讓人瞠目。三大殿的樑枋都是用木中上品黃花梨木製成的，據說這種木質堅硬、紋理細密的木料現在已瀕絕種，其價以斤而論，稱得上是寸木寸金；而慈禧的棺槨，更是用極名貴的金絲楠木製作的。

二絕，工藝之高超。慈禧陵三殿裏外外樑枋各處彩畫，全部貼金。三殿六十四根柱子，完全採用鍍金嵌飾，比北京故宮太和殿內的六根金柱還要華麗。三殿內外的大小三十塊磚牆及二百二十八平方公尺的範圍內，雕刻著「五福捧壽」、「綾帶盤長」、「萬字不到頭」等，並在磚上節掃紅、黃金粉，使之顯得更加金碧輝煌。金飾的豪華、美侖美奐堪稱一絕。

三絕，裝修之獨特。為顯示女人當政，隆恩殿周圍石雕欄杆上，均雕刻了「鳳引龍」圖案。殿前正中長三點一八公尺、寬一點六公尺的陛階石上，雕刻著一龍一鳳：丹鳳凌空展翅，穿雲俯身向下；蛟龍出水曲身，騰空昂首向上。鳳引龍，相戲火珠。在隆恩殿周圍六十九塊漢白欄板上，也精心雕刻了「鳳引龍」圖案。尤其是欄板之間的七十六根望柱，最為標新立異。慈禧陵的月臺望柱更不同一般，單單雕刻著穿雲翔鳳，神態洋洋自得。整個雕欄共雕琢了二百四十隻鳳，三百零八條龍，像望柱中，「龍鳳望柱」等級最高，大都在望柱頭上以一龍一鳳相間排列。皇家建造的石欄這樣寓意其中的雕刻，世屬罕見。怎能不稱這為之一絕呢！這種出自皇室的獨一無二的「一鳳壓兩龍」的造型，與石欄板上龍追鳳的圖案彼此呼應，一起強化並張揚著皇權的性別寓意；殿前龍鳳丹陛石上的龍鳳，更是石雕珍品。它的構圖打破了傳統的龍鳳並排格局，顯示的是新穎獨特的鳳在上龍在下圖案，加之高浮雕與透雕所創造的栩栩如生的立體感和鳳舞龍飛氣勢，將至高無上皇權的性別強調指向極致。

慈禧陵的「三絕」，演繹著無比奢華的「女權」故事。這「女權」二字，所包含的自然不是女權革命意義上的婦女「權利」，而是封建統治的最高「權力」。早在清末，一位叫何震的女子就否

定了女性的同一觀念，對婦女的社會性別進行階級論審視，在她看來，男女平等並不單純是男子不壓抑女子的性別平等，而是「人人平等」的社會與階級平等。英國的維多利亞、中國的呂后、武則天、慈禧都是女人執掌政權，卻沒有根本上改變男女不平等的社會。如此，慈禧陵的一鳳壓兩龍也好，鳳在上或在前、龍在下或在後也好，絕不是我們通常所說的指涉婦女權力的「女權」象徵。而陵墓的豪奢也並沒有帶來身後的榮耀，反而帶來了滅頂之災。

孫殿英東陵盜寶案

一九二八年夏，流氓軍閥孫殿英在河北省遵化縣製造了一起駭人聽聞的盜陵竊寶案。所盜的兩座墓葬中，一座是清朝乾隆皇帝的裕陵，一座是慈禧太后的東陵。

孫殿英是河南省永城人，本名孫魁元，號殿英，人們大都叫他孫老殿。

民國初年，軍閥連年混戰，割據為王者比比皆是。孫殿英也乘勢而起，糾集了一批土匪、賭鬼、煙販等組成隊伍，稱雄一方。後來，孫殿英率部投降蔣介石，被任命為第六軍團第十二軍軍長，在河北遵化一帶駐防。一九二八年夏，孫殿英率部駐紮薊縣馬伸橋，這裏與清東陵只有一山之隔。

對於孫殿英來說，清室皇陵無疑是他垂涎已久的一塊大肥肉。清室皇陵共有五處，三處在遼寧省，兩處是滿清入關後在河北省遵化縣和易縣的東西二陵，這是清陵的主要部分。乾隆時期是滿清

194

最鼎盛的時期，慈禧太后則是滿清掌權者中窮奢極欲者之一，所以，這些陵墓也以乾隆皇帝及慈禧太后的陵墓最為奢侈，裏面放置了無數稀世珍寶。

當年清室讓位時，東陵不僅設有護陵人員，機構仍然承襲清制，而且還有旗兵、綠營兵駐陵守護，宗人府、禮工部等機構分別承擔陵寢一切事務。但是隨著世事的變遷，東陵漸漸脫離清室的掌握，落入北洋軍閥手中。護陵大臣名存實亡，常不在官署，不僅不能有效保護陵墓，反而串通他人，盜賣財物。於是，對東陵的破壞與日俱增，直至有人企圖全面挖掘偷盜，大發橫財。

一九二八年七月上旬，孫殿英部以軍事演習施放地雷為名，驅走全部守陵人員，封鎖關隘，實行戒嚴，大肆洗劫乾隆的裕陵和慈禧的普陀峪定東陵。由於封鎖嚴密，所以外界雖有傳聞，卻不明真相。

七月十日、十一日二十餘輛大車滿載珠寶回到孫殿英司令部。此時，全國的報紙仍沒有登出任何消息。直到八月初，路透社才有電訊透露此事，某些報紙予以採用，但仍未引起人們的注意。直到事發一個多月後的八月十三日，《中央日報》才報導了「匪軍掘盜東陵的慘狀」。這才轟動全國，此事成為當時家喻戶曉的特大新聞。

阿魯特氏

　　《清史稿・列傳一・后妃》：穆宗孝哲毅皇后，阿魯特氏，戶部尚書崇綺女。同治十一年九月，立為皇后。十三年十二月，穆宗崩。德宗即位，以兩太后命，封為嘉順皇后。光緒元年一月，戊子崩，梓宮暫安隆福寺。二年五月，御史潘敦儼因歲旱上言，請更定諡號，謂：「后崩在穆宗升遐百日內，道路傳聞，或稱傷悲致疾，或云絕粒寶生，奇節不彰，何以慰在天之靈？何以副兆民之望？」太后以其言無據，斥為謬妄，奪官。五年三月，合葬惠陵，上諡。宣統加諡，曰孝哲嘉順淑慎賢明恭端憲天彰聖毅皇后。

穆宗皇后阿魯特氏，生於咸豐四年（一八五四），是戶部尚書崇綺之女。崇綺作為一個旗人，曾經創造了一個滿朝議論、轟動京師的大新聞，在有清一代堪稱空前絕後。

狀元之家

清朝的科舉取士，自順治三年到光緒三十年，凡殿試一百一十二科，共錄取進士二萬六千七百四十七名。除順治壬辰、乙未兩科滿漢分榜，有兩個狀元之外，清朝歷代皇帝為了籠絡漢族知識份子，凡是旗人，不論滿族、蒙古族，從來無人問鼎。狀元、榜眼、探花這三個光宗耀祖的頭銜，一向都是為漢人所得。這是順治皇帝相沿以來的慣例，各朝皇帝是心領神會，滿朝文武也都心照不宣，因而各科考試，倒也相安無事。然而，同治四年的殿試，卻打破了這個慣例——旗人崇綺破天荒地奪得了一甲第一名的狀元。

阿魯特‧崇綺，原為蒙古正藍旗人，史載：「初為工部主事，坐其父出師無功，褫職。」遂導致家道中落。稍後，崇綺雖又略有升遷，但家族仍不景氣，崇綺也頗有身居鬧市無人問的感慨，真正體察到了世態炎涼，只好關起門來讀聖賢書。

同治四年四月二十一日，小皇帝載淳在保和殿親試會試及第的一榜新貢生二百六十五人，崇綺也在其中。這次殿試是由武英殿大學士賈楨、軍機大臣寶鋆主考。殿試考官共有八人。從卯正時分

唱名進殿，禮部散發題紙開始，保和殿內鴉雀無聲，貢生們各安其位，都在搜腸刮肚地冥思苦想。

崇綺憑藉著幾年寒窗奮發的苦功，很快就筆走龍蛇地完成了試卷，因為明知旗人一甲三名肯定沒有希望，心中倒也坦然。一天殿試結束，讀卷大臣們需要兩天的時間閱卷。因為試卷都是密封的，讀卷大臣看到滿意的文章，就在上面畫一個圈，大家都認為好的卷子上就有八個圈。然後以畫圈多少為序排定名次。第四天皇帝在養心殿「親覽」。同治皇帝那時才十歲，自然識不得優劣，也拿不了主意，免不了是兩宮皇太后做主。好在每本卷子上都畫著圈，點起狀元來倒也不難。兩宮皇太后忽然發現，第一本竟是旗人崇綺的，感到事情不好辦，於是讓以協辦大學士瑞常為首的讀卷大臣和軍機大臣們把卷子拿下去商量。這些人商議的結果是：「只論文字，何分旗漢」，由恭親王奕訢和協辦大學士領銜覆奏。兩宮皇太后也就鈐印欽定了。

就這樣崇綺金榜題名。《清史稿》上說：「立國二百數十年，滿蒙人試漢文獲授修撰者，止崇綺一人，士論榮之。」以此事為轉機，崇綺家又真的中興起來。

立后風波

阿魯特氏作為狀元的女兒，自幼就受到了良好的家庭教育，當然這種教育的內容完全是封建禮教的那一套。這位名門閨秀可以說是飽讀詩書，知書達禮，溫柔賢慧，冰清玉潔。但她最終被

立為皇后，也並不是一帆風順的，其中既有一輪又一輪的激烈競爭，又有宮廷內的矛盾角逐。未來的皇后，要在成千上萬個青少年「秀女」中篩選。經過多次慎重、認真的選擇，到同治十一年（一八七二）初，合格的「秀女」只剩下十個，其中自然有阿魯特氏。兩宮皇太后事先已決定，這一年的二月初二大吉大利，定於這一天選出皇后。

快到這一天時，朝野內外已議論紛紛，在八旗貴族的私下議論中，大部分認為戶部侍郎崇綺的長女氣度高華，德才俱勝，皇后是非她莫屬了。到了「二月二，龍抬頭」這一天，宮中熱鬧極了，選立皇后大典的地點定在御花園的欽安殿。一大早就有內務府的官員進殿鋪排。兩宮皇太后、皇帝在寶座上就坐，御案上放著一柄鑲玉如意，一對紅緞繡彩荷包等東西。內務府大臣行過禮，即奉旨將入選的十名秀女帶進殿來。行過大禮後，她們分成兩排，依照父兄官職的大小分先後站立著。兩宮皇太后已商量妥當，先從十人中選出四個來。這四人將是一后、一妃、兩嬪。而此時所封的妃，只要不犯過失，循序漸進，總有一天會成為皇貴妃。同樣，此時所封的兩嬪，也必有進位為妃的日子。挑選開始，第一輪挑出了副都統賽尚阿的小女兒阿魯特氏、知府崇齡的女兒赫舍里氏、刑部員外郎鳳秀的女兒富察氏和當時身為翰林院日講起注官侍官侍講的崇綺的女兒阿魯特氏。

皇后在崇綺與鳳秀的女兒之間選出是事先已定好的。但慈禧太后認為，鳳秀十四歲的女兒富察氏美麗端莊，是皇后最合適的人選；而崇綺的長女阿魯特氏已十九歲，比同治還大兩歲，又不是滿族人，不宜立為皇后。另外還有一個重要原因，是慈禧太后生在道光十五年乙未，肖羊，而阿魯特氏生於咸豐四年，是甲寅年，肖虎。如果屬虎的人入選正位中宮，慈禧太后就變成了「羊落虎口」。

迷信意識濃厚的慈禧太后雖嘴上不便說出，但實際上自然是要力避這種結局出現。慈安太后的意思剛好與慈禧太后相反，她認為還是立阿魯特氏為皇后好，阿魯特氏相貌不如富察氏，但「娶妻娶德，娶妾娶色」，立皇后以德行為最要緊，阿魯特氏完全符合條件。再說比皇帝大兩歲，懂的事就多，更能夠照顧好皇帝，幫助皇帝讀書。另外，從來選后雖講命宮八字，但那是只要跟皇帝相合就行，與皇太后是不是犯冲，並不在考慮之列。因此，慈禧太后擔心的「羊落虎口」一事，慈安太后大概根本就沒想到。最後，問皇帝載淳的意見，他囁嚅半晌，終於道出了自己的心願，決定立阿魯特氏為皇后。對此慈禧太后雖然很不滿意，但畢竟已無法挽回了。

休息過後，復臨欽安殿。按照清廷祖傳的方式，載淳親自把鑲著羊脂玉的如意遞給阿魯特氏。阿魯特氏跪下，由於穿著「花盆底」的鞋，不能雙膝一彎就跪，得先蹲下身去請安，然後一手扶地，才能跪下，她不慌不忙，嫻熟地做完了這個禮節。然後接過玉如意，垂首謝恩。大局就這樣定了下來。然後慈安太后把紅緞繡花荷包賜與富察氏。

來到養心殿，即擬旨詔告天下皇后已選定。慈禧太后又定富察氏為慧妃，賽尚阿女兒阿魯特氏為珣嬪，赫舍里氏也為嬪位。慈安太后表示同意。在這次立后問題上，慈安太后表現出了極少有的爽利果斷，致使慈禧太后立富察氏為皇后的企圖最終失敗了。過去二百多年，后妃都是在滿洲貴族中遴選，此次卻破了先例，使清廷自康熙以來出現了第一個非滿族人皇后——蒙古族皇后。

關於選立皇后之事，另有「地上傾茶」一說，聊記於此以供參考。據蘇海若《皇宮五千年》載：「聘后必擇二人，須帝自選。中選者冊封，不中亦封貴人。穆宗選后時，意無所適可，慈禧促

之，帝乃以茶傾地上，令二人趨而過。一人恐袍汙，摳其衣；一人不然。帝曰：『摳衣者愛衣，不摳者知禮。』遂選不摳衣者，即毅皇后也。」這種說法無疑是過於簡單了。

大婚典禮

皇后身分尊貴，理應出在上三旗。但才德俱備的秀女下五旗亦多的是；或者出身下五旗的妃嬪，生子為帝，母以子貴，做了皇后。為解決這樣的難題，清代定下一種制度，可以將后族的旗分改隸，原來是下五旗的，升到上三旗，名為「抬旗」。崇綺家原是蒙古正藍旗，照京城八旗駐防的區域來說，應該抬到上三旗的鑲黃旗。這樣崇綺一家就沾女兒的光被抬為滿洲鑲黃旗。崇綺本人蒙恩被封為三等承恩公。從五品官連升三級，一下子成了二品高官。

八月十八日是「大徵」日。「大徵」就是六禮中的「納徵」，即到皇后家下聘禮。慈禧太后親定禮部尚書靈桂、侍郎徐桐為「大徵禮」的正副使，是為了討個「靈子桐孫」的吉利口采。

聘禮由內務府負責準備，按康熙年間的規矩，是二百兩黃金，一萬兩白銀；若干金銀茶筒、銀杯；一千匹貢緞；另外是二十匹配備了鞍轡的駿馬。聘禮並不算重，但皇帝富甲天下，並不在錢財上計算。光是那一萬兩銀子，便是戶部銀庫的爐房中特鑄的，五十兩一個的大元寶，凸出龍鳳花紋，銀光閃閃，映日生輝。二十匹駿馬也是一色純白，是古代帝王駕車的所謂「醇駟」，個頭大

小一樣，配上簇新的皮鞍，雪亮的「銅活」，黃弦韁襯著馬脖子下面一朵極大的紅纓，色彩極其鮮明。為這二十四馬上駟院就報銷了七、八萬兩銀子。

另外，還有賜皇后祖父、父母、兄弟的金銀衣物，也要隨聘禮一起送去。一路吹打到皇后私邸，崇綺一家早已在門外恭迎。「大徵」的禮節自是隆重熱烈。

從皇帝親授如意，立為皇后，鼓吹送回家的那一天起，阿魯特氏即與她的祖父、父母、兄嫂廢絕了家人之禮。首先是一家人都跪在大門外迎接，而她則擺出皇后的身分，對跪著給她叩頭的父母親人絕不能照樣回禮，最多只能點一下頭。等進入大門，隨即奉入正室。獨住五開間的二廳。同時，內有宮女貼身侍候，外有乾清宮班上的侍衛守門，稽查門禁，極其嚴厲，尤其是青年男子，無論是多麼直接重要的至親，都不能進門。在裏面，父親要見女兒，也很不容易，幾天見一次，見時做父親的崇綺要恭具衣冠。皇后的母親、嫂子，與她倒是天天見面，但卻如命婦進宮，只是為了侍候皇后。每天兩次「尚食」，阿魯特氏皇后獨居正面，食物從廚房裏送出來，母親親手捧上桌，然後侍立一旁，直到她用膳完畢。當然皇后除了二廳，是屋門不出的。

此刻，皇后在宮女的隨侍下，出臨大廳受詔。聽宣了欽派使臣行「大徵禮」的制敕，皇后仍舊退回大廳。等儀物聘禮授受完畢，崇綺又率領全家親丁向禁宮所在的西北方向，行三跪九叩的大禮謝恩。接著匆匆趕到門外，跪送使臣。「大徵禮」到此告成。

「大徵禮」一過，馬上就得準備大婚正日的慶典。此次同治皇帝與阿魯特氏皇后的大婚，非同一般的慶典。它在當時的社會裏，既是北京城內的一大盛事，也是全國普天同慶的喜事。在乾隆

五十五年（一七九〇），京城為清高宗祝賀八旬大壽時，曾大大地熱鬧過一番，這回巧逢康熙皇帝之後二百多年來首位在位皇帝大婚，可謂「百年難遇」（康熙至同治之間的幾位皇帝，即位時早已成年，已有了嫡福晉繼皇后位），自然是要以最浩大、最隆重的儀式來慶賀了。

大婚吉日定在同治十一年（一八七二）九月十五這一天。照滿洲的婚俗，發嫁奩須在吉期的前一天。因為阿魯特氏的妝奩多達三百六十抬，需連發四天，因此要提早開始。九月九日重陽節這天皇后就開始向宮中送嫁奩。妝奩中真是應有盡有，首飾、文玩、衣服、靴帽不可勝數，僅兩廣總督瑞麟與粵海關監督崇禮辦來的紫檀木器，就有幾十抬。但在這諸多桌案木器中，卻獨缺一張床。

床自然是有的，它早已被安置在坤寧宮東暖閣。這張床非同一般，所以沒有床頂，只有雕花的橫楣，懸一塊紅底黑字的匾。上書四個大字「日升月恆」。西面朱紅大柱下，置一具景泰藍的大薰爐；東面柱房，則是雪白的粉壁，懸著「頂天立地」的大條幅，畫的則是「金玉滿堂」的牡丹。下置一張紫檀茶几，几上一對油燈，油中還加上蜂蜜，期望皇帝和皇后，好得「蜜裏調油」似的。床上的帳子本來是黃緞的，此時為表示喜慶則換成紅色的。

吉期雖選定九月十五日，儀典卻從十三日半夜裏便已開始，太和殿前，陳設全部鹵簿，丹陛大樂，先冊封，後奉迎；十四日寅初時分（凌晨三點多鐘），皇帝駕御太和殿，親閱冊寶。冊封皇后的制敕，是內閣所撰的，一篇典皇堂皇的四六文，鑄成金字，綴於玉版，由工部承製，僅此就報銷了一千多兩黃金。「皇后之寶」大印亦用赤金所鑄，四寸四分高，一寸二分見方，交龍紐、滿漢文，由禮部承製，也是報銷了一千多兩銀子。

冊封的使臣仍是靈桂和徐桐，他們受命下殿後，跟在供奉「玉冊金寶」的龍亭後面。龍亭被人抬著，直趨后邸。阿魯特氏大門口是崇綺率領全家親丁跪接，二門中是崇綺夫人率子婦女兒跪接。等在大廳上安放好了冊寶，皇后方始出堂，先正中向北跪下，聽徐桐宣讀冊文，然後靈桂把玉冊遞給左面的女官，她跪著接過來再轉奉皇后，皇后從左邊接過來，往右邊遞出去，另有一名女官接過，放在桌上。金寶也是這樣一套授受的手續。冊立大典，到此完成。冊封的二位使臣即回宮覆命。

下面就到了該奉迎的時候了。一吃過午飯，文武百官，紛紛進宮，在太和殿前，按著品級排班。申初時分（下午三點多鐘），同治皇帝臨殿，先受百官朝賀，然後降旨遣發陳設在端門以內、午門以外的鳳輿，奉迎皇后。

奉迎的專使是兩福晉、八命婦。兩福晉是載淳皇帝的嬸母、惇王奕誴和恭王奕訢的福晉。八命婦則是既結髮、又有子孫的一品夫人。

大婚的儀禮，原是滿漢參合，而「六禮」中最後一個環節、也是最重要的一步，就是「親迎」。皇帝皇后比於天地，皇帝大婚不親迎皇后，於禮有悖。但果真親迎，不但儀制上會生出無法折衷調和的麻煩，而且帝后究竟不同，皇帝大駕臨御，剛要做新娘子的皇后，還得跪接，世上自然沒有這個道理。因而必須有一個可行的辦法代替。這辦法就是，用一柄龍形的如意代替皇帝。當奉迎專使奉旨奉迎皇后時，兩福晉、八命婦她們跪進朱筆，由皇帝在如意正中，朱筆大書一個「龍」字，然後將這柄如意放在鳳輿中壓轎，這便是「如朕親臨」之意，作為親迎的代替。

奉迎的儀節，當然又是以滿洲的風俗為主。奉迎專使即使都是女眷，也要全部騎馬。仍由龍亭

作為前導，一塊來到后邸，崇綺帶領全家仍有一番跪接儀式。等把鳳輿在大堂安置好，十位福晉命婦便到正屋謁見皇后，然後侍候皇后梳妝。皇后收拾妥當，由眾人服侍著坐上鳳輿，鳳輿在子初一刻（晚上十一點多鐘）出后邸上路，皇后由大清門被抬入宮，到宮裏時，當是十五日凌晨了。

與此同時，等在乾清宮的皇帝，也出乾清門進入坤寧宮，暫在大婚洞房的東暖閣前殿休息。此時皇后的鳳輿已由御道到了乾清門，抬過一盆極旺的炭火，四平八穩地停好，在奉迎專使的護持下，皇后跨出轎門，女官上前接過她一手拿一個的蘋果，奉迎專使則捧一紅綢封口的金漆木瓶交到皇后手裏，裏面盛著特鑄的「同治通寶」的金銀錢和小金銀錠、金玉小如意、紅寶石，以及雜糧五穀，稱為「寶瓶」。

等皇后捧穩了「寶瓶」，奉冊寶的龍亭方始再走，沿著御道經過乾清宮與昭仁殿之間的通路，進入交泰殿。這個殿不住人，只有兩項用處，一項是「天地交泰」為帝后大婚行禮之地；一項是儲藏御寶。這天夜裏，兩項用處都有，禮部堂官先奉皇后冊寶入藏。然後在殿門前另作了一番布置，橫放朱漆馬鞍一個，鞍下放兩顆蘋果——就是從皇后手裏取來的那兩個，上面再鋪一條紅毯。

六對藏香提爐，引導著阿魯特氏皇后跨過「平平安安」的蘋果馬鞍，被引導到西首站定。皇帝這面也是算好了時刻的，等皇后剛剛站好位置，皇帝載淳也由坤寧宮到了，站在東首與皇后相對而立，在鼓樂聲中，一起下拜，九叩禮畢，成為「結髮」。共同拜完天地、壽星，再由皇后一人單拜灶君。然後皇帝皇后在東暖閣行坐帳禮，吃名為「子孫餑餑」的餃子。

這餃子一下鍋就得撈出來，呈給皇帝皇后，完全是生的，但不能說生，咬一口吐出來，藏在床

褥下面，說是這樣就可早生皇子。接著皇帝暫時到前殿休息，等候作為奉迎專使的福晉命婦為皇后上頭。在滿洲人說來，叫做「開臉」，用棉線絞盡了臉上的汗毛和髫髫短髮，然後用煮熟的雞蛋剝了殼，在臉上推過，立刻便現出了容光煥發的婦人顏色。接下來是重新梳頭。等打扮好了，方始抬進膳桌來開宮裏稱做「團圓膳」的合巹宴。

這時皇帝便在太監及兩福晉八命婦的引導迎接下，重回東暖閣。帝后歡宴，其他人等則紛紛跪安退出。到這裏，帝后大婚盛典的全部儀禮始告完成。

這場籌備三年的「大婚」，花銷巨大，耗費驚人，有史記載的婚典中，尚無出其右者。奢華程度，互古無與倫比，堪稱一項中國之「最」。

據當時戶部奏報，各省採辦物料未經報部者不計，內務府尋常借款不計，特旨撥款不計，僅算各省報部和戶部發放用於婚典的銀兩，就達一千一百三十萬兩。如此龐大的開支，相當於當時清王朝全年財政收入的一半。按今天的銀價計算，約合一億美元。十九世紀八〇年代初清王朝駐德國公使李鳳苞，秉承李鴻章的旨意直接與伏爾艦廠打交道，買了在當時來說還較先進的兩艘六千馬力的「定遠」與「鎮遠」鐵甲艦，一艘二千八百馬力的「濟遠」鋼甲艦，這三艘著名的戰艦價錢是白銀四百萬兩。

同治皇帝結婚所用的錢，幾乎可以買這三戰艦的三倍。也許與皇家的體面比起來，國防只能靠邊站了。由此聯想「甲午戰爭」的慘敗與頤和園的重修，我們也就明白百年恥辱的緣由了吧！

不論大小官員以及吏役，凡跟「大婚」沾上邊的，甚至不沾邊的，都受到了封賞、得到了好處。在皇帝「大婚」的這一年，不管是刑部秋審，還是各省奏報的死刑重犯，一律停止處決。這樣

一來，連被判死刑的罪犯，都被上了皇恩。

婚後按慣例在東暖閣居住了兩天，第三天皇帝回到養心殿，皇后阿魯特氏搬到體順堂居住。正位皇后的阿魯特氏，其實也是很不自由的。兩宮皇太后尚在，她這個做兒媳婦的要伺候兩個婆婆，每天都要到太后處去請安、侍膳，以盡孝道。這既是祖制，也是儒家倫理。

同治之死

慈安太后對這個兒媳婦還是非常照顧、體貼的。但慈禧太后則事事看著阿魯特氏不順眼，每每加以指斥、責難。史書上所載，對皇后阿魯特氏「孝貞（慈安太后）異常鍾愛，而孝欽（慈禧太后）則非常忿怒。每孝哲（阿魯特氏）入見，從未嘗假以詞色」，當是事實。關於慈禧太后與阿魯特氏不和之事，愛新覺羅·溥儀在其回憶錄《我的前半生》中也有記述。

所幸的是，大婚之後皇帝載淳同阿魯特氏關係尚好。帝后之間情趣比較高雅，相親相愛，堪稱相敬如賓。有史為證：「孝哲物度端凝，不苟言笑，故穆宗始終敬禮之。宮中無事，恆舉唐詩以試后，后應口背誦如流。上益喜，伉儷篤篤，而居恆曾無褻容狎語」。但由於慈禧太后對阿魯特氏心懷不滿，看到皇帝載淳對她很好，便格外不高興。於是就對皇帝的私生活橫加干預，不讓皇帝與阿魯特氏同居，「欲令慧妃專夕」。小皇帝載淳也有幾分倔強，偏不依母親，乾脆誰的寢宮也不去，

一人獨居乾清宮。

載淳與慈禧太后母子失和，更使慈禧太后遷怒於阿魯特氏，認為是她挑唆兒子不聽自己的話。這給皇后帶來了更大的厄運。據野史傳言小皇帝與母親鬥氣離開后妃，而獨居乾清宮，開始還可堅持，時間一長，就有些心猿意馬了。在機靈的太監指引下，他化裝來到宮外不遠的煙花柳巷行走，只一兩年，便身染重病。同治十三年十二月初五日，小皇帝載淳病死。享年尚不足十九歲。同治之死，傳說頗多，主要有死於天花、死於梅毒兩說。

天花說的主要根據是歷史檔案和翁同龢的日記。日記記載：「同治於十月二十一日，西苑著涼，今日（三十日）發疹」。十一月初二日，「聞傳蟒袍補褂，聖躬有天花之喜」。又記載：「昨日治疹，申刻，始定天花也」。初九日，召見御前大臣時，「氣色皆盛，頭面皆灌漿泡飽滿」。

上諭云：「朕於本月遇有天花之喜，經惇親王等合詞籲請靜心調攝」云云。經學者在清宮歷史醫療檔案《萬歲爺進藥用藥底簿》查閱了自同治十三年十月三十日同治得病召御醫李德立、莊守和入宮請脈時起，直至十二月初五日同治病死時止，前後共三十七天的脈案、處方及一百零六帖服藥記錄，後認為：同治係患天花而死。在同治得了天花以後，太醫公布病情與藥方，宣布同治之病為「天花之喜」。慈安、慈禧兩宮太后，還親自到景山壽皇殿行禮，祈求祖先神靈賜福。內務府行文禮部，諸天眾聖，皆加封賞。一身瘡痍的同治，在皇宮求神祭祖的喧囂中離開了人世。他死在養心殿，這裏恰是他的祖先順治被天花奪去性命的寢殿，而絕非死於梅毒或其他別的病症。但錢谷風先生、臺灣作家高陽先生卻依據大量的史料，肯定了載淳是死於梅毒，並且還與慈禧太后和皇后阿魯

特氏的矛盾激化有關這一傳說。

死於梅毒說也主要是根據歷史檔案和翁同龢日記，野史中也有相關載述，《清宮遺聞》記載，同治到私娼處，致染梅毒。翁同龢日記云：十一月二十三日，「晤太醫李竹軒、莊某於內務府坐處，據云：脈息皆弱而無力，腰間腫處，兩孔皆流膿，亦流腥水，而根盤甚大，漸流向背，外潰則口甚大，內潰則不可言。」二十八日記：太醫云：「腰間潰如椀，其口在邊上，揭膏藥則汁如箭激，丑刻如此，內潰則口甚大，卯刻復揭，又流半盅。」二十九日記：見「御醫為他揭膏藥擠膿，膿已半盅，色白而氣腥，漫腫一片，腰以下皆平，色微紫，看上去病已深。」李慈銘日記也記載：「上旋患癰，項腹皆一，皆膿潰。」

據說，皇帝載淳因梅毒導致「內陷」身亡。而「內陷」是由驚嚇誘發的。十二月初四日午後，皇后阿魯特氏到養心殿東暖閣探視皇帝病情，載淳見她臉上淚痕宛在，不免關切，便問緣由，阿魯特氏一時忍不住，就把又受慈禧太后指責的經過，哭著告訴了同治。哪知慈禧太后接到密報，已悄悄跟來躲在帷幕外面偷聽。當聽到皇帝安慰阿魯特氏：「你暫且忍耐，總有出頭的日子」時，慈禧太后已按捺不住心頭的怒火。據說她當時的態度非常粗暴，與民間惡婆婆的行徑無異，掀幕直入，一把揪住皇后阿魯特氏的頭髮，劈臉就是一巴掌。皇后統攝六宮，為了維護自己的尊嚴，當慈禧太后來勢洶洶之際但求免於侮辱，難免口不擇言，所以抗聲說道：「你不能打我，我是從大清門飛進來的。」此話不說還好，一說正如火上澆油。慈禧太后一生的恨事，正是不能正位中宮。阿魯特氏的抗議正觸犯了她的大忌，於是索性一不做、二不休，厲聲喝令：「傳杖！」「傳杖」是命內務

府行杖，這只是對付犯了重大過失的太監、宮女的辦法，今日竟施於皇后！同治聽了大驚，頓時昏厥；這一來才免了皇后的一頓刑罰。而同治皇帝則就此病勢突變「內陷」，終於第二天不治身亡。

同治皇帝究竟因何而死，實需進一步考證。本來，脈案是皇室檔案紀錄，是官方文件，應無可非議。但事實未必盡然，中國自古就有「為尊者諱」的傳統。因為在某種條件下，由於某種不可公諸於眾的原因，必須迴避當時的真實情況！有時也弄虛作假，以掩蓋事實真相，這也是歷史上屢見不鮮的手法。因此同治皇帝的脈案、用藥情況的記載，也完全有偽造之可能。

親自為載淳治病的御醫李德立的曾孫李鎮先生這樣說：「曾祖李德立就是給同治看病的御醫。五十年以前，我的祖父在世時，我為此疑案當面問過他，他是德立公之長子，……關於曾祖為同治看病的親身經歷和慈禧懿旨『屏斥治罪』的內幕，因這是與家族命運休戚相關的大事，印象極為深刻。他說：同治確是死於梅毒，並將真相告我。時在一九三八年。我據此查閱有關史料，擬稿投北京《文言報》，被採用披露報端。先祖父及所識前清遺老閱後均額首稱是，未聞異議」。

關於同治皇帝死前的情況，他的說法也與傳說的基本一致。據他說：慈禧太后在親生兒皇帝得了不治之症後，「首先傳旨把同治遷到養心殿東暖閣，便於監視。阿魯特氏皇后住在養心殿西側的體順堂，如要夫妻相會，晨昏省視，要事先通知首領太監稟明，才能進入暖閣面見皇帝。慈禧與皇后，婆媳之間早有不和，如今矛盾更加尖銳。據祖父面告，同治之病，經曾祖精心治療已有起色。慈禧急來東暖閣，脫去花盆十二月初四日午後，阿魯特氏來東暖閣視疾，當時同治神志清醒，看見皇后愁眉鎖目，淚痕滿面，乃細問緣由。這時早有監視太監專報西太后，說皇帝與皇后閣內私語。慈禧急來東暖閣，脫去花盆

底高跟鞋，悄悄立在帷幔之後竊聽，並示意左右禁聲，哭訴備受母后刁難之苦。皇帝亦親有感受，勸她暫且忍耐，待病好之後，總會有出頭的日子。可知同治在去世前一天，所想的是病好之後的事，沒有預感到明天就要死了。不料慈禧聽到此處正刺所忌，竟勃然大怒，立刻推幔闖入帷內，一把揪住皇后的頭髮用力猛拖，一大撮頭髮連同頭皮都被拉了下來，又劈面猛擊一掌，頓時皇后血流滿面，慘不忍睹。慈禧又叫太監傳杖，棒打皇后。同治大驚，頓時昏厥，從床上跌落在地，病勢加劇，從此昏迷不醒。急傳先曾祖入閣請脈，但已牙關緊閉，滴藥不進，於次日夜晚死去。」後來李德立因了解內情，差一點被慈禧太后逼令自盡。

民間對於同治皇帝死因有種種說法，清朝官方則保持沉默，不予申辯。是不屑一顧，還是默認民間傳說，我們不得而知。因此，同治到底是死於什麼病，成了一個歷史疑案。

香消玉殞

同治皇帝死後，定策迎取嗣皇帝進宮是頭等大事。但這等大事慈禧太后卻始終不許阿魯特氏參預。選嗣皇帝，慈禧太后不選「溥」字輩的近支王子為同治皇帝立嗣，偏偏選中了年僅四歲的載淳堂弟、也是自己的親姪子、親外甥載湉為帝。用意非常明顯，一是為了防止皇后仿效她扮演垂簾聽政的把戲，二是能使自己可以繼續以皇太后的身分合法地掌握大權。可謂老謀深算、用心良苦，年

輕的阿魯特氏絕對不是她的對手。

同治身死，廟號定為「穆宗」，尊諡用「毅」字。穆宗毅皇帝的稱號定了，穆宗皇后也須有一封號。慈禧太后在內閣擬呈的字樣中，圈定「嘉順」二字。這實際上是對阿魯特氏的一個警告，意思是順從始可嘉，即使是逆來也要順從。此後，阿魯特氏以淚洗面，過了不長時間，在光緒元年（一八七五）二月二十日半夜三更時分香消玉殞，距離皇帝死日僅差兩個半月。

在一百天內皇帝皇后先後去世，這在歷史上極為罕見。皇后因何而死，又有幾種不同的說法。

朝廷上下議論紛紛，說是同治皇后阿魯特氏的暴亡與幕後的卑鄙活動不無瓜葛。有人說她是自殺殉夫，有人則說是被慈禧太后處死的。阿魯特氏死的時候，朝廷傳出諭旨稱：上年十二月，痛經大行皇帝權馭上賓，毀傷過甚，遂報沉痾。同治死後，慈禧立光緒為皇帝，阿魯特氏在掩人耳目。同治皇帝病危時，慈禧太后經常訓斥阿魯特氏。同治死後，慈禧立光緒為皇帝，阿魯特氏愈發悲痛，因為這與同治皇帝的遺詔不符。慈禧太后聽了以後，急忙召見阿魯特氏，呵斥她說：「你已經害死了我兒子，現在還想做皇太后不成？」阿魯特氏跪在地上，痛哭不止。回到自己的宮裡，她日夜痛哭，眼都哭腫了。有人報告了慈禧太后，她說：「既然皇后如此悲痛，那就讓她隨大行皇帝去吧。」於是她就派人處死了阿魯特氏。但是，阿魯特氏的父親在義和團運動爆發之前，一直在朝廷為官。義和團運動爆發之時，他跟隨匆匆出逃的皇室跑到保定府。聽說北京已落入外國人之手，他就傳話給家裡，說他既不願吃外國人的麵包也不願喝外國人的水，希望就此了結自己的生命。家裡人接到這個消息，即命令奴僕們在自家的院子裡掘了個大坑，他們都躺在坑內，然後讓奴僕們把他們活埋了。剛

開始，那些僕人實在有點於心不忍。但最終還是被說服了，這樣阿魯特氏娘家的所有男人全部被活埋。只有一個小男孩得以倖免，一個忠心耿耿的老嬤嬤把他抱走了。如果阿魯特氏的娘家人真的相信有關其暴亡的種種傳言，他們還會這樣自殺殉國嗎？

離奇的是在阿魯特氏小的時候，她的父親給她從西藏請了一個大喇嘛做老師。阿魯特氏是蒙古人，雖然她父親精通漢文與儒學，曾於翰林院供職，但和大多數蒙古人一樣信仰藏密的黃教。據說這位大喇嘛有起死回生之術，浪跡於蒙藏各地，傳言他曾經使一個被埋入墳墓達數十年的死人復生。後來，阿魯特氏成為皇后進宮以後，大喇嘛離開了北京，回到了西藏的一座寺廟裡。由此人們傳說，在阿魯特氏為同治皇帝殉情而吞金自殺的同一天晚上，幾乎是同一時刻，這位遠在西藏的大喇嘛也突然圓寂，死因不明，當寺廟裡的喇嘛們準備將他火化的時候，他的遺體居然不見了。當然，這一切只是傳聞而已，從來沒有得到過證實，而那個大喇嘛，更是虛無縹緲，連名字都沒有留下，可能根本就不曾存在過這個人，也可能很多事現在已經不能證實。

阿魯特氏死時僅二十二歲。她活著時，慈禧太后對她百般挑剔折磨，死後的喪儀卻頗隆重。當天即發出了一道上諭，一道懿旨。派禮親王世鐸領頭辦理，又加派恭親王奕訢主持，很是大操大辦了一番。不知道這是慈禧為自己贖罪或內疚還是關於慈禧折磨阿魯特氏之傳言皆子虛烏有呢？我想很難斷言，而只能揣測有時歷史也沒有唯一的答案。

剛死時梓宮暫安置在隆福寺。直到光緒五年三月，惠陵修好後，才與同治皇帝合葬惠陵，光緒皇帝給阿魯特氏加諡。到宣統年間又加諡，諡號全稱是「孝哲嘉順淑慎賢明恭端憲天彰聖毅皇后」。

珍 妃

　　《清史稿‧列傳一‧后妃》：恪順皇貴妃，他他拉
氏，端康皇貴妃女弟。同選，為珍嬪。進珍妃。以忤
太后，諭責其習尚奢華，屢有乞請，降貴人。逾年，仍
封珍妃。二十六年，太后出巡，沉於井。二十七年，上
還京師。追進皇貴妃。葬西直門外，移祔崇陵。追進尊
封。

金井一葉墮，淒涼瑤殿旁；

殘枝未零落，映日有輝光；

溝水空流恨，霓裳與斷腸；

何如澤畔草，猶得宿鴛鴦。

上面這首詩是清代學者惲毓鼎為悲歎珍妃之死而作的。珍妃，光緒帝的一個妃子，在清末妃嬪當中有較大的影響。說她有較大影響，並不在於她生前做出什麼驚天動地的事情，而主要是她一生的悲慘遭遇。先是被慈禧幽禁，而後又遭殘害的人生結局，使人感到她死得可惜，同情她的不幸遭遇，憎恨慈禧太后的心狠手辣。

珍妃生於光緒二年（一八七六）二月初三，姓他他拉氏，滿洲鑲紅旗人。其祖父乃陝甘總督裕泰，其父長敘，曾官至戶部右侍郎，因在光緒二年十一月十三日嫁女與署山西巡撫布政司藻亭之子為婚，是日為康熙帝的忌辰，違犯了例禁鼓樂的祖制，遭到御史鄧承修參奏，被革掉官職，從此家道中落。伯父長善任廣州將軍，珍妃與其姊瑾妃自幼隨長善在廣州長大。南國滋潤的水土和豐富的物產哺育了她。廣東是清朝最早開口通商的口岸之一，中國古老文化與西方文明又薰陶了她。珍妃在那裏也接受過海外思潮的影響，思想較為開通，性格也很開朗。珍妃的這些經歷使她與別的滿洲貴族小姐有所不同，在入宮前接觸了解了很多新的東西。而瑾妃與珍妃性格完全不同，瑾妃性格內向，珍妃性格外向，熱情活潑，聰明伶俐，學習什麼都比瑾妃快。廣州將軍長善雖為武將，卻喜攬

交文人墨客，他曾聘文廷式教習兩位侄女讀書。文廷式乃一代名士，後連榜高中得為榜眼。珍妃因此受到過良好教育。

珍妃在廣州時，她的兩位兄長志銳和志鈞也隨長善在廣州生活，他們與珍妃的老師文廷式常在一起研究時事，探討學問，亦頗有文名。珍妃的長兄在光緒六年中進士，授翰林院編修，官至伊犁將軍；次兄在光緒九年中進士，亦授翰林，官至正黃旗滿洲副都統。

珍妃在廣州生活了十年左右，光緒十年長善卸廣州將軍任，珍妃、瑾妃兩姊妹才隨同北返京師。

入宮

光緒十四年（一八八八），光緒皇帝虛歲十八了，已到結婚年齡。西太后慈禧決定為光緒成親。慈禧不顧光緒本人的反對，給光緒物色了一個他並不喜歡的皇后。她就是慈禧親弟弟、副都統桂祥的女兒，葉赫那拉氏，名靜芬，比光緒大三歲，時年已二十一。她成為晚清歷史上的又一位葉赫那拉氏皇后。

在慈禧為光緒指婚的同時，珍妃、瑾妃家裏也花了很多錢賄賂李蓮英，為的就是能夠讓珍妃當上皇后。從當時珍妃指婚的情況來看，珍妃確實有做皇后的本錢：從她遺留下來的照片看，她相貌端莊

秀麗，清新可人。而且志趣廣泛，愛好琴棋書畫，又聰明能幹、能歌善舞。除此之外，李蓮英極力想把瑾妃也弄進宮來做光緒的妃子。因為李蓮英收了珍妃家很多的錢，不這樣做，沒有辦法對珍妃家裏交代。本來是應該選皇后的，最後只弄了一個妃子，珍妃家裏當然不願意，所以李蓮英就用兩個妃子換了一個皇后。因為對於慈禧來說，只要皇后定下來，選誰當妃子都沒有關係。所以，李蓮英只有在光緒選妃的時候做些手腳。

選妃當天，光緒在這六十多人裏面一眼就看中珍妃，因為這個姑娘實在太出色了。於是光緒傻呆呆地拿著一個玉如意，猶豫不決。因為這個玉如意遞到誰手裏，誰就是皇后了。而實際上，慈禧早就提前把意圖向光緒說得很清楚了。因為慈禧是自己的「親爸爸」滿語「母親」，自己沒辦法，必須聽她的。所以當他走到珍妃面前的時候，光緒突然間變得非常傷心，就在這個時候，熟知慈禧意圖的李蓮英連忙走了過去，猛地攙扶了光緒一下。光緒一下子就回過神來，只好由著李蓮英一直攙到隆裕面前，無奈之際，只好將玉如意交到了隆裕手裏。這樣，隆裕就成了光緒的皇后。

皇后選定了，剩下就是要選出兩個妃子。李蓮英當然不會錯過這個機會，為了還珍妃父親的這個人情，李蓮英在慈禧面前大力鼓動，於是慈禧同意將珍妃和瑾妃一起帶到了宮裏。

據珍妃的侄兒回憶說：珍妃與瑾妃臨行前跪在母親面前眼含熱淚向老人告別：「額娘，我們走了！」這時她們母親心裏都非常清楚，入宮之後就如同生離死別，宮廷家法森嚴，要想見面比登天還難，而且她們對慈禧的狠毒早有耳聞，說不準哪一天會禍從天降；想到這些，珍妃姐倆哭得更加痛心。為了使兩個女兒今後在宮中安心生活，減輕思母之情，珍妃母親強抑淚水，伸手打了倆女兒

受寵

一人一個嘴巴，說道：「只當我沒生你們這兩個女兒！」轉身進了裏屋，一天沒出來，也沒有吃東西。

珍妃姐倆就這樣與家人在痛哭聲中進了清宮。

兩姊妹同時入選宮中，十五歲的姐姐封為瑾嬪，十三歲妹妹封為珍嬪，為九等宮女序列中的第六等。直至光緒二十年甲午春（一八九四），因慈禧太后七旬萬壽加恩，兩人同時晉嬪為妃（第四等），前面還有皇后、皇貴妃、貴妃三個等級。應該說，等級不是很高。因為，皇后隆裕是慈禧的姪女，慈禧當然不願意自己的姪女受皇帝的冷落。

隆裕、瑾嬪、珍嬪同時入宮，隆裕地位又遠高於二嬪，光緒為何偏偏喜歡珍妃呢？據曾經在宮內任職多年的信修明太監說光緒生理有病，名曰「天閹」（即陽痿）。但這種隱病很難被發現。大婚之夕，慈禧派了四位年長有尊的王妃命婦在坤寧宮喜帳後聽房，只聽見比光緒大三歲的隆裕皇后歎氣曰：「這也是你們家的德行啊！」從此，隆裕皇后失歡於光緒。瑾妃性情忠厚，不會巴結人，似乎同病相憐，與皇后走得很近，反與光緒相處漠漠。

唯珍嬪因年幼而最活潑，又聰明伶俐。光緒其時也不過十七八歲，每日凌晨寅時上朝，午時退朝還宮，工作時間長達七八小時，很是辛苦。珍妃日侍左右，想著法子順應光緒的喜愛。她不拘虛

禮，有時扮成宮女，有時扮成太監，有時女扮男裝，如同英俊少年。加之她本來就工翰墨會下棋，與光緒共食、共飲、共玩、共樂，對於男女之事毫不置意，是以博得光緒專寵。光緒退朝後經常臨幸珍妃的景仁宮。當時作為一朝天子的光緒在政治上受到以慈禧為首的頑固派的壓制，不能獨掌政權；生活上受到慈禧太后嚴密控制和虐待，心中非常煩惱，現在能有珍妃這樣一位年輕貌美、活潑伶俐的妃子來陪伴，心中自然很高興。同珍妃在一起使他忘卻了許多煩惱。史載「德宗尤寵愛之，與皇后不甚親睦。」

光緒在大婚後專寵珍妃，作為慈禧內侄女的隆裕皇后因失寵，醋意大發，由忌而恨。隆裕的怨毒愈積愈深，漸漸地懷恨珍妃的心幾乎超過懷恨光緒的心了，她自己也知道無從再掩飾，而且覺得無須掩飾。她幾乎在每個人的面前咒詛過珍妃。當她們每天早上一起到太后宮裏去請安時，隆裕從不向珍妃瞧過一次，只當眼前沒有這個人一樣。隆裕為了洩憤，常在慈禧面前說珍妃的壞話，告她的狀。

但是，一開始的時候，珍妃和慈禧的關係還很好。珍妃心靈手巧，寫字畫畫的技藝進步得極快，非常挑剔的慈禧太后也常誇獎她。興致高的時候，慈禧太后還親自向珍妃傳授寫大字的訣竅。

當她發現珍妃寫出的大字既漂亮又端莊時，乾脆就讓珍嬪代自己書寫「福」、「壽」斗方，賞給討字的王公大臣們。慈禧太后既覺得這小丫頭精明能幹的勁兒，還真有點像自己年輕的時候。就說這請安和磕頭吧，宮廷裏一刻兒也離不開，可是要做得符合規制卻也不那麼容易。后妃們請安和磕頭時，一般都要穿雙花盆底鞋，頭戴殿子，耳朵垂上戴著墜子，邁著丁字步，一步請一個安。請安

時，頭上戴的殿子、耳朵上戴的墜子擺得都要適度，不能不擺動，又不能亂擺動。叩頭時，要求就更高了，主要是頭不能叩得太偏，又不能太正。這個勁兒，隆裕皇后就是掌握不住，不是不擺，就是亂擺個不停，不是太偏，就是太正。然而珍妃則不然，不僅分寸掌握得恰到好處，而且還很俏皮、活潑，透著機靈勁兒。

不僅如此，珍妃還經常隨敦宜皇貴妃、瑜妃等人，有時也隨隆裕皇后、瑾妃，一同陪慈禧太后去中南海、北海、頤和園、圓明園、靜宜園（今北京市香山公園）等處遊玩。在滿目蔥鬱的山坡、波光粼粼的水上，珍嬪活潑開朗的性格總會不時地流露出來，呈現在人們的面前，看在慈禧太后的眼裏。

在日常生活中，珍妃也能與慈禧太后和平共處。每逢佳節，珍妃還會與隆裕皇后、瑾妃等人向慈禧太后道喜、送禮物。慈禧太后也會賞賜給她們一些錢物。在元旦這一天清早，珍妃要向慈禧太后進獻寓平安之義的蘋果和象徵長壽不衰的青果及蓮子等物，並且還要跪著遞上如意，講幾句新春祝福的話。然後，珍妃才分別向光緒皇帝、隆裕皇后跪著遞過如意，道一聲新喜。慈禧太后當然也不會沒有表示。過端午節時，慈禧太后便賞賜給珍妃二匹大捲紗，二件小捲紗、漳紗、兼絲葛等，並有二百兩白銀。除夕時，珍妃又得到慈禧太后賞賜的紅緞子平金荷包，裏面裝的壓歲錢是一錠小銀裸，另賞二百兩白銀及衣物等。

珍妃進宮後，頗得光緒寵愛，但一年過去了，她卻沒有懷孕。她想，慈禧之所以掌權多年，不就是生了一個兒子同治嗎？她感到此事關係重大，萬萬不能任其自然。於是她和幾個最親信的太監

暗暗商量了一下。這些太監也希望她早生兒子，等她當上皇太后後，他們也可以抖抖威風了。

太監不懂醫學，只信迷信，勸珍妃去「送子觀音廟」求子。由於珍妃盼子心切，也就同意了這個辦法。按規矩，想要兒女的女人最好親自去廟裏燒香許願，如因病或其他原因實在去不了，也可託人代求。珍妃前思後想，決定自己不去為好，一來怕隆裕皇后和瑾妃知道後施毒計破壞，二來怕萬一生不了兒子被別人嘲笑。於是，珍妃悄悄地選了一個年齡最高也最誠實可靠的太監代替自己去祈禱。

這位太監受珍妃的重託，將這事看得格外鄭重。他先在街上買好香燭，然後直奔觀音廟。廟裏，泥製的男孩和女孩分別排開，女孩身著紅紅綠綠的花衣裳，頭上塗著黑髮；男孩赤身裸體，頭上光禿。因當時重男輕女，要男孩子的人很多。這位太監端端正正地跪在菩薩面前的拜墊上，喃喃地祝禱著：「菩薩啊，請聽我的求告，我們的珍妃主子是當今皇上最寵愛的人，她祈求菩薩大發慈悲，保佑她早生一位太子，將來好接繼萬歲爺龍位，安坐大清國的龍廷。她今年十七歲，虔誠信奉菩薩，從不曾做過什麼惡事。因她不便出宮，所以叫小人替她祝禱。」說完，用黃頭繩拴了一個男娃娃的頭頸。隨後又到拜墊上，向菩薩磕了幾個頭，低聲說：神明的菩薩啊，請你務必叫這個孩子投生到珍妃肚子裏去，她住在萬歲爺的寢宮裏，每晚和萬歲爺在一起。菩薩啊，請記著是珍妃，不是隆裕皇后，也不是瑾妃，求菩薩千萬別讓孩子投錯了。

回宮後，太監將泥娃娃悄悄地授給珍妃，讓她白日藏在懷裏，晚上放在枕邊。希望有了這個泥的，不久就會有個真的。但拜佛求子並沒有讓珍妃如願，她至死也沒有生育。

交惡

光緒二十年（一八九四）朝鮮事件初起時，朝廷中大多數人對於日本的實力都估計不足，將日本看成是「蕞爾小邦」，以為只要天朝震怒，便可一舉蕩平，因此主戰觀點一直佔據上風。開戰後，隨著中國海陸軍的節節敗退，慈禧太后及其恭親王、慶親王、軍機大臣孫毓汶、徐用儀等開始試探妥協的途徑。根據恭親王建議，太后命戶部左侍郎張蔭桓前往天津，與李鴻章協商邀請各國調停。翁同龢等帝黨人物，雖然提不出挽救時局的良策，但堅決反對議和。在他們看來，妥協就是賣國。他們保持高亢的抗敵論調，某種程度上也是明哲保身的一種策略。

戰爭爆發後，北京糧價開始飛漲，從最初的三兩四錢購一百四十斤攀升至十二兩購一百斤。京官們開始安排眷屬還鄉。北京至津沽的車價漲至七、八兩乃至十餘兩也往往不可得。京師綠營兵奉調出征山海關，有「爺娘妻子走相送，哭聲直上干雲霄」之慘景。目擊者記載：「調綠營兵日，餘見其人黧黑而瘠，馬瘦而小，未出南城，人馬之汗如雨。有囊洋藥具（鴉片煙槍）於鞍，累累然；有執鳥雀籠於手，嚼粒而飼，怡怡然；有如饑渴蹙額，戚戚然。」

十一月二十四日，旅順失守的消息傳到北京，恭親王、慶親王、翁同龢、李鴻藻等樞臣默坐哀歎。最後決定起草詔書，將李鴻章革職留任，摘去頂戴，著迅赴大沽、北塘等處巡閱布置。這不過是例行公事而已。封疆大吏丟失疆域城池，本該深究查辦，但此時撤去李鴻章，就無人收拾局面，

統領將士。翁同龢日記載，慈禧太后在指斥李鴻章貽誤軍機後，也深感淮軍難馭，只能表示暫不可動。

二十六日，慈禧太后單獨召見樞臣。在討論完旅順局勢後，她突然宣布，將瑾妃、珍妃降為貴人。前方形勢緊迫，內廷卻鬧家務，不由得樞臣大吃一驚。

瑾妃和珍妃是宮廷政治的犧牲品。這對姊妹花剛進宮時，都是養在深閨中的千金小姐，並不懂得什麼政治。進宮之後，恰逢皇帝和隆裕皇后不睦，她們便利用女人的本能和智慧，努力博得皇帝的寵愛。尤其是聰明伶俐的珍妃，不僅參予協助皇帝料理政務，連慈禧太后批閱奏章時，也從旁窺伺，體察懿旨。她還恃寵在皇帝面前舉薦私人，一個是她的兄弟志銳，一個是她的蒙師文廷式。皇帝雖然親政，卻缺乏羽翼，難以同太后形如密網的控制相抗衡，極想親擢一二通才以資驅使，又苦於難覓親信。不管這二人是否牽扯兩妃的裙帶，都不失為當朝名士，思之再三，決定提拔志銳為禮部侍郎，文廷式為翰林院侍讀學士。

在老於世故的皇太后看來，年方十八的珍妃不正是自己年輕時代的影子嗎？這是她萬萬不能容忍的。且看朝中，文廷式，以及珍妃的長兄志銳等人都主張對日作戰，支持光緒帝掌權，反對慈禧太后干預朝政，反對手持外交事務的李鴻章對日妥協退讓的主張。志銳公然參劾她的心腹孫毓汶、徐用儀，御史安雄峻、侍讀學士文廷式、侍郎長麟也點名指斥李鴻章，其勢洶洶，宛然形成一股勢力。連皇帝也大有主張，不大遵從她的控制。而在後宮波瀾中，她又偏向娘家侄女隆裕皇后，不能容忍光緒皇帝專寵珍妃一人。就在此時，李鴻章授意其心腹——御史楊崇伊上奏慈禧誣陷說，文廷

式企圖支持珍妃奪嫡，取代隆裕皇后，反對慈禧聽政，支持光緒自主朝政。慈禧接到奏報，以「交通宮闈，擾亂朝綱」的罪名，迅速做出罷黜兩妃的決定，將文廷式革職，押回原籍，永不錄用。並授志銳任烏里雅蘇台參贊大臣，遠遠地放逐出京。太后外戰外行，內戰卻有潑辣手腕。

珍妃在這件事過後，又因私賣官缺一案洩露，並且頂撞慈禧，使慈禧更為惱火。

事情是這樣的。珍妃為人很大方，對宮中太監時有賞賜，太監們得些小恩小惠，也都竭力奉承這位「小主兒」。但時間一長，這位「小主兒」也被捧得有點不知所以，漸漸失去自我節制，畢竟她還是個孩子。清宮有制，皇后每年例銀不過千兩，遞減至妃這一級別，每年僅三百兩，嬪為二百兩。珍妃用度不足，又不會節省，虧空日甚，遂不能不挖找生財之道。這樣，就有了她與太監聯合起來向外受賄賣官的事兒。

賣官的契機是光緒皇帝同她談起籌建海軍的事。光緒告訴她，李鴻章已同英國領事談妥購買幾艘軍艦，只是國庫空虛，無法辦到。她便對光緒說：「日下財政困難，莫如索性賣官，國家就可以得到一筆收入，這樣就可以彌補財政的不足，買軍艦什麼的，也就有了著落。」她的這一「改革」方案得到光緒皇帝的認可，並批准她和她的胞兄志琦來實施。

珍妃依靠胞兄志錡，串通奏事處太監拉官纖——收人錢財為人跑官。奏事處乃是太監與朝廷官員傳達溝通之處。因為有利可圖，當時太監中最有勢力的有郭小車子、奏事太監文瀾亭、慈禧掌案太監王俊如諸人，均染指其中。珍妃住景仁宮，景仁宮太監亦多有涉及。私賣官職所收之賄款，一部分供給珍妃，其餘由各層分肥。珍妃的主要「任務」是向光緒求請，最後搞定，「功勞」最大，

自然分贓亦最肥。然這種事可一可二不可三，畢竟會有影響，日漸彰顯。有一次甚至賣到上海道員，搞出風傳一時的魯伯陽被劾案，惹動外界輿論紛紛。史籍記載：「魯伯陽進四萬金於珍妃，珍妃言於德宗（光緒帝），遂簡放上海道。江督劉坤一知其事，伯陽蒞任不一月，即劾罷之。」光緒二十年甲午（一八九四）四月間，珍妃又為玉銘搞定四川鹽法道一職，按例這一級別的新官放任，要由皇帝召見一下。光緒在召見時問玉銘在哪一衙門當差？居然對曰在木廠，光緒駭然，於是命其將履歷寫出，那玉銘竟久久不能成字，原來是一文盲。光緒大驚，於是另下一旨：「新授四川鹽法道玉銘，詢以公事，多未諳悉，不勝道員之任。玉銘著開缺，以同知歸部銓選。」此事風播朝廷內外，慈禧聞後切責光緒，要求他必須追究責任。明清兩朝明令規定：後宮不得干預朝政。何況居然推薦一個文盲去當道員，也實在不像話。

珍妃她們勾結太監引線，賣了一些官缺，得錢除上繳國庫外，有一部分則落入她和志琦的私囊。這件事被隆裕太后打聽到報告給慈禧太后，慈禧太后雖已讓光緒親政，但仍時刻關注朝政。她對光緒的一些維新措施本來就不滿，當得知珍妃竟敢勾結太監私下賣官，還趁機貪污，豈能不火冒三丈？於是有了珍妃被杖責的事情發生。

杖責

史載：「初太后拷問珍妃，於密室中搜得一簿，內書某月日收入河南巡撫裕長饋金若干。」此時，就是光緒有意庇護珍妃，也很不好辦了。光緒當年十月二十九日下旨：「朕欽奉慈禧……皇太后懿旨，本朝家法嚴明，凡在宮闈，從不敢干預朝政。珍妃、瑾妃承侍掖廷，向稱淑慎……乃近來習尚浮華，屢有乞請之事，皇帝深慮漸不可長。據實面陳，若不量予儆戒，恐左右近侍藉以為贪緣蒙蔽之階，患有不可勝防者。瑾妃、珍妃均著降為貴人（第七等），以示薄懲，而肅內政。」此事將珍妃的姐姐瑾妃也牽連了進去，但是，詔旨雖將瑾妃與珍妃並提，而注重是在珍妃。據說珍妃私賣官缺得了銀兩之後，不忘姐妹情誼，也分給了瑾妃一部分，故兩人同時被貶。珍妃的胞兄因此舉而失去了工部筆帖式職務。

那幫拉官緕的太監均被處以極刑。據原宮內老太監信修明說：「太后宮的掌案太監王俊如，其徒弟小太監宣五、聶八，皆在其內。因為太后留面子，將王俊如等三人發遣奉天，緩些時日，方以密旨命盛京將軍長順將王俊如就地正法。其餘奏事處總管太監郭小車子、奏事太監文瀾亭，以及光緒御前太監楊姓孿生兩兄弟，人稱對兒楊者，並無姓名可稽的內殿技勇太監，珍妃景仁宮的太監等，共同交內務府慎刑司立斃杖下，前後打死的太監六十餘人。」可見，珍妃一案在宮中引起的牽涉面甚大，影響可知。事敗後，珍妃之兄志錡懼禍逃滬，光緒二十四年（一八九八）戊戌八月被

革職，上諭云：「工部筆帖式志錡撞騙招搖，不安本分，著即行革職。」瑾珍二妃俱責受罰，但重點在珍妃。慈禧如此惡恨珍妃，是有原因的。《國聞備乘》中有一段「后妃以言語得禍」，予以記載。作者胡思敬說珍妃性格倔強，收賄賣官東窗事發後，李蓮英於宮中搜出兩妃前師文廷式的信函，內中對朝廷多有指斥，慈禧閱後怒氣沖沖地前往慈寧宮，抓住珍妃賣官鬻爵一事責訊珍妃：「他事猶可有，汝寧不知祖宗家法而鬻貨若此！誰實教之？」珍妃則頂撞道：「祖宗家法亦自有壞之在先者，妾何敢爾？此太后之教也。」意思是你自己垂簾聽政有違祖制，否則我怎麼敢這樣做呢？我收賄賣官還不都是向你學的！慈禧垂簾聽政，雖然已有三十餘年，但朝廷內外不滿之聲就一直沒有平息過。同治死後，即應從下一輩的「溥字輩」中挑選新君，過繼給同治，算是同治的兒子。但那樣的話，慈禧就成了祖母級的太皇太后，不好意思再去垂簾。因此，慈禧立了與同治一輩的「載字輩」的光緒，達到重新垂簾的目的。她當然知道這樣一來，天下士林意見就更大了。所以，她最聽不得的話就是諷刺其垂簾。慈禧當場大怒，命剝去珍妃衣服「杖而杖之」，降貴人，謫其兄志銳於邊，憤猶未洩，後卒致之死。唯景皇后（隆裕），瑾妃以庸謹畏禍獲免。」雖然《清史稿》上沒有很明白地寫出珍妃是否有被杖責，但從一些歷史資料上依然可以推測出蛛絲馬跡。

首先是慈禧太后曾發布兩道懿旨，以上諭的形式，製成木框，裱黃綾牌子兩塊做為禁牌。

其一文曰：「光緒二十年（一八九四）十一月初一日奉皇太后懿旨，皇后有統轄六宮之責，伺后妃嬪等如有不遵家法，在皇帝前干預國政，顛倒是非，著皇后嚴加訪查，據實陳奏，以重懲辦，

絕不寬貸，欽此。」

其二文曰：「光緒二十年十一月初一日奉皇太后懿旨，瑾貴人、珍貴人著加恩准其上殿當差隨侍，謹言慎行改過自新，平素妝飾衣服，俱按宮內規矩穿戴，並一切使用對象不准違例，皇帝前遇年節照例准其呈進食物，其餘新巧稀物件及穿戴等項，不准私自呈進，如有不遵者，重責不貸，特諭。」

除了上兩道嚴厲的懿旨外，最關鍵的便是清宮檔中太醫院的脈案。光緒二十年十月二十八日，太醫院張仲元太醫的給珍妃看病的紀錄是：「六脈沉浮不見……抽搐氣閉，牙關緊急，周身筋脈顫動；十一月初一子刻，抽搐又作，牙關緊閉緊急，人事不醒，周身筋脈顫動；亥刻，抽搐見止，仍覺筋惕肉顫……周身筋脈疼痛。」珍妃的脈案與慈禧太后頒的懿旨日期相近，又是典型的被杖責後的症狀，可推斷珍妃就是在那時候被杖責的。

冷宮

不僅如此，慈禧還援宮中成例，犯事的嬪妃均交皇后嚴加管束，珍妃被幽閉於宮西二長街百子門內牢院，命太監總管專門嚴加看守，暫時與光緒隔絕，不能見面。不過第二年，珍妃就被釋放出來，又開始在光緒身邊為他排憂解難，對他噓寒問暖。

中國在甲午戰敗之後，民族危機日益嚴重。全國一些有識之士紛紛上奏朝廷，要求變法圖強。

光緒帝也想勵精圖治，振興國家，並希冀在變法中從慈禧手中奪回實權，做一個名副其實的皇帝。

光緒二十四年（一八九八）六月，光緒帝在康有為、梁啟超等人的輔佐下推行變法。珍妃對光緒帝的變法活動，給予了一定的支持和幫助，據太監張蘭德回憶說：「甲午年以後，光緒皇上要變法，每次召見完王公大臣，退朝後，總到珍主兒那裏商量國事，珍主兒也總幫他拿主意。」珍妃是否在光緒變法期間參與籌劃，目前還沒有更多的材料可從佐證，但是，珍妃在政見上是支持光緒帝變法維新的。她在康黨和光緒帝之間居中協調，代呈奏議，起到了旁人難以企及的作用。她自幼在廣州長大，因而對康有為這個廣東人的印象也很好。康有為沒有專摺奏事之權，他的很多奏章都是珍妃代為傳遞的。而且，作為光緒所寵愛的一名妃子，珍妃在光緒變法期間在精神上和生活上給予了許多支持和幫助，對光緒的變法活動在客觀上也具有推動作用。

但是，這次變法活動遭到了以慈禧為首的頑固勢力的竭力反對，帝后兩黨的鬥爭異常激烈。後來由於袁世凱的告密，慈禧太后發動政變，幽禁光緒帝，捕殺維新黨人，變法運動遭到了頑固派的血腥鎮壓。珍妃在政變發生後，也被慈禧抓了去遭受廷杖並貶入冷宮。

這次珍妃被囚禁在景祺閣北頭一個單獨的小院裏，名東北三所。東北三所和南三所，都是明朝奶母養老的地方。奶母有了功，老了，不忍打發出去，就在這些地方住，並不荒涼。珍妃被囚禁之前，這個小院原是侍從下人居留的地方，珍妃入住後，正門被牢牢關上，打上內務府的十字交條，人進出走西邊的腰子門。這裏就是所謂的冷宮。珍妃住在北房三間最西頭的一間，屋門從外面倒鎖

著，吃飯、洗臉等均由下人從一扇活窗中端遞出。

珍妃所食為普通下人的飯，平時不許和下人交談。兩個老太監輪流監視，這兩個老太監無疑都是老太后的人。最苦的是遇到節日、忌日、初一、十五，老太監還要奉旨申斥珍妃，就是由老太監代表老太后，列數珍妃的罪過，指著鼻子、臉申斥，讓珍妃跪在地下敬聽。指定申斥是在吃午飯的時間舉行。申斥完了以後，珍妃必須向上叩首謝恩。這是最嚴厲的家法了。別人都在愉快地過節日，而她卻在受折磨。試想，在吃飯以前，跪著聽完申斥，還要磕頭謝恩，這能吃得下飯嗎？

她在這裏被囚禁了兩年，直到被慈禧殘忍地推入井中！

沉井

庚子年（一九○○）七月二十日，八國聯軍即將兵臨城下，北京城裏一片風聲鶴唳。慈禧決定攜帶光緒等一行人出走西安。此時，大家都換了百姓布衣聚在壽寧宮，據老宮女回憶：「慈禧忽感觸前事，出珍妃於牢院。強詞珍妃帶走不便，留下又恐其年輕惹出是非，因命太監將樂壽堂前的井蓋打開，要珍妃自盡，珍妃堅不肯死。當此千鈞一髮的時候，眾人不能因此緩行，遂令太監將珍妃推入井中。珍妃之死，此是實情。」慈禧如此怨恨珍妃，置之死地而後快，除了上面所說的珍妃賣官事發，並且譏刺慈禧垂簾聽政之事外，還有較為遙遠的原因。光緒既親暱珍妃，與皇后不睦，作

為姑母的慈禧自然不悅，「二妃屢受孝欽鞭責，訴之上，上勿敢言，由是母子夫婦之間微有隙。」

孝欽乃慈禧敬稱。後來，當慈禧捏住了珍妃的把柄，老賬新賬一起算，也就好解釋了。慈禧一行離宮出走的日子為七月二十一日，慈禧沉珍妃在頭一天的下午。領班太監崔玉貴、王德環奉慈禧之命提前將珍妃帶到樂壽堂的頤和軒。據崔玉貴回憶，珍妃被帶到時，身穿淡青色綢子旗袍，頭冠則被摘去兩邊的垂絡。慈禧端坐殿中，說洋人馬上要打進城來了，外面亂糟糟的，誰也保不定會發生什麼事兒，萬一受到侮辱，那就丟盡了皇家的臉，對不起列祖列宗，即明確暗示珍妃自盡。珍妃愣了一下，說：「我明白，不會給給祖宗丟人的。」慈禧見珍妃不鬆口，又說：「你年輕，容易惹事！我們要避一避，帶你走不方便。」珍妃據理不讓：「您可以避一避，可以留下皇上坐鎮京師維持大局。」這話戳到了慈禧挾持天子的痛處，當即惱羞成怒，大聲喝斥：「你死到臨頭，還敢亂說！」珍妃說：「我沒有應死的罪！」慈禧說：「不管你有罪沒罪，都得給我死。」珍妃說：「皇上救不了你！來人，把她扔到井裏去！」崔玉貴、王德環一起揪帶推，將珍妃丟進了貞順門的井裏，珍妃一路掙扎呼叫皇上，最後大聲喊道：「皇上，來世再報恩啦！」

她深愛的皇上沒能在她最危急的時刻來救她，甚至連最後一面也沒能見到。珍妃所以在冷宮裏忍辱等了二年，無非是盼望光緒好起來，自己也跟著好起來，雙方困難時期，彼此隔離，她和光緒的心情，是很容易理解的。但光緒只能惆悵「朕還不如漢獻帝」罷了（光緒在瀛台被困時，看《三國演義》自己嗟歎的話）。做了三十年的皇帝，連自己唯一知心的女人都庇護不了，「噤若寒

蟬」，死了愛妃問都不敢問一聲，也真讓人可憐了。過去唐朝李商隱曾譏諷唐明皇說：「可惜四紀為天子，不及盧家有莫愁」。玄宗當了四十年的皇上，到後來被迫在馬嵬坡讓楊玉環自縊身亡，還不如莫愁嫁到盧家能夠白頭偕老。這雖與光緒的性質完全不同，但可以說是殊途同歸吧！

遙想當年，「小喬初嫁了」，到光緒身邊，備受恩寵，也曾經發過這樣的癡問：「皇上這樣的對待我，不怕別人猜忌我嗎？」光緒很自負地說：「我是皇上，誰又敢把你怎麼樣呢（見德齡《光緒秘記》）。單純的光緒把一切估計得太簡單了，這正像支持戊戌變法一樣，對政局的估計太簡單，可憐只落得在逃亡路上用紙畫個大烏龜，寫上袁世凱的名字，貼在牆上，以筷子當箭，射上幾箭，然後取下剪碎以之洩忿罷了。堂堂天子，萬般無奈（見吳永《庚子西狩叢談》）。

我們對清代宮廷內闈之事，不可能十分了解，但大致可以推想的出來：當時宮裏后妃論聰明才智，有政治頭腦的，可以說非珍妃莫屬了，將來寵擅六宮，是絕對無疑的。但與慈禧政見不合，留下此人，終成禍患，一有機會非置之死地不可。慈禧對這件事是預謀已久的。崔玉貴也說，慈禧處死珍妃，「絕不是臨跑前倉促之間的舉動」。如果說因為珍妃年輕貌美，怕招惹是非，丟了皇家的體面，那麼慶親王的女兒四格格，遠比珍妃年輕，也是出名的漂亮，也可以說是金枝玉葉吧，為甚麼帶著她跑到西安呢？前後一對比，慈禧的心事是昭然若揭的。宋太祖的時候也有這樣的一段事：大將曹彬奉命兵伐江南，江南小朝廷李煜趕緊派使臣來問原因，並說「我們沒有禮貌不周的地方呀，為甚麼興兵討伐我們呢？」趙匡胤很直率地說：「大丈夫榻旁豈容他人鼾睡」。這大概就是珍妃致死的原因吧！

233

後事

光緒二十七年（一九○一）年春和議成，八國聯軍將退，慈禧命崔玉貴回京探聽消息，並查看宮內事宜，見珍妃所投之井依然如故，便命內務府將珍妃從井中撈起，裝殮入棺，七月二十四日葬於阜成門外恩濟莊內務府太監公墓南面的宮女墓地。一九○一年十一月二十八日，慈禧、光緒還宮，十一月三十日即下懿旨：「上年京師之變，倉促之中，珍妃扈從不及，即於宮闈殉難，殉屬節烈可嘉，加恩著追贈貴妃，以示褒恤。」慈禧假惺惺地以貞烈殉節掩世人耳口。而且為避輿論，藉故將崔玉貴謫貶，弄得好像都是手下太監闖的禍。民國二年（一九一三），四十六歲的隆裕皇后逝世，與光緒合葬崇陵。瑾妃此時已升為皇貴妃，因上面已無皇后管著，成了宣統必須尊敬的皇太貴妃，對宮中事務有了相當的決定權，於是趁機將妹妹從宮女墓地遷葬光緒景陵妃嬪園寢。皇家規定，皇帝皇后的墓地稱陵寢，嬪妃的墓地稱園寢。瑾妃還為珍妃立碑稱「恪順珍貴妃之墓」，總算為妹妹爭到了她應有的名分。也許，在今人看來遷葬這種名分毫無意義，人已早死，再要這種名號有啥意思？然而，在當時人的眼裏，那可是馬虎不得的大事。尤其對宮中嬪妃來說，一輩子爭的要的，還不就是一個稱謂名分？瑾妃還在珍妃遇害的井旁立了一小小靈堂，供著珍妃的牌位，靈堂上懸掛一額紙匾，上書「精衛通誠」，頌揚珍妃對光緒的一片真情。

隆裕皇后

《清史稿·列傳一·后妃》：德宗孝定景皇后，葉赫那拉氏，都統桂祥女，孝欽顯皇后侄女也。光緒十四年十月，孝欽顯皇后為德宗聘焉。十五年正月，立為皇后。二十七年，從幸西安。二十八年，還京師。三十四年，宣統皇帝即位。稱「兼祧母后」，尊為皇太后。上徽號曰隆裕。宣統三年十二月戊午，以太后命遜位。越二年正月甲戌，崩，年四十六。上諡曰：孝定隆裕寬惠慎哲協天保聖景皇后，合葬崇陵。

隆裕是慈禧弟弟桂祥的二女兒，姓葉赫那拉氏，名靜芬。在這段歷史記載裏只說了她幾件事：是慈禧的姪女，光緒的皇后，溥儀的皇額娘，下了宣統退位詔書。而這其中，幾乎沒有一件事是涉及她這個人本身的，全是作為其他人的附屬。這不能不說是一種悲哀。

而相比之下，珍妃就比她「幸運」多了。在同一部《清史稿》裏是這樣寫的：「恪順皇貴妃，他他拉氏，端康皇貴妃女弟。同選，為珍嬪。進珍妃。以忤太后，諭責其習尚奢華，屢有乞請，降貴人。逾年，仍封珍妃。二十六年，太后出巡，沉於井。二十七年，上還京師，追進皇貴妃。葬西直門外，移崇陵。追進尊封。」這篇傳記，雖然同樣簡略，但對珍妃的敘述已經表現得很清楚，起碼說了她和慈禧之間的矛盾，以及她死的事，加上光緒對她的思念。由此不難看出，當時作為那個朝代的皇后，隆裕的苦衷是別人根本體會不到的。

從表姐到皇后

光緒是慈禧的妹妹所生，隆裕是她的弟弟所生。她比光緒大三歲，是光緒的表姐。按照當時的情況，親上加親是非常正常的。妹妹的兒子娶了弟弟的女兒，這在當時來說應該是非常不錯的一段婚姻。而且，這兩個人從小就在一起玩，隆裕作為姐姐，雖然人長得不美，但對光緒特別照顧，就像對待自己的親弟弟一樣。當年光緒剛剛進宮的時候才四歲，每次隆裕到宮裏去也都會去看他。光

緒對這個表姐也有著說不完的話，兩人經常一聊就是好長時間，氣氛也非常融洽，算是青梅竹馬。

可是這兩個人誰都沒想到，最後慈禧會將隆裕指配給光緒。

在光緒看來，隆裕本來是自己的表姐，忽然間就變成自己的皇后，是非常接受不了的。作為姐姐，隆裕長什麼樣光緒都不會嫌棄，可是要她作為自己的皇后，隆裕卻是不合適的。光緒當時心裏究竟怎麼想，如今我們已難以猜度，但是這種角色的轉變肯定是尷尬的，也是痛苦的。

可既然這樁婚姻是老太后欽定，想改變過來也完全不可能。

慈禧太后當然知道光緒皇帝並不願意接受這個「皇后」。但她還是極力撮合這段姻緣，當然有她的考慮。她想通過這個巧妙安排，繼續掌握朝廷大權。

光緒帝載湉繼位時年僅四歲，慈禧太后大權獨攬，「垂簾聽政」。到光緒十三年（一八八七）光緒帝已經十七歲，到了應該婚配的年齡。按著封建王朝的慣例，幼帝一但結婚，就要親理朝政，收回皇權，太后就必須「撤簾」歸政。為了應付必然到來的光緒帝大婚和由此導致的親政局面，慈禧太后一面提前宣布給光緒帝成親，讓其「親裁大政」；一面對光緒帝的后、妃的人選進行了慎重的考慮和選擇。

慈禧太后本身就是一個從妃子而逐漸步入青雲，成為清王朝的最高統治者的。她深知皇帝的后、妃對皇帝思想及其政務活動的影響力。而要鞏固自己在清廷中的專權地位，牢牢地控制住光緒帝，使未來的皇帝思想及其政務活動的影響力。而要鞏固自己在清廷中的專權地位，牢牢地控制住光緒帝，使未來的皇后對她唯命是從是至關重要的。

慈禧太后有兩個弟弟，一個叫照祥，一個叫桂祥。咸豐十一年（一八六一）秋天，慈禧太后的

母親被封為貴人以後，她的父親惠徵追封承恩公，照例由照祥承襲。照祥已在光緒七年去世，桂祥是慈禧太后的幼弟，平庸而沒出息，坐支都是朝廷給的俸祿，卻一天到晚躲在東城方家園老家抽大煙。他的三個女兒就是慈禧太后嫡家的內侄女，小的已指婚，配給了王爺孚郡王奕譓的嗣子載澍。現在只有大的和二的還在家中。靜芬是老二，是光緒的表姐，又比光緒帝大三歲，二人從小在一起長大，這些都是極其有利的條件。在慈禧看來，親侄女自然要比旁人更加貼心，姐弟間也應該更容易培養感情，至於光緒帝個人的好惡，相比起來就不重要了。

在封建時代，儒家倫理道德禁錮著人們的思想，社會上各階層的人們都很難擺脫這一精神上的羈絆。對於那些有自主權的君王來說，選擇后、妃，是可以恣意妄為的。但光緒帝作為一個十幾歲的少年，作為慈禧太后手中的傀儡皇帝，囿於孝道，出於敬畏，在其婚配問題上卻難以自主。慈禧太后利用所謂「母子」情份和封建主義的「孝道」倫理，按著自己的意志，親自主持了選后活動，安排了一場純粹的政治婚姻，從而導致光緒帝和隆裕皇后兩人終身的不幸。

按規定，在確定皇后、皇妃之前，先選秀女，然後再從秀女之中確定皇后、皇妃的人選。清朝從順治時就規定，凡滿族八旗人家年滿十三歲至十六歲的女子，必須參加每三年一次的皇帝選秀女，選中者，留在宮裏隨侍皇帝成為妃嬪，或被賜給皇室子孫做福晉。未經參加選秀女者，不得嫁人。閱選時，按八旗的順序，一般七八個人站成一排，由皇帝、皇太后們挑選。被挑選女子的名字，每排寫一張單子，留宮中存檔，這種名單，在檔案中稱為「秀女排單」。

參加選秀的秀女一共是九十六個人，經過第一輪的淘汰，只剩下了三十六個。三十六位被選中

的秀女，又經過一次慈禧太后燈下看美人，最後只剩下八個。因為上次選看是在上午，慈禧太后要

看一看燈下的美人，所以定在深夜子末丑初。這八個人是桂祥的女兒、長敘、德馨的兩雙姊妹花；

另外三個之中有一個是鳳秀的女兒。她的大姐是穆宗的慧妃。光緒即位以後，以兩宮皇太后之命，

封為穆農敦宜皇貴妃，移居慈家宮之西的壽康宮。

由於慈禧太后有燈下看美人之舉，宮內都認為她為皇帝立后的標準，大概是重在姿色。因此傳

言也都認為都統桂祥家的二女兒很難入選，因為慈禧太后的這個內侄女，姿色實在太平庸，也缺少

一種雍容華貴、母儀天下的儀態。如果不是慈禧太后的內侄女，恐怕第一次就被光緒皇帝給「刷」

下去了。

如果慈禧太后的內侄女被「刷」下去的話，那麼入選皇后的肯定是江西巡撫德馨的兩個女兒之

一，這兩位小姐，不但美豔群芳，而且漂亮絕倫。尤其是大小姐，更是傾城絕國之色，光緒對她也

是一見傾心。德馨久任外官，這兩位小姐到過的地方很多，眼界開闊，見多識廣，因此伶牙俐齒，

能說會道，這又是一個優勢。但也有不少人說，德馨的家教不好，兩個女兒從小都被嬌縱慣了，有

時柳林試馬，有時粉墨登場，不大像個大家閨秀的樣子，論德不足以住居正宮。因此對到底誰能被

選為皇后，還是眾說紛紜，莫衷一是。

經過第三次「備選」也就是淘汰後，只留下了五名：都統桂祥的二女兒、慈禧太后的嫡親內侄

女靜芬，以及禮部右侍郎長敘和江西巡撫德馨的兩雙姊妹花。

選后活動是在體和殿進行的。秀女依次排列，站在第一位的是那拉氏靜芬，其次是德馨的兩個

女兒，站在最後的是長敍的兩個女兒，即後來的瑾妃、珍妃姐妹。慈禧太后上坐，光緒帝站立一旁，前面擺著小桌一張。上面放著一柄鑲玉的如意和兩對繡花的荷包，荷包一律是紅緞縫製，繡的是交頸鴛鴦，異常鮮豔。候選秀女如被授以如意，便是統攝後宮的皇后；如被授以荷包，則被封為皇貴妃或貴妃。

慈禧太后面色嚴肅，心情略有些緊張。光緒皇帝也清楚地知道，太后既然讓她的內侄女參選，並且一直進入了最後的「決賽」，其用意就是讓她當選皇后，以便在自己身邊安插一個最大的親信。慈禧太后的種種表現也說明了想讓她的內侄女當皇后，一切都是這麼明顯，自己能違反她的心意嗎？如果不違反她的心意，選了慈禧太后的內侄女，那自己一生的幸福也就可能毀在她手裏。

五位秀女，早就等在那兒了，每人由兩個內務府的嬤嬤們照料。這些嬤嬤們照料得十分殷勤，她們誰都希望自己照料的秀女能夠入選。那樣對她們來說不但是一件很榮幸的事，說不定以後什麼時候還可以跟著沾光。她們一會兒替秀女們梳梳頭，一會兒替她們補脂添粉，前後左右，仔細端詳，深怕有一處不周到。光緒皇帝跪著接過慈禧太后拿過來的如意，緩緩地向五名秀女走去。在慈禧太后和參加選后儀式的榮壽公主、福錕夫人、榮祿夫人看來，這柄如意現在要交給誰，實在是很明白的事，因此大家只有看熱鬧的心情，並不覺得緊張。

所有的視線自然都集中在皇帝面前，尤其是那柄玉如意上面。光緒皇帝心目中的皇后，在第一次選秀女時就已經定了下來，在那以後的屢次複選中，光緒皇帝的心也就更堅定了。他覺得如果慈禧太后不讓自己來選便罷，而一旦讓自己來選，便一定要選自己心目中的那位天使。

光緒皇帝快要走到葉赫那拉氏前面時，突然之間，將手一伸，雖無聲息，卻猶如睛天霹靂一樣，震得每一個把心都懸到了嗓子眼上，那柄如意是分明遞給第三個人，德馨的長女。

「皇帝！」

在這靜得時間幾乎都凝固了的時刻，慈禧太后這突如其來的一聲大叫，就像驚雷一樣，震得每一個把心提到嗓子眼上的人，一哆嗦，光緒皇帝更是全身一震，差點將玉如意摔在地上。

光緒皇帝端著玉如意愣在那兒，不知道該怎麼辦才好。他忍不住回頭看了看慈禧太后，他此時所見到的太后，臉色發青，雙唇緊閉，眼下那塊肌膚不住地牽動，以致右眼半張半閉。可以明顯地看出，慈禧太后在向光緒皇帝努嘴，而是努向左邊的葉赫那拉氏，慈禧太后的內侄女。

光緒沒有逆他的意，把玉如意交到了靜芬的手中。

這實在很委屈，也很沒有面子。如果換個別的心高氣傲、自尊自愛的女孩子，當時就有可能會哭了出來。然而葉赫那拉氏不但沒有哭，反而勉強地笑了笑，然後又撩一撩裙襬，跪了下去，高舉雙手，接受如意，說道：「奴才葉赫那拉氏謝恩。」

光緒皇帝看著也沒看，也沒有答話，只管自己掉頭走到御案旁邊，臉上沒有一絲笑容。這場選妃的傀儡戲就這樣草草地收場。

光緒十四年（一八八八）十月初五日，慈禧太后下懿旨宣布光緒帝的后、妃一併選定。葉赫那拉氏靜芬為皇后，江西巡撫德馨的兩個女兒為妃，禮部右侍郎長敘的兩個女兒為嬪。

光緒的這樁婚姻從定親時起他就不滿意，接踵而來的不幸是擇定大婚吉期前一個多月，迎娶皇

后的必經之門——太和門於光緒十四年十二月十五日深夜發生了一場大火，吞噬了太和門及其左右的貞度門、昭德門等建築，慈禧只好下令清理火場、趕製太和門彩棚，臨時以竹木、彩紙、花布等物搭建成太和門，以應翌年的大婚典禮。

光緒十五年（一八八九）正月，光緒帝舉行大婚禮，正式冊封靜芬為皇后。

生活上不親，政治上不合

慈禧太后強行將其親姪女立為皇后，是為了在光緒帝身邊安插心腹，以便箝制光緒皇帝，長期操縱清廷的政治大權。可光緒畢竟已經不是兒童，他對皇權的旁落不會無動於衷。這次選后妃活動與光緒帝自身的利害息息相關，慈禧太后專橫跋扈，無視光緒帝本人的意願，強行決斷，給了光緒皇帝很大的刺激。也給他留下了難以忘懷的怨恨，為光緒帝與皇后終生「不睦」和圍繞后、妃產生的許多恩怨糾葛埋下了種子。

光緒與皇后的婚事也應了那場預兆不祥的大火，夫妻兩人生活上一輩子不親、也不協調，光緒始終不愛隆裕。各鬧各的脾氣，你不遷就我，我更不遷就你，互不讓步。只是當著西太后的面或在別人面前裝成像個夫妻樣子——那是做給別人看的，而事實上雙方彼此不說話。

婚後開始親政的光緒帝對這位皇后一點也提不起情緒來，常推託政務繁忙，不願去坤寧宮。他

愛的是珍妃。珍妃不但生得美貌，而且聰明伶俐，知書識禮，善解人意。光緒既喜歡她，又和她談得來，下朝後就去她的宮裏陪伴她。只留皇后一個人孤守偌大的宮殿，難怪皇后妒恨。都是女人，為什麼有人受寵而有人被冷落呢？她別無其他辦法，只好到太后那裏哭訴。

清代宮廷有個傳統規矩，在每年臘月二十和正月初一、初二這三天，皇后有特權必須陪伴皇帝就寢，過了這三天皇帝才能召幸其他的妃子。但是光緒和皇后即使同寢也仍不同食。

據跟隨西太后八年之久並在庚子年（一九〇〇）隨西太后出逃至西安的貼身宮女何榮兒回憶，有一年大年初一的晚上，慈禧晚膳後，光緒帝和皇后、妃子照例分頭前來請安。這時西太后心情特別好，居然關心起皇帝和皇后的私生活來了，慈禧故意問光緒是從哪個門走過來的？光緒住養心殿，養心殿後面有個小門叫螽斯門，也是西六宮最南邊的一個小門。這回光緒是抄小道從螽斯門到儲秀宮來的。慈禧饒有興味地耐心地和他們講解螽斯門的掌故，還不時搬出先皇帝咸豐的教誨。原來，這本是明朝宮殿舊名，因為名字吉祥一直沿用至今。螽斯是一種昆蟲，自古以來以螽斯比喻子孫眾多，滿清宮廷沿用此名，也是為了「宜爾子孫」，盼望家族興旺。光緒皇帝是個絕頂聰明的年輕人，一聽慈禧的問話，就趕緊低下頭去，表示知罪，並畢恭畢敬地回話說：「皇爸爸往上緬懷祖先，往下垂念子孫萬代。兒子一定聽從皇爸爸的訓誨。」但是說歸說，光緒從來也沒有真正和隆裕像一對夫妻那樣生活過。

為了讓皇后增加點兒修養，慈禧閒來無事，便親手教她寫字。皇后本不會寫書法，經慈禧指點，自己又刻意下功夫，日久也能寫出點意思來，寫起草書來得心應手。到後來甚至能寫斗大的

字，還附庸風雅地自署齋名，叫作「延春閣」，慈禧怕她寂寞，還要她陪伴一起遊玩，每日在頤和園中，不是登山遊湖，就是聽戲打牌。

在光緒與西太后帝后兩黨之爭中。皇后始終是站在西太后一邊的，從這一點看，慈禧沒有選錯人。而且客觀上，隆裕皇后還起到了忠實幫兇的作用，她是慈禧探聽、監視皇帝行動的一個忠實耳目。雖然在她而言，這也是不得已之事，可是這件事情給光緒和她的夫妻生活造成了很大的隔閡，並且由於政治上的傾向不同，這種隔閡日益加深。到後來，因為慈禧的關係，光緒就變得非常不喜歡這位表姐了。戊戌政變後，光緒被囚在瀛台，身同囚犯。不准皇后、妃、嬪隨便接觸，僅皇后准許每月初一、十五兩天到瀛台看望。觀見時，有多名太監在旁邊監視，皇后三言兩語問安後便退出，有時光緒帝一言不發，以目送之。

那拉氏皇后在孤寂的宮廷生活中，開始找些事做來填補空虛，她學會了養蠶。先取蠶卵孵化，蠶生出後，每天餵新鮮的桑葉四、五次。她特命宮中數人專職晚上餵蠶。她每天都觀察蠶的生長，吐絲做繭，見蠶變成蛾飛出，便感慨萬分。或許她從蠶的生長過程看到自己像蠶被束縛於繭中一樣被束縛在宮中吧？絲成後，她還經常拿到慈禧太后那裏共同鑒賞，慈禧也取出年幼時所製的絲來與皇后的蠶絲比較。兩者同樣的精美。

這種孤寂平淡的生活很快被八國聯軍的炮火給打破了。光緒二十六年（一九○○）七月，八國聯軍攻入北京。那拉氏皇后隨慈禧太后、光緒帝逃奔西安，在逃奔西安前夕，慈禧下令將光緒心愛的珍妃殺害，這件事的發生，隆裕皇后的進讒也是一個因素。

244

孤獨平庸的太后

從西安回鑾後，光緒帝更加陰沉了。對於他心愛的珍妃在他二十五歲那年被投入寧壽宮北的宮井溺死，對於國家朝政的難以為繼，他都清醒認識到了，但是他沒有發言權，這是一種怎樣的痛苦和沉默？

光緒的愛情生活比較專一，自珍妃死後，他慣於孤獨。對隆裕皇后和瑾妃均沒有興趣，還常常對皇后的問候表示不滿。但他跟皇后鬥氣不鬥嘴，有她只當沒她，把她晾在一邊。他對皇后至死也沒有感情，甚至還有解不開的怨仇。皇后與光緒帝分居，具體年月雖不可考訂，但到光緒死時已有十年了，皇后事實上守了一輩子活寡！

光緒帝病重時，住在中南海的涵元殿裏。據一位劉姓老太監回憶，當時光緒雖然已久病不癒，還是按照規矩伺候光緒帝刮臉理髮。光緒像木頭人一樣，不說也不動，聽從下人們的擺布。他們都

能通幾國文字，慈禧很是歡喜，常命她倆陪伴隆裕，這位古板的皇后也算是領略了一點歐風美雨。

也正是德齡、容齡為我們留下了皇宮中許多珍貴的往事。

西逃一路風塵僕僕，好不狼狽。在西安逗留一年後，皇后隨著慈禧及光緒帝、瑾妃等回到京城，慈禧身邊新來了兩名旗員的閨閣千金。一名德齡，一名容齡，二人隨父親裕庚出洋了好幾年。

知道光緒的脾氣，趕緊伺候，趕緊離開。孤獨慣了的人，絕不願有人在一旁打攪。在光緒面前當差的人，都是低著眼皮做事，一句話也不說，這是一向的習慣。

有些日子，皇后常來問候，光緒依然像往常一樣，除去請老太后萬安以外，冷冰冰地沒一句閒話，彼此都心照不宣。皇后來是另有使命，是來察看監視皇帝的喜怒哀樂，一言一行，都要報告給太后。所以，皇后一來，就引起了皇帝的不安，甚至憤懣。

一天，皇后進見完畢，皇帝吩咐她「請跪安吧」，那就是請她退下。皇帝的寢宮，不願意誰在一旁，是完全有權力讓誰退下的，何況在病中。光緒連說兩次，皇后裝作沒聽見，大概是銜命而來有所仗恃吧。於是光緒暴怒了，奮起身來，用手一押皇后的髮髻，讓她出去，把一隻玉簪子都摔在地下了。這是光緒臨死前十幾天的事。

皇后向慈禧訴苦，慈禧表情沉鬱。沒有多說話，只是叫她以後注意點兒。只是已經沒有以後了。光緒三十四年十月二十一日，光緒帝在做了一輩子傀儡皇帝後，於憂憤交加中死去，年僅三十八歲。

光緒一生無子嗣。他死後，病中的慈禧猶念念不忘權欲，立醇親王載灃（光緒的弟弟）的兒子溥儀為皇儲。但溥儀是承繼同治帝還是承繼光緒帝？這事別人看來無所謂，可是對隆裕皇后卻非同小可，因為這關係到她以後的命運和地位。在清宮二十多年，她目睹慈禧太后的種種威勢，太后的寶座她不一定覬覦很久，但是如果有機會，她是一定不會放棄的。

光緒帝在臨死前夕，見到了叔父慶親王奕劻。他哽咽著囑告奕劻，慈禧太后對他懷恨已久，一

定不會讓溥儀承繼他，希望他能看在親叔父的情誼上，為他力爭，否則他死不瞑目。

果然，慈禧宣命溥儀只承繼同治，而不肯答應讓溥儀兼承光緒皇帝之祧。慶親王再三請求，她露出怒意。慶親王跪下叩頭奏道：「從前穆宗皇帝大行，未曾立嗣，故有人屍諫。現今皇上大行，若不想出一個兼顧立嗣的法子，仍像穆宗一樣無子嗣，能保證沒有第二個人來進行屍諫嗎？」

慶親王所說屍諫之事發生說同治帝死後，慈禧不按規定立同治的子侄輩為嗣皇帝，而立同治的兄弟輩光緒承繼大統，這樣，同治帝便沒有後繼者了。滿朝大臣懾於慈禧淫威，無人敢言。只有一個小小的京官，吏部主事吳可讀，寫了一份奏摺，提出抗議，然後在同治帝陵寢惠陵附近的馬神橋上以身相殉。

慈禧一聽慶親王提及這事，不免有些後怕，這才略略點頭，要慶親王速去擬旨，讓她審閱。總算勉強通過了。

只會乾著急的隆裕皇后，聽到這消息，長長地吁了一口氣，十分感激慶親王的暗中相助。雖然慶親王是受光緒之託，但是畢竟結果也是對隆裕有利的。第二天，她被慈禧召去，面授機宜，無非是新皇帝登位後，慈禧自己當太皇太后，而她名正言順地成為皇太后，參攝政事。接著，慈禧又令軍機大臣擬了一道詔旨，指定：「此後國政，即完全交付監國攝政王。若有重要之事，必須稟詢皇太后者，方由監國攝政王按所詢裁奪。」

慈禧這樣做的目的，不但是憐惜自己的親侄女，更是為了培植葉赫那拉氏的勢力，繼續執掌大清王朝的大權。

過了一天，慈禧也死了。坐上太后寶座的光緒皇后，被尊為「隆裕」。為感謝姑姑的厚恩，她在慈禧棺木下葬前，大肆鋪張，特地花費幾十萬兩銀子，用紙紮成一隻巨形大法船，長約十八丈，寬二丈，船上樓殿亭榭，陳設俱備。侍從篙工數十人，高度與活人一般，統統穿上繡衣。船上設寶座，旁列太監宮女及一切器物用品，下面跪著身穿禮服的大小官員，彷彿慈禧平時召見大臣時的樣子。船頭懸一黃緞巨帆，上書「中元普渡」四個大字，船外圍繞無數紅蓮，內有巨燭點燃。船製成後，由攝政王載灃代表皇帝溥儀致祭，祭罷，將大法船運到東華門外焚化。又焚去紙紮人馬，器用物品無數。為慈禧下葬之儀，隆裕不顧國庫空虛，費去銀子一百二十五萬兩。

隆裕為人，優柔寡斷，比慈禧遠遠不如。慈禧在政治上頗有手段，雖然殘忍毒辣，但還有自己的見解，對於王公大臣，也有一定的籠絡手段。而隆裕成為太后之後，個人毫無主見，一切為其寵監小德張操縱，在政治上毫無建樹。

按照慈禧開創的先例，隆裕本可以在慈禧死後以太后的身分卵翼幼帝，攝取清朝大權，當時也有「垂簾」復活的傳言。但是隆裕在政治上平庸無能，其實並無「垂簾」其事。

光緒死後，隆裕曾想仿效慈禧「垂簾聽政」。等到奕劻傳出慈禧遺詔立溥儀為皇帝，載灃為監國攝政王時，隆裕雖取得了對軍國大事一定的決定之權，但離「垂簾聽政」的美夢還相差甚遠，自己又沒有力量來實現這一美夢，他倚為心腹的小德張，是個只知道聚斂錢財的無能太監，絲毫沒有政治頭腦。隆裕受小德張慫恿，在宮中東部大興土木，修建「水晶宮」，以為玩樂之所；按清代相沿已久的制度，在「國服」期間，不得興修宮殿，然而隆裕對此並不顧忌。而且在當時清廷正在興

建新式海陸軍，所需經費巨大，國庫本來已經空虛，財政捉襟見肘，建軍的費用尚且不足，又要撥款修園建殿，無疑大大加重了國家危機，引起朝野的不滿和議論，後雖然因為革命軍起而不得不停止，但這件事更顯露出隆裕的平庸無識。

隆裕由於未能像慈禧那樣「垂簾聽政」，又不能隨心所欲，心中不快，以致遷怒於攝政王，與載灃發生了矛盾。宣統二年（一九一○）五月，載灃命毓朗、徐世昌為軍機大臣。數日後，隆裕下令載灃將這兩個人撤去，載灃婉轉相勸請求暫緩行事，隆裕則毫不讓步。載灃不得已，反駁說：「太后不應干預用人行政大權。」隆裕也無可奈何。像這樣隆裕憑自己感情衝動來制約載灃行動的事，並不少見。

載灃生性懦弱，在政治上也無主見。他在受命監國執政期間，裏有隆裕制肘，外受奕劻，那桐等人脅持，他的地位雖是監國攝政王，但並沒有任何作為的餘地。如對隆裕興建「水晶宮」一事，他本來可以用既「違反祖制」，又影響建軍的正當理由進行阻攔，據理力爭，但由於他怯懦怕事，怕觸怒了太后，也就不加可否地聽之任之。

光緒死後，隆裕在他的硯臺盒內，發現了光緒親自用朱筆寫的「必殺袁世凱」的手諭。她自己不敢決斷，便交給載灃處理。載灃也猶豫不決，召來奕劻、那桐等人商量對策。奕劻、那桐力主保袁，讓袁世凱自行稱病辭職。袁世凱辭職後，隆裕和載灃毫無遠見，不把他留在北京控制他。反而命他回家養病，把他放走了，「縱虎歸山，養癰成患」。這件事充分說明隆裕和載灃毫無治國之才，毫無政治遠見，為此他們也吃盡了苦頭。

萬般無奈，攜帝退位

宣統三年（一九一一），辛亥革命爆發。武昌起義後，各省督撫相繼宣告獨立。南方半個中國脫離了清政府的統治，清廷岌岌可危。環顧四周，清廷之中沒有一人能使這行將就木的清王朝起死回生。不得已的情況下，隆裕只好同意請袁世凱出山，任命他為內閣總理大臣，給予軍政全權。

袁世凱東山再起，首先搞垮了攝政王載灃。在慈禧還在世的時候，袁世凱就與載灃水火不相容，載灃甚至要拿槍斃了袁世凱。只是因為慈禧的威力，二人才不得不有所顧忌，勉力相處，終慈禧之世，二人始終共事朝廷。現在慈禧已死，袁世凱掌握北洋新軍，獨攬朝政，他豈能容下載灃？

於是，他迫使隆裕下令攝政王以醇親王歸藩，禁止干預政事。同時與南方革命政府達成妥協，以當民國總統為條件逼迫清帝退位。

在武昌起義後的一段時間裏，隆裕絲毫沒有她姨媽的處亂不驚的心胸，遇事不順則大哭。而袁世凱外賄奕劻、那桐兩位重臣，內賄太后寵監小德張，利用他們向隆裕施用威脅利誘的手段，使隆裕完全落入他們的圈套。不自覺地主演了清帝退位這場戲。

袁世凱首先讓郵傳部大臣梁士詒唆使駐俄公使陸徵祥等電請清帝退位。陸的電文到後，袁世凱假惺惺上奏說，查陸的電文，「語言趨向共和，作為出使外國的大員也這樣說，我很痛心，請聖上不要降旨。」然後又上奏，言國庫空虛，軍餉沒有著落，請朝廷將宮中所存的瓷器變賣來充餉救

急。又指使屬下姜桂題電奏清廷，請求朝廷恩准將銀行所存款項分別提回，接濟軍用。

面對這四面告急的場面。隆裕太后沒有別的辦法，只好答應這些請求，令宗人府傳令各王公出錢膽軍，但應者寥寥。袁世凱此時裝作萬分感慨的樣子說：「既然促使我開戰。又不給我軍餉，這簡直是置我於死地。」並面奏隆裕，說軍餉沒有著落，對軍隊譁變的事甚為擔憂，請求隆裕拿出內帑黃金八萬兩充作軍餉。隆裕計無可施，只得應允。

一九一二年一月十六日，袁世凱又與內閣大臣聯合上奏清廷，奏請清帝退位。奏摺中大談軍餉緊急、海軍盡叛、強鄰虎視、人心渙散等危急情況，然後又花言巧語地提出「民主如堯舜禪讓」，要求清帝退位，實行共和。並威嚇說：「我皇太后、皇上怎麼能忍心讓九廟祖宗受到炮火的震驚，怎麼能忍心被驅出京城，政權被暴力推翻呢？」

袁世凱手捧奏摺到養心殿觀見隆裕太后，隆裕坐在炕上沉默不語。袁世凱跪在紅氈墊上，故作悲痛的樣子，一邊聳動著雙肩，流著眼淚；一邊向隆裕太后斷斷續續地訴說著，並偷瞄一眼隆裕的反應。隆裕卻是一言不發，只用手帕拭著淚水。坐在隆裕旁邊的幼小無知的宣統皇帝，不知道地上跪著的矮胖老頭為何人，聽不懂他嘴裏嘟嚕的是什麼，不明白兩個大人因何啼哭，更不會考慮到他未來的生活。

隆裕被袁世凱出色的表演蒙得六神無主，不知所措。袁世凱退下後，她急忙召集王公貴族商量對策。皇族親貴本來就把共和看成洪水猛獸，把袁世凱看作逆臣、革命黨的奸細，想方設法要除掉他。現在聽到袁世凱竟然要清帝退位，證實了他們的看法，更是群情激憤，認為不殺袁世凱不足以

平民憤，隆裕被弄得將信將疑，更是舉棋不定。

袁世凱從內宮出來，遭遇了張先培等人的炸彈襲擊，袁世凱先前命人製造的「革命黨人已經遍布於北京城」的謠言，因此得以證實。隆裕看情況危急，也暫時消除了心頭的疑慮，開始相信袁世凱的謠言。她特地派人去慰問袁世凱，而袁世凱則從此稱病不朝。把逼宮的任務交給親信趙秉鈞、胡惟德等人。

袁世凱要逼清帝退位的話被傳出後，皇族親貴中的一些對袁世凱極為不滿的人，在肅親王善耆、恭親王溥偉、毓朗、良弼、鐵良等人的組織下，成立了「宗社黨」來對付袁世凱。

但此時的隆裕皇后已經完全亂了方寸，軍情不斷送至御前，都是節節敗退的消息。一九一二年一月七日，她召開了御前會議，討論是否實行共和的問題。奕劻和貝子溥倫受袁世凱賄賂，主張自行退位，實行共和。而溥偉和載澤卻堅決反對，會議不歡而散。

一月十九日，隆裕再次召開御前會議，趙秉鈞、胡惟德等人也參加了，他們和受袁世凱賄賂的奕劻、溥倫等人口風一致，都主張清帝自行退位。趙秉鈞恐嚇說，革命黨人力量強大，北方軍隊已不足恃，故袁世凱欲設臨時政府於天津，要隆裕和王公大臣討論。王公大臣們立刻看清了袁世凱的嘴臉，一致反對。胡惟德、梁士詒又言財政困難、軍費匱竭、外國將來干涉等，企圖迫使隆裕表態退位。但是隆裕還是進退維艱，左右為難，趙秉鈞等人看到陰謀無法得逞，立即採取威嚇手段，奏請說：「人心已去，君主制恐難保全，懇請贊同共和，以維大局。」趙秉鈞凶相畢露，指斥王公貴族會而不議，議而不決，聲稱如此以往，就要辭職不幹。隆裕不知所措，會議依然無結果。

幾天的御前會議，兩派針鋒相對，王公貴族每次都是吵吵鬧鬧，卻沒人能提出有建設性的意見來，弄得隆裕更加茫然不知所措。除了抱著小皇帝大哭外，沒有其他辦法。

一月二十六日宗社黨的首領良弼被炸身亡，京師震動。王公貴族聞風喪膽，有些人潛入青島、大連、天津的外國租界，藏匿不出。隆裕更是驚慌不已，為保全清廷，她盡力拉攏袁世凱。她頒發懿旨封袁為一等侯爵，並命退歸藩邸的醇親王載灃親自到袁的住所傳旨，督促袁入宮謝恩。

隆裕一心想用封賞的辦法拉攏袁世凱，使他效忠清室，但是袁世凱雖然接受了封賞，但他並不領情，繼續進行逼宮活動。

為了奪取全國政權，一月二十九日袁世凱授意楊度在北京發起組織共和促進會，宣布目前行君主立憲為時已晚，為挽救國家危亡，保全皇室，只有實行共和。催促清廷迅速做出選擇，早早退位，隆裕在其催逼下，整日抱著宣統皇帝痛哭流涕。載灃向來缺乏主見，不敢參與決策。皇室貴族束手無策，亂作一團。

隆裕所能採取的唯一辦法是盡可能拖延時日。二月一日，她召開御前會議，提出採取虛君共和政體，即君主不干預國政的辦法把皇帝保留下來。孫中山的南京民國政府和袁世凱都表示反對。隆裕無旁路可走，經過反反覆覆考慮、比較，覺得保留性命，退位後享受優待條件，總比覆宗滅族的結局強得多。無奈，她只好做出了皇帝退位，頒行共和的決定。

一九一二年二月三日，隆裕太后授袁世凱以全權，與南方民國政府商談清帝退位條件。

二月八日，梁士詒攜擬定的優待條件觀見隆裕太后。大意是：一、清帝辭位後尊號不變；二、

每年由中華民國政府撥給銀四百萬兩；三、暫居紫禁城，日後移居頤和園；四、宮內的執事人員照

常留用，以後不得再召閹人；五、原有之私產由中華民國政府特別保護。

另外，隆裕還向中華民國提出請求：「德崇（光緒）陵未完工程，如制妥修，其奉安典禮，仍

如舊制，所有實用經費，均由中華民國政府支出。」在這些要求都被應允後，隆裕邊流淚邊顫抖著

拿出御寶，在三道遜位詔書上蓋上大印。持續了共二百六十八年的大清王朝，在她手裏宣告滅亡。

宣統帝的退位詔書起草之後，袁世凱看過，隆裕太后看過，最後正式發布，它大意是這樣的：

「今全國人民心理，多傾向共和，予亦何忍因一姓之尊榮，拂兆民之好惡，特率皇帝將統治權公諸

全國，定為立憲共和國體，仍合滿漢蒙回藏五族完全領土為一大眾化民國，予與皇帝得以退處寬

閒，優遊歲月，長受國民之優禮，親見郅治之告成，豈不懿歟！」這麼一個重大歷史變革，用了很

輕鬆的典雅的文字把它交代了。

了卻殘生

宣布共和後，皇室已失去了政權。但清廷在紫禁城中，仍然按照皇室的禮儀，發布上諭。他們

靠出賣宮裏的珍寶和從中華民國政府領到的優待經費四百萬兩白銀，在宮中仍過著奢靡的生活，保

持著皇家舊有的威嚴。

隆裕太后仍然住在宮中。她心情憂鬱，很少與外人接觸，沒有人知道她在想些什麼。她這一生，經歷太多的不幸和轉折，她大概是看透了！她與宣統帝的關係也日漸疏遠，教養侍奉之事，一概交給太監去管。由於她整日憂鬱，精神恍恍惚惚，起居也沒有節制，飲食更不加注意，常常讓太監拿著水果袋跟著她，每天只吃些水果。這樣時間一久，身體大病，到了一九一三年便臥床不起了。

她去世前，正值深夜，世續、溥倫及載灃在一邊侍奉。據說溥倫擬議遺詔，授命醇親王載灃掌管宮中事務之權，但此時隆裕太后已昏迷。世續等大聲呼喚，不見太后醒來。小德張來到近前，在枕前大聲呼喚說：「現在世續等王爺看太后身體欠安，宮中事務請下旨命醇親王管理。」這樣喊了三次，隆裕才睜開眼，輕輕地點了點頭，很久才說出一句話：「叫皇帝來。」太監連忙把溥儀抱到床前，太后指著溥儀，使出全身的力氣，慢慢地說：「他太小，你們不要難為他。」說完，兩眼一閉，命歸黃泉。

隆裕皇太后死訊傳出，袁世凱表示悼念，參議員外交團發了悼唁，國務院及清室為隆裕太后舉行了大規模的公祭和喪葬儀式，並在故宮太和殿前搭起了彩牌樓。

隆裕的葬禮隆重莊嚴。除了曾經的王公大臣外，國務院總理和總統袁世凱的代表、各國務員、各局長並各部代表及海陸軍等人參加祭典的達三百多人。

末代太后隆裕就這樣結束了她悲苦、孤寂的一生！

婉容

　　修《清史稿》時，婉容未死，故無傳，特將《清史稿・列傳一・后妃・論贊》錄於此，作為小結：論曰：世祖、聖祖皆以沖齡踐祚，孝莊皇后　創業之難，而樹委裘之主，政出王大臣，當時無建垂簾之議者。殷憂啓聖，遂定中原，克底於升平。及文宗末造，孝貞、孝欽兩皇后躬收政柄，內有賢王，外有名將相，削平大難，宏贊中興。不幸穆宗即世，孝貞皇后崩，孝欽皇后聽政久，稍稍營離宮，修慶典，視聖祖奉孝莊皇后、高宗奉孝聖皇后不逮十之一，而世顧竊竊然有私議者，外侮迭乘，災祲屢見，非其時也。不幸與德宗意恉不協，一激而啓戊戌之爭，再激而成庚子之亂。晚乃一意變法，怵天命之難諶，察人心之將渙，而欲救之以立憲，百端並舉，政急民煩，陵土未乾，國步遂改。綜一代之興亡，繫於宮闈。嗚呼！豈非天哉？豈非天哉？

郭布羅·婉容（一九○五～一九四六）字慕鴻，別號植蓮。祖先達斡爾族，隸屬正白旗，原籍黑龍江省龍江縣牤牛屯。婉容出身於世襲貴族家庭，其曾祖父長順曾任吉林將軍，曾為大清屢建殊勳。其父榮源繼承了祖上留下的大批地產，後任遜清宮內務府大臣，其母愛新覺羅·恆馨是皇族毓朗貝勒的次女——人稱「四格格」，她是榮源在原配夫人死後繼娶的妻子。外祖父愛新覺羅·毓朗是乾隆皇帝長子永璜（封為定王）的五世孫，係清末顯要人物。

婉容一九○五年生於北平帽兒胡同榮源府內。後隨父母移居天津。曾就讀於一所美國教會學校，學英語、彈鋼琴，特別喜歡爵士音樂。加上容貌端莊秀美，清新脫俗，琴棋書畫無所不通，因此在滿族貴族女性中頗具聲名。一九二二年，以家族勢力入選皇后，並與溥儀完婚，時年十七歲。

一九二四年，馮玉祥政變，婉容隨溥儀被逐出宮，流徙於醇王府、日本公使館後，旋至天津張園、靜園。

一九三二年三月，在日本特務護送下，經旅順輾轉抵達長春，成為偽滿洲國的「執政夫人」，言行均受到日本人嚴密監視和限制。期間曾秘密與國民黨代表顧維鈞聯絡，擬逃離長春未果。

一九三四年六月，偽「滿洲國」建立，成為偽滿洲國的「康德帝后」，後因「穢聞」被打入「冷宮」，身體和精神處於崩潰邊緣，嗜毒成癮。一九四五年，偽滿洲國滅亡後，婉容流浪於長春、通化、吉林之間。一九四六年病逝於吉林延吉監獄，終年四十一歲。

婉容是中國歷史上的最後一位皇后。她一生雖然有皇后的名譽和地位，卻沒有享受到皇后應有的權力和尊榮，正如末代皇帝溥儀所說的那樣：「她如果不是在一出生時就被決定了命運。也是從

奢華的婚禮

「一結婚就被安排好了下場。」

一九二三年十二月一日，是中國末代皇帝——愛新覺羅·溥儀大婚的日子，在這次大婚中，年方十七歲、儀態萬方的婉容被娶為皇后。

婉容自幼長於深閨，姿質天然。據接近她的人回憶，婉容不僅體態嬌好，姿色迷人，而且舉止文雅，談吐得體，琴棋書畫樣樣都精，是一位富有教養的才女。但是婉容被冊立為皇后，卻不完全是因其才色，而是出於某種偶然的「圈定」。

一九二一年初，溥儀剛滿十五歲，遜清皇室就開始為溥儀的婚事做準備。端康太妃和敬懿太妃都想讓自己的親信當選皇后。在議婚時爭執不下，最後拿出一張照片讓溥儀本人來確定。溥儀後來在《我的前半生》一書裏回憶道：「四個人都是一個模樣，身段都像紙糊的桶子。每張照片的臉部都很小，實在分不出醜俊來，如果一定要比較。只能比一比旗袍的花色，誰的特別些。我那時想不到什麼終身大事之類的問題，也沒有個什麼標準，便不假思索地在一張似乎順眼一些的相片上，用鉛筆畫了一個圈兒。」溥儀圈定的這一位是滿洲額爾德特氏端恭的女兒文繡，這正合敬懿太妃的意。但端康太妃竭力反對。溥儀又只好在她滿意的照片上面了一個圈，這就是婉容。最後在宮中兩

派爭鬥下，婉容被冊封為皇后，文繡被立為妃子。

一九二二年十二月一日零時前後，雖已退位卻依法擁有尊號的清朝皇帝宣統，身穿龍袍，在文武百官的簇擁下來到莊嚴肅穆的乾清宮內升座，親送鳳輿出宮，前往地安門帽兒胡同后邸迎娶婉容皇后，從而揭開了末代皇帝大婚的盛大典禮的序幕。

婉容是中國歷史上最後一位得到迎娶皇后禮遇的女性。當時清廷已被推翻十一年，中國社會已進入民主共和時代，但末代皇帝婚禮之隆重，較之封建社會帝王的婚禮毫不遜色。

清宮欽天監為宣統皇帝大婚選定的奉迎禮吉期是壬戌年十月十三日寅時。為了保證皇后進宮的吉期，鳳輿將提前兩個時辰從宮內出發。

欽天監的選擇代表著天意，既然已把奉迎禮定在寅時（三至五時），則迎娶過程只能安排在深夜了。欽天監同時算定，皇后升輿、降輿必須避開亥（二十一至二十三時）、卯（五至七時）、未（十三至十五時）「三相」，因此，若安排在上午、下午或上半夜，也不甚適當。而且後半夜裏整個城市都歇息了，正好在大街上擺場面，又是月兒將圓的時候，黑夜也跟小白天似的，一點兒不礙眼，不妨礙禮儀的舉行。

載濤貝勒負責總辦大婚典禮的一切事宜。載濤受命後查閱了《大清會典》及歷代皇帝大婚檔案，決定按同治皇帝婚典的模式進行，並考慮酌添民國以來的新花樣。經過預算，確定「大婚經費力求撙節」，總開銷按當時報導主要有兩種說法：一九二二年十月二十八日《平報》說，「清帝婚禮用費」，「近由籌備婚禮處王大臣核定為四十萬元」；一九二二年十月三十日《國強報》說，

「因庫款支絀，經婚禮大臣載濤、朱益藩、紹英、耆齡等會議，力為縮減，議定大婚經費（統計一百萬兩）」。百萬兩即百萬元，兩說相距甚遠，這不過是預算，實際花多少怕是弄不清了。就算是花了四十萬元，按當時價格可以購買二十萬袋「洋麵」，實在也夠奢靡的了。

為了籌措這筆浩大開支，清室曾「備具公文」向中華民國政府追討歷年積欠的「優待費」，答覆是「礙難照辦」。繼而商定向英國匯豐銀行抵押借款，為此從內庫中撿出金盤、金瓶、金盒、金碗、金壺、金手爐、金如意、金葫蘆以及珍珠、翡翠和珊瑚製品等共千餘件，都是乾隆、道光、咸豐歷朝遺物，有很高的文物價值。隨後將其中的金銀器皿分裝四十一箱，將瓷器、玉器陳設品分裝兩大木桶，於一九二二年十一月二日用十一輛汽車運往東交民巷英國匯豐銀行。後因贖回抵押品的款項始終不能籌足，這國寶也就因超越時限而「押死」，成為倫敦的財富了，這便是宣統皇帝盛大婚典的背景。

明亮的月光籠罩著巍峨而森嚴的紫禁城。從辛亥革命後不久隆裕太后代宣統皇帝下詔退位起，清朝歷代皇帝大婚，迎娶皇后的鳳輿均由紫禁城正門——午門進宮。明清兩代出入午門有嚴格的等級規定，其中等級最高的便是午門的中門，實際是皇帝的專用門。但是，允許皇后在大婚典禮中乘喜轎入宮時通過一次，還允許殿試中狀元、榜眼和探花的三個人出宮時走一次。至於文武官員、宗室王公等只能依身分出入午門的東偏門、西偏門以及東西兩拐角處的左右掖門。對於皇后來

這裏雖然也熱鬧過幾回，譬如一九一三年隆裕皇太后出殯那天，一九一七年溥儀因張勳復辟而第二次登基那天，但都沒有這一次隆重。

說，一生中也只有唯一一次機會能夠通過午門的中門，這真是一身榮耀、九族沾光，哪裏是簡單過一道門的問題呢！

民國以後，紫禁城內的太和殿、中和殿和保和殿轉歸北洋政府使用。溥儀的生活圈被限定在紫禁城的後半部，因此迎親喜轎不但不能再進大清門、午門的中門，也無權使用前三殿範圍內的東華門和西華門。如果讓堂堂皇后從紫禁城的後門——神武門進宮，實在有失隆重。經大婚禮儀處與北洋政府反覆磋商，決定為皇后進宮破例開啟東華門。那天，東華門左門柱上還高懸一塊紅色紙匾，上書「觀禮、慶賀人員均由神武門出入」字樣，表明此門是專為婉容開放的。差不多有十年未下門的淒涼、冷清的東華門，一下子充滿了喜慶的氣氛，變得熱鬧而氣派起來。

高高低低不同層次的觀禮人員，自十一月三十日入夜起便陸陸續續由神武門入宮來了。神武門前汽車、馬車、騾車擺得滿滿，神武門門額也裝飾成了彩棚。迎親隊次序為：步軍統領衙門馬隊、警察廳馬隊、保安馬隊、軍樂兩班……最後是皇后所乘的二十二抬金頂鳳輿及清室隨從。參加慶賀瞻禮的顯貴達二百三十七人。其中議員二十餘人，外國要員二十餘人。

宣統皇帝溥儀踩著子夜的更聲跨進乾清宮。這裏已在皇帝寶座前擺放了三張禮桌：中間的桌上放著「節」，它象徵皇帝至高無上的權力；東桌放置著「金冊」，西桌放置著「金印」，它們並非冊封皇后的用品，冊封典禮已在頭一天舉行，「冊文」和「寶文」也已送到婉容手裏了。這「金冊」和「金印」表示著皇后備受尊崇的地位，是皇帝送給皇后的最重要的禮物。

當宣統皇帝跨進乾清宮之際，懸掛在宮外東西屋簷下的鐘、鼓、石磬等古老樂器鏗然鳴響。王公大臣、正副使節以及觀禮人員等依身分、地位分班次進殿行三跪九叩大禮，向新郎皇帝表示祝賀，禮成樂止。正天使載振和副天使昭煦跪宣讀迎娶皇后的聖旨並受「節」。當溥儀「降座」離開乾清宮時，「中和韶樂」再奏《顯平之章》。這時，迎娶皇后的儀仗隊已在乾清門外乃至景運門外列隊待發了。

載濤作為大婚典禮的總操辦人，把貼身照料新人和布置喜房的任務交給了自己的嫡配夫人姜婉貞。姜氏出身廣東名門世家，從小接受過良好的教育，工於詩書，擅長繪畫，廣有見聞，談吐文雅，為人機敏，處事果斷，在溥儀的大婚典禮中還真露了幾回臉。

凌晨一時過後，迎親儀仗排列就緒，溥儀乃派使臣率姜婉貞以及前內務府大臣增崇之妻和兩名「命婦」，由若干女官陪同，把一柄「御筆用寶龍字如意」安放在鳳輿內正中。隨後起轎，從東華門出宮。載濤之妻等福晉、命婦、女官又前往皇帝洞房——坤寧宮東暖閣，為新娘和新郎鋪設龍鳳喜床。繡有「龍鳳呈祥」精美圖案的被褥也是在杭州訂製的。喜床中央放一個裝滿珍珠、寶石、金銀錢以及五穀之類的「寶瓶」，喜床四角各放一柄如意。鋪設完畢，她們便出神武門抄近路往皇后府邸去了。與此同時，溥儀另派蒙古親王那彥圖、蒙古郡王貢桑諾爾布、載澤和溥信等四個御前大臣在乾清宮照料一切，他自己則退處乾清宮西暖閣休息，等候皇后入宮。

龐大的迎親儀仗，充分顯示了三百年清朝統治的「餘威」。迎親隊伍超過三千人，由東華門出東安門，踏月夜行，浩浩蕩蕩地向北而去。一路之上，黃沙鋪道，淨水潑街，到處有紅、黃兩色裝

飾，這裏從上半夜起就由警察廳宣布戒嚴了，然而，馬路兩旁仍是人山人海，萬頭攢動。大體都是住在這一區段的居民，卻不許隨意走動。至於得到允許可以觀禮的中外人士，都佩戴一枚「小朝廷」發放的鋼質徽章，見章放行。

在紮著彩坊的皇后府邸大門前，皇后之父郭布羅·榮源、皇后之兄潤良和皇后之弟潤麒，早已跪在那裏迎接聖旨和聖節的到來了。迎親儀仗隊抵達之後，父子三人首先面對聖旨和聖節恭行三拜九叩大禮，繼而隨正、副天使進院，鳳輿也隨之抬進前院。然後，撤下在太僕寺雇傭的普通轎夫，換上太監，再一直抬進內院，放在正房臺階前，面朝東南。這個方向也是清宮欽天監規定的。抄近路先期而至的姜婉貞等福晉、命婦和女官請皇后梳雙髻，戴雙喜如意，穿「龍鳳同和袍」，一切準備停當。鳳輿到後，由正天使載振宣讀聖旨，皇后親自接旨並行禮。據莊士敦說，「她跪在地上，然後行一系列複雜的禮，包括六次手臂下垂、頭部微抬的起身，三次下跪和三次鞠躬。對於一個婦女來說，這種禮節等同於最尊崇的跪拜——九次屈身叩頭」。行禮畢，接受金冊和金印。與此同時，姜婉貞等又為皇后升入鳳輿而準備了。她們先燃藏香，在鳳輿內薰繞一圈，再薰皇后用以蓋頭的錦帕。薰完，將鳳輿內正中那柄「御筆用寶龍字如意」移到旁邊，請皇后手執蘋果和如意，搭上蓋頭，升入鳳輿。待首領太監剛剛垂下輿簾，抬轎的太監們便一個個伸直了腰板，經過內院、外院，一直抬到皇后府邸大門外，再換用太僕寺的普通轎夫，打道回宮。

鳳輿經東華門進入紫禁城，又被緩緩地抬到景運門，太僕寺的普通轎夫就在這大理石臺階下最後被撤去了，接過轎槓的太監們莊嚴而謹慎地把鳳輿一直抬到乾清宮前正衝著皇帝寶座的地方放

下。從東華門到乾清宮，所經各門門座前後全部鋪設了棕毯，鳳輿起落的幾處地方鋪設了紅氈。

照滿族傳統，新郎要在新娘下轎之前向其頭頂上方連射三箭，為的是趕走黑煞神以確保平安。

對於皇帝來說還有另外一層意義：皇后地位尊崇，但在皇帝面前也是奴才，向她射箭表示她也必須接受懲罰。起初溥儀挺有興趣，接過箭來要射，卻被姜婉貞擋住了，她考慮到溥儀高度近視，大婚典禮的場合又不能戴眼鏡，一旦失手傷了皇后就不好辦了。溥儀聽了這話有道理，也覺得沒必要墨守陳規陋習，遂臨時傳諭把射箭儀式免了。

按清宮祖制，在皇后下轎之際，前一日入宮的淑妃要親率女官和宮女等膝行跪迎，以示皇后與皇妃間的等級尊卑。溥儀想想似也無此必要，既已免了皇后挨箭，索性也讓淑妃別下跪了，於是再度宣旨免去跪迎之禮。

溥儀被引導著先往洞房——坤寧宮東暖閣去了，有資格隨鳳輿來到乾清宮的王公大臣、清室內務府高級官員以及皇帝的師傅們也都退去了。鳳輿周圍只剩下姜婉貞等福晉、命婦、女官和太監，皇后這才由人們簇擁著走出鳳輿。姜婉貞立即上前接過皇后手持一路的蘋果和如意，又遞給她一隻寶瓶，這都是大婚典禮中必有的吉祥物品。隨後，攙扶仍搭著蓋頭的皇后，在手執珠燈的女官導下，經東隔扇，進坤寧宮，來到東暖閣前。

在這裏，新娘還必須照滿族習俗先邁過一隻預先設下的大火盆，以期將來的生活越過越紅火；然後再跨過馬鞍和蘋果，企望婚後的日子平平安安。演完這些節目，姜婉貞才接過皇后手中的寶瓶，把她領到皇帝面前。這時，有人向溥儀呈遞一桿新秤，請皇上用秤桿揭開皇后的大紅蓋頭，這

大約是滿族人讓新娘計劃柴米、儉樸度日的習俗。姜婉貞頗為細心，生怕毛手毛腳的溥儀挑著皇后的臉，便從他手中取走那桿秤。其實皇家的新娘談何節儉？於是溥儀伸手揭去了遮在皇后臉上的蓋頭，第一次看到她的美麗面龐。

寂寞花燭夜

在隆重儀典和迎娶來的婉容，等待她的卻只是冷落和孤寂。按理來說，新婚當夜，揭開了紅蓋頭、同食「子孫餑餑」、「行合巹宴飲交杯酒」，又進「長壽麵」之後，對於健康的少男少女來說，自然是溫柔而甜蜜的花燭夜了。然而，溥儀卻離開了那張「龍鳳喜床」，回養心殿自己的臥室去了。溥儀羨慕西方生活方式，趁著大婚的機會，不久前特意託請上海亨達利鐘錶店的德國老闆，從國外購置了一套水晶家具陳設在養心殿他的單身臥室內。新婚第一夜，溥儀覺得還是回來欣賞這套水晶家具更舒適些。

他將婉容孤零零地留在坤寧宮的新房裏，新婚之夜遭如此冷落，婉容深感苦悶和委屈。

「被孤零零地扔在坤寧宮的婉容是什麼心情？那個不滿十四歲的文繡在想些什麼？我連想也沒有想到這些。」這是溥儀在四十年後自己寫在回憶錄裏的話。

大清皇帝新婚初夜就逃離洞房這樣的事可不簡單，很快就捅到外界去了。流言紛紛。

傳聞之一愣說皇帝讓皇后給拒絕了，並非溥儀主動離去，而是婉容「閉關」。說婉容脾氣不小，入宮頭一天就和溥儀鬧了一點兒小小的彆扭。因為溥儀宣旨免去了淑妃、秀女跪迎皇后之禮，惹怒了婉容。

傳聞之二則歸咎於溥儀，說是小皇上鬧著出宮留洋，故意不跟小皇后同房，以便讓王公大臣們企圖用婚姻圈住溥儀的計劃落空。

但是傳聞畢竟只是傳聞。六十多年後美國《新聞周刊》文化版主筆愛德華·貝爾先生，曾就此事進行了若干有關的採訪，嗣後，他在《中國末代皇帝》一書中發表評論說：「也許要求一個永遠被太監包圍著的成年人，像一個十七歲的正常人那樣表現出性成熟，是過高的期望。皇貴妃們也好，莊士敦本人也好，從沒有在房事上給過他任何忠告。但事實上，即使是個毫無經驗、嬌生慣養的成年人，如果一切正常，不可能不為婉容驚人的美貌和性感激起性欲。推論當然是：溥儀要麼是陽痿，性超乎尋常地不成熟；要麼是早已意識到自己同性戀的傾向。」

但這也只是一個推論而已，至今我們也弄不清楚溥儀為什麼在大婚之夜不與皇后同房。再聯想清代最後三個皇帝——同治、光緒、宣統個個絕後，這也許不是一個人的問題，有學者認為可能是近親結婚在清朝末世狠狠的跟滿清皇族開了個玩笑。

儲秀宮：喧嘩與落寞

婉容婚後在儲秀宮生活了將近兩年，她到底是怎樣一位女士呢？有人說她「大有明星皇后的資格」。這似乎並不誇張，因為她不但有皇后的身分，而且有超越清朝歷代皇后的表現，特別是她西方化的思想傾向。正像一位美國人對婉容所作的評述：「雖然出身貴族之家，她的父親卻改營商業。她是一個滿洲美女，她和皇帝在思想上很對勁，而且也像他一樣，受過西方的新式教育，也取了一個外國名字叫伊麗莎白。」

紅色的宮牆並沒有阻斷婉容與西方「新式教育」的聯繫，因為有「思想上很對勁」的溥儀支持。起初溥儀給婉容延聘兩位師傅：一位是美國費城牧師的女兒馬修容，另一位名叫英格蘭姆。她們顯然都與婉容在天津念書那個教會學校有關，是婉容自己物色的人選。不久，伊莎貝爾·任薩姆女士也被聘到宮裏來了，她與婉容也是舊相識。她們不但教授英文，也講授文學、歷史、藝術及世界各地風物知識。

婉容的師傅們頗受禮遇，她們每天下午入宮授課，屆時總有幾乘二人肩輿在神武門內迎候。酬謝金也是可觀的，逢年過節都有豐厚的賞賜，此外還有俸祿。據清室內務府一九二四年一月間的規定：馬修容和英格蘭姆每人月薪大洋三百元，按時價可買一百五十袋「洋麵」。任薩姆的月薪自然更高些。

婉容深受師傅們的影響，和她們相處得很好。婉容的英文學得很不錯，而且能用英文講話，不但能用英語講話，同處深宮之中，每天見面，卻還要用英文通信，其信的內容當然可想而知。婉容給溥儀寫英文短信的時候，落款總是用溥儀給她取的、與英國女王相同的名字：伊麗莎白。

對於中國古典文學，婉容也讀過一些書。據在儲秀宮伺候婉容起居的太監趙榮升講，清宮裏的寡婦妃子們每天生活都很無聊，平時閒得慌就練練字、繪繪畫而已，婉容年輕，還常常看書，對寫詩填詞也有興趣。溥儀出宮後人們曾在儲秀宮發現婉容的若干作品，其中有兩首詞作：

人言相思苦，我言相思悅。思雖苦，心還慰，只有單思無了時。採蓮蓮花開，君王臥病帳不開。採蓮蓮葉長，桶役宮人來逞強。採蓮蓮結子，桶役宮人炊豆子。太不良，太不良，賽虎狼，賽虎狼。黑心腸，黑心腸，無法償，無法償。狂風揚，狂風揚，天地昏暗日無光。

桃花宮，桃花院，桃花院內桃花殿。桃花殿，桃花簾，桃花簾內桃花仙。桃花面，桃花面上桃花癬，桃花玉蔓桃花衫。桃花口、氣如蘭，桃花齒、似葉煙，桃花唇、似血盆，桃花媚舞桃花殿。

第一首，原詞無題，係閨中相思之作。詞句整齊、淺白，比喻貼切、新鮮、感情真摯，有如瀑布直瀉。也像一首朗朗上口的民歌。從內容看，可以品味出作者那種難以壓抑的憤怒，這憤怒顯然

來自於不正常的婚後生活。第二首，原題《桃花歌》，用擬人的手法，宣洩了作者在情場角逐中的心情。她妒忌的對象，諷刺、挖苦的對象，就是淑妃文繡。

在溥儀的歷史檔案中，尚可找到婉容的手跡，大多為鋼筆寫下的中、英文書札以及詩文作品和日記等，也有少數毛筆小楷字跡。語句文白相間，但錯別字不少。書法尚可一觀，只是沒有找到她的繪畫作品。據說她也和溥儀一樣，能繪幾筆畫。她與宮內外的畫家亦有交往，美籍華人女畫家楊令，當年曾進宮為婉容「寫真」，留下一幅末代皇后的肖像圖：婉容站在山水屏風前的地毯上，鳳冠鳳袍，全副旗人裝飾打扮，顯得高大、端莊和美麗。到天津以後婉容還專門聘用了繪畫教師。

婉容在清宮的那兩年常見外賓，這或許可以說是她的一樁正經事。

莊士敦和任薩姆扮演了仲介人的角色，他們把一批又一批金髮碧眼的先生、女士帶進紫禁城，並介紹給早已喪失政權的中國皇帝和皇后。既然大婚期間那次非正式外國人招待會已經開了先例，男女無須迴避的「外事活動」當然可以繼續下去。現存一張溥儀和婉容在養心殿前與外賓合影的照片頗能說明問題：溥儀夫婦居中而坐，站在他們身後及兩側的二十二個人中，除了受到接見的外賓，還有總管內務府大臣鄭孝胥、溥儀最信賴的師傅陳寶琛及皇族溥傑等人，莊士敦和任薩姆當然也在其中。可見這種接見形式已經得到小朝廷的公認。

在新時代的條件下，清宮事實上已經發生了很多變化，一些傳統的東西被洋味兒的東西取代了。比較起來，在天津長大的婉容，西化程度更甚於圈在紫禁城內的溥儀。她不但常給溥儀寫些抒情的英文短信，而且教會了溥儀吃西餐。

西餐，當時稱作「洋飯」。作為中國的帝王，溥儀完全不懂這「洋飯」的「進」法。他在《我的前半生》一書裏回憶第一次吃西餐的可笑情形說，他讓太監到六國飯店（今東交民巷新僑飯店）去買西餐。店裏問：「要買幾份？」太監說：「反正多拿吧！」好啊，大碗大碟擺滿了一大桌菜，太監說：「那怎麼成！你們可不能到宮裏去，我們自己擺！」店裏要派人來擺放餐桌、刀叉並佈子，菜多得出奇。溥儀看見一碟黃油，黏糊糊的，不知道該怎麼個吃法，就對太監說：「你們嚐嚐！」他們吃了一口連聲說：「太難吃了，太難吃了！」溥儀還記得，湯是用烏龜做的，也很難吃。正是婉容把溥儀從這個水平線上，教到會吃、愛吃，直到特赦以後還很喜歡西餐的程度。

溥儀這樣回憶了婉容向他傳授西餐知識的情形：「結婚後，有一天我對我那一妻一妾——婉容和文繡提議道：『我們今天吃洋飯好不好？』當然她們都是極端贊成的了。於是就如法炮製，和上次一樣，把多得驚人的西餐端來擺滿一大桌子。正要舉箸（因為我尚不慣於使用刀叉）來吃時，婉容見狀似乎是吃了一驚，噗哧一聲笑了出來說：『這樣吃法太老趕了，應當每人一份地分盛在盤子裏吃！』於是就由分盛湯菜起一直到怎樣使用刀叉等，都做了技術上極其生動的說明，並做出了極富自信的實際示範動作。我固然覺得被這種技術問題束縛得很彆扭，但從那次起就逐次體會到了其中的奧妙，而學會了吃西餐的全套本領。」

像婉容這樣一位講英語、吃「洋飯」，在西方思想薰陶下成長起來的貴族千金，怎麼能夠受得了宮牆的禁錮呢？在這一點上可以說她和溥儀是有共同語言的。於是他們想方設法，要從自己狹窄的生活中走出去。

溥儀回憶那段歷史時說：「這時我已漸漸對於那種『宮廷小圈子』生活感到厭倦，總想看一看『紫禁城』外的新鮮景色。但由於『陳規舊矩』處處拘束著我，有一次我的老師陳寶琛探病了，我便以堂堂正正的『探問師病』為理由，嘗到坐汽車走大街的『快樂滋味』。於是我就一步一步地試探著擴大訪問的範圍，如探望我的父親以及我的叔叔等等，最後則把範圍擴大到遊頤和園和玉泉山了。當然我的每次出門，都得編成一列幾十輛的小汽車隊，並且每一次的開支也是大得驚人。但是我不去管它，目的不是『開開眼界』麼，達到了這種願望，便心滿意足了。最滑稽的，是有一次我赴頤和園時，曾命司機把汽車加速開駛，在我屢次催促之下，竟達到每小時六十至七十公里的速度。這時可把隨我出遊的『內務府大臣』紹英老先生給嚇壞了，據說嚇得他在車中緊閉雙目，雙手合十，高聲大念『南無阿彌陀佛』不止。」

溥儀的回憶大體上反映了當時的心境。溥儀大婚後，出宮日漸頻繁，而且每次必攜一后一妃，恐怕不能說這與婉容無關吧。關於溥儀與婉容雙雙出宮的消息，也在社會上時有流傳。從當年的舊報紙上可以找到許多報導，也能夠反映皇帝和皇后宮廷生活的一斑。

一九二三年六月三日《大公報》登載了《溥儀夫人省親》的消息：「昨午，北京地安門大開，道旁圍立多人，軍警鵠立，帶纓帽者幢幢往來。聞係溥儀夫人於是日午間赴西城帽兒胡同榮邸省親。午後四時還宮。故提署、警察兩方，派有軍警多名，以資保護也。」

在紫禁城的兩年中，溥儀對婉容還是比較信任的。這從建福宮失火後溥儀要婉容為他守夜一事可看出來。一九二三年夏初，溥儀為查明珍寶失盜緣由，下令清查庫存珍寶。偷盜的太監們為銷贓

滅跡，便放火燒掉了建福宮和附近十幾座樓臺亭閣。此時宮中又出現了太監報復傷人事件。溥儀想到平時他對太監的殘暴，怕他們對自己行兇報復，就想挑一個可靠的人來為他守夜，挑來挑去挑上了婉容，他讓婉容整夜守護在養心殿內為他壯膽。這段時間，兩人感情還是融洽的。

婉容是一位富有同情心的皇后。每當她看到報紙刊出窮人挨餓或無錢救醫、無力安葬的消息時，自要派人送去幾元幾十元。據一九二三年二月十二日《事實白話報》載：一群由窮苦無靠者組成的「北京臨時窩窩頭會」，一次就收到皇后使者送來的六百元大洋，婉容的行善樂施在京城是出了名的，下少人為之感動。

表面看來。這時期的婉容悠閒快樂，其實她內心裏面有難言的苦衷，接近她的人發現她時常愁眉不展，她的貼身太監孫耀庭曾回憶道：「起先皇后的脾氣挺好，皇上常到她屋裏來，可是很少在她屋裏宿夜，只是說會兒話，玩玩就走；後來。皇上來的次數少了，她的脾氣也變得不太好，有時候在屋裏繡著花就停下來，面壁而坐，半天不吭一聲；每當這時，我們就得格外小心侍候。」可見，婉容雖在宮中有令人羨慕的高貴身分，卻不能像平民百姓那樣享受夫妻之愛和天倫之樂，在這種虛偽無聊的環境裏生活，婉容內心感到鬱悶，在某些人的引誘之下，她染上了抽大煙的毛病，每頓飯後都要吸上幾口。

客居天津

一九二四年十月，直系軍閥第三軍總司令馮玉祥乘直奉大戰之機，率部從前線倒戈回京發動政變，囚禁了賄選總統曹錕。為了徹底清除民國以來復辟帝制的總禍根，馮玉祥採取果斷措施，將宣統皇帝溥儀驅逐出宮。

被逐出紫禁城後，婉容隨溥儀在醇王府生活了幾天，又在日本駐北京公使館度了數月，隨後於一九二五年二月與溥儀同去天津，居住在日本租界的張園中。張園是一座佔地約二十畝的園子。中間有一座被人稱為八樓八底的樓號，這幢建築物是前清駐武昌第八鎮統制張彪所建的遊藝場。婉容與溥儀在此住了將近五年，一九二九年七月由張園搬到了原民國駐日公使陸宗輿的公館，名為乾園。在這裏又生活了二年。溥儀將「乾園」改為「靜園」，取「清靜安居，與世無爭」之意，而實際是「靜觀其變，靜待時機」，以圖東山再起。

在天津的七年是婉容一生中最輕鬆愉快的時光，在這裏，她不用再受種種封建家規的束縛，獲得了較多的自由。而且，天津是婉容少女時代讀書的地方。她對這裏的一草一木都很熟悉。這裏的生活比北京悠閒、豐富得多了。婉容每天讀書、畫畫、彈琴，帶著溥儀遊覽各處名勝，和溥儀接觸的時間也多了、她拍了許多照片，經常參加各種社交活動或外出閒逛、僅在一九三〇年五月一個月內，婉容就在溥儀陪同下出門六次，其中有五次去馬場遊玩或逛鬧市區。冬天，溥儀時常陪她出來

溜冰、參加舞會等，她們還經常與英、美、日等外國朋友交往；皇后每到一處，人們紛紛投以驚異和羨慕的目光，婉容的虛榮心得到了滿足。

婉容在天津年年都要慶祝生日，每次祝壽她都會發一筆財。如剛到天津那年慶賀她二十歲生日時，人們進貢的「千秋」有金杯、銀瓶、金壽星等昂貴物品。婉容這次生日收穫之豐，奢侈之極，令人咋舌。

這一時期，婉容與文繡的關係日趨惡化，婉容在后妃之爭中偏向皇后。他曾回憶道：「當時文繡的處境確實很痛苦；有一天，因為某一件小事，婉容誤會文繡詬罵她，於是就要求我派遣手下的傭人，鄭重其事地到文繡處當面進行『奉命斥責』。文繡受此不白之冤，便要到我住的房間來，向我當面訴苦。而我卻狠心地給她來了一個『拒面不見』。」

這段時間，帝、后也曾有過一些令人留戀的情愛。一個春天的夜晚，兩人坐在床上，溥儀撫摸著婉容的手關切地問道：「你可有什麼不痛快的地方嗎？是不是怕我們兩人的愛情不會長久？你到底有什麼事，難道說出來怕我不高興嗎？」他充滿深情地勸婉容要保持心情愉快。

就在溥儀離開天津前夕，兩人還有一段感人的對話，婉容告訴溥儀，說她想戒掉鴉片。溥儀回答說，你病情尚未痊癒，現在戒掉對身體不好，等身體強健一些再戒吧。婉容一時非常感動。

但是，這只不過是一時的溫情。深藏在婉容心底的仍是無邊無際的苦悶。一次，溥儀晚飯後來到皇后住處閒聊到深夜，睡意到來時便拋下婉容，回到自己的「寢宮」去了，帝后兩人從未有過夫妻生活。每當溥儀夜深離去時，婉容便獨自漫步庭院。當她抬頭觀看那輪閃閃的圓月時，不禁為自

己沒有歡樂的青春而歎息。她想起出嫁前在父母跟前那些自由歡樂的時光。那時，她撒嬌於父母膝下，人人稱讚她的美貌、孝行和品德。而婚後一切都變了，皇帝女眷對她評頭論足。名為皇妻，卻得不到常人都能得到的性愛的歡愉，這個世界為何如此不公正啊！作為女人，婉容承擔得太多了……醜惡的現實、病態的心理，再加上一個不健康的丈夫！但在虛榮心和傳統禮教的重壓下，卻不敢有所表露。

婉容畢竟是個有血有肉的人啊！她是在這樣一種非常奇特的心理狀態之下，一方面是正當的願望和需求，一方面又丟不開皇后的尊號，不敢理直氣壯地建立合理的生活，鴉片也因此愈吸愈重了。

「滿洲國」皇后

「九‧一八」事變後，日本迅速吞併了我東北三省。為了達到永遠霸佔東三省的目的，日本打算在此成立「滿洲國」，讓溥儀做「滿洲國」的皇帝，充當日本帝國的傀儡。

東北淪陷不久，一九三一年十一月十日夜晚，在日本當局的策劃和威逼利誘下，溥儀化裝後藏在一輛汽車的後備廂內，由日本人護送秘密離開靜園，潛往東北，開始了他的傀儡生涯。

溥儀走後兩個月，婉容在日本女特務川島芳子甜言蜜語地勸說下，喬裝打扮經由天津來到大連，不久又輾轉來到旅順，與居住在那裏的溥儀相見。日本人只允許他們倆在住所內活動，實際上

已將他們軟禁起來。

一九三二年三月初，在日本帝國主義的策劃下，建立偽滿洲國的籌備工作基本就緒，他們派出漢奸張燕卿、謝介胥等六人冒充東北人民代表到旅順「請駕」。三月六日，溥儀攜帶婉容和他的兩個妹妹，以及鄭孝胥等人，在日本特務的嚴密監視下，由旅順到達湯崗子，在日本人開設的對翠閣旅館住了兩天。三月八日晨，他們登上了通往長春的列車。下午三時。他們來到已改稱「新京」的長春市，在車站上，溥儀夫婦受到了日本侵略者、前清舊臣、旗人等許多人的熱烈歡迎。十餘名當地前清遺臣手持黃龍旗，向溥儀、婉容行跪迎禮，溥儀被感動得熱淚盈眶，婉容的心情也極不平靜。歡迎儀式結束後，溥儀夫婦被送往「執政府」。次日午後，在市政公署禮堂舉行了「滿洲國建國式及溥儀執政就任式」，從此，溥儀夫婦走上公開背叛祖國，充當漢奸走狗的道路。

溥儀上任一個多月後，偽執政府從長春市政公署搬到新修繕的前吉黑権運局的房子，這裏的八棟小樓在當時的長春是最好的建築物。溥儀親自為每幢房子命名，婉容和溥儀都住在緝熙樓內。溥儀住樓上西側，婉容住樓上東側，樓下是客廳和書齋。四壁用帶有花紋圖案的金黃色彩綢鑲裱。牆上掛著名畫，牆角擺著落地大花瓶，整幢樓房布置得富麗堂皇。

婉容開始了執政夫人的生活，她心情非常興奮，對自己的前途充滿了幻想。但她很快發現，這裏迎接她的不是尊嚴和幸福，而是新的禁錮。那是在溥儀就任執政三個月之後的一天，溥儀帶著婉容和他的二妹、三妹坐上自己的汽車到大同公園遊玩。關東軍得知後立即派兵將公園團團包圍起來，硬將他們「接」回住處，並讓他們保證今後不再發生類似事情。此事對婉容心情影響很大，她

對執政府內的生活失去了興趣，對再次身陷「牢籠」感到懊悔！

婉容開始懷念在天津時那無拘無束、自由自在的生活了，於是，她四處尋找逃出「牢籠」的辦法。據《顧維鈞回憶錄》一書記載，一九三二年五月，為調查日本帝國主義在中國東北的侵略罪行，國際聯盟派李頓調查團來到東北，婉容乘機派人與代表團的中國代表顧維鈞接觸，說她在此生活得很慘，一舉一動都受到監視，要求顧維鈞幫她從長春逃走。顧維鈞深為感動，但表示無能為力。婉容只好留了下來，從此開始了她在東北長達十四年的被監禁的生活。

婉容在偽滿宮中十四年的生活中，當「執政夫人」的頭兩年還算是比較好的。這兩年婉容偶爾還能出頭露面，報紙上也常登出她的照片。她的物質生活也很舒適，溥儀每月分給她一千五百元，後隨物價的上漲增加到三千元。她在執政府內有自己的膳房，雖然不能像在紫禁城中那樣「吃一看二眼觀三」，但仍然是葷素涼熱五味俱全。伺候婉容的有兩名太監和兩名僕婦，還有一位名叫崔慧茹的小姐做她的閨房良伴，教她繪畫、刺繡，陪她下棋、彈琴，以消磨無聊時光。

這兩年中，溥儀與婉容的關係表面上也還可以，但實際上兩人之間的裂痕已愈來愈大了。因為文繡的出走，溥儀對婉容憤恨不已，兩人一般很少交談，溥儀偶爾在睡覺前去她那兒坐一會兒。夜深時便若無其事地走了。婉容心中無限冷漠、空虛和寂寞，時間一長便得了精神病，不過開始還是輕度的，不易被人察覺。

一九三三年八月，偽滿立法院院長趙欣伯的妻子前往日本，婉容託她幫忙東渡，結果又沒能成功。

一九三四年三月一日，溥儀在日本軍國主義的操縱下，登上了「滿洲國」皇帝的寶座，年號「康德」。溥儀舉行即位大典，他披戴著從北京取回的龍袍龍冠，祭奠受賀，盛儀非凡。日本關東軍大員、滿洲國大臣及當地各界貴賓都來慶賀，唯獨不見皇后露面，這是溥儀的決定。在溥儀擔任偽滿執政和皇帝期間，參加一切儀式和社會活動都不用皇后陪同。只有日本雍仁親王「訪滿」是一次例外，因為雍仁來訪前受天皇之命，要求同時會見皇帝和皇后。

婉容是有政治理想的女子，她一心想幫溥儀完成復辟帝制的大業。她在宮中訂了近十份報紙，每天堅持閱讀。她非常關心國家大事，溥儀對她的限制，使她非常難過和苦悶，而這一切她又不敢對別人講，終日被無形的精神壓抑和煩惱纏繞，帝后之間的感情日趨冷淡。

缺乏性情愛是他們感情淡漠以至破裂的主因。腐朽的宮廷生活過早地傷害了溥儀的身體，使他在青少年時代就從生理到心理上厭惡女人。有一次他去大連遊覽，一群年輕貌美的姑娘跪在海濱旅館門前靜候著他的光臨。溥儀見後立即將負責安排這次遊覽的官員召來痛斥了一頓，這些姑娘立即就被趕走了。以後凡是溥儀要去的地方，女人事先都得躲開。可想而知，婉容與溥儀的婚姻是毫無幸福可言的。但由於極強的虛榮心作祟，婉容寧可做一個「掛名妻子」，以保持皇后尊嚴的身分，也不想與溥儀離婚。況且，她那託婉容之福當上皇帝國戚的父親和兄長，也絕不會容許她離開溥儀。

然而，婉容畢竟是有著七情六欲的年近三十的少婦，在正當的生理要求長期得不到滿足的情況下，她便與別人發生了私通。起初，婉容在別有用心的哥哥和傭婦牽線下，與溥儀的隨侍祁繼忠發生了關係。後來祁繼忠作為偽滿將校候補生，被溥儀送往日本陸軍士官學校留學，婉容又與溥儀的

另一隨侍發生了關係。婉容與人私通的事溥儀長期被蒙在鼓裏。直到一九三五年，婉容懷孕即將臨產時，溥儀才弄清了真相。

溥儀對此忌恨無比，為了洩憤，他首先將正在日本留學的祁繼忠和仍在宮中的那名隨侍開除，接著提出與婉容離婚，廢掉皇后。作為太上皇的日本關東軍司令菱刈隆經過慎重考慮，沒有批准溥儀的要求。婚雖未離成，婉容從此卻陷入了悲慘境地。臨盆時，婉容雙膝跪地，淚流滿面地哀求溥儀，希望他能承認即將出世的無辜嬰兒，溥儀堅決不肯，最後允許孩子出世後可送到宮外由婉容之兄雇保姆撫養。

孩子出世了，是一個像媽媽一樣美麗俊俏的女嬰。婉容多麼想把她留在身邊相依為命，但這是不可能的，她只好咬咬牙讓傭人把嬰兒抱走了。此後，她每月給哥哥支付撫養費，她作夢都想見到那個活潑、可愛的女兒。但她萬沒想到，「小婉容」出世半小時就結束了幼小的生命，並被溥儀讓人扔到鍋爐裏燒化了。此事一直瞞著婉容。

分娩之後，婉容被溥儀打入了冷宮，一舉一動受到嚴格監視，連親屬也不得見面。在一連串不堪忍受的打擊之下，婉容的精神徹底崩潰了。她不梳洗，衣冠不整，指甲不剪，很快就由一個花容月貌、身材窈窕的皇后變成了一個蓬頭垢面，骨瘦如柴的令人恐懼的活鬼。對於相隨多年身患重病的妻子，溥儀毫無惻隱之心，甚至以赴旅順「避寒」為名，把婉容丟在宮裏不管。冷漠和孤寂之中的婉容，只好整日以大煙為伴，煙癮日重，煙毒日深，處在慢性自殺之中。

十年的冷宮生活，不僅重創了婉容的精神，也摧殘了她的身體。在偽滿末年，她的兩條腿已不

最後的日子

一九四五年八月六日和九日，美國在日本廣島和長崎投下兩顆原子彈。八月八日，蘇聯對日宣戰，百萬紅軍分三路進入中國東北。日本帝國主義及依附於它的「滿洲國」皇帝溥儀的末日來到了。八月十一日，溥儀按關東軍的命令將皇宮遷往通化，婉容在太監和馮媽、李媽的服侍下，離開皇宮，從長春登專車隨溥儀東逃。八月十三日，他們一行到達臨江縣大栗子溝，這裏有一座日本人經營的鐵礦株式會社，日本人讓出房子給他們住。兩天後，溥儀按照日本人的安排，帶上貴重物品，同弟弟溥傑等幾個最親近的人一起逃走了，而將婉容和「福貴人」李玉琴等人扔在了大栗子溝。溥儀臨上飛機時對她們說，一到日本就派飛機來接她們。但溥儀的飛機在飛往日本的途中被蘇聯空軍迫降，溥儀等人當了俘虜，不久被押往蘇聯的西伯利亞。

也被迫宣讀了他當皇帝以來的第三次退位詔書。八月十七日，日本天皇裕仁宣布無條件投降，溥儀

會走路，需別人架著才能挪動，兩眼近乎失明，見人要以扇遮臉。儘管婉容已成了這般模樣，但日本帝國主義出於政治上的需要，仍在利用皇后的身分招搖。如一九三五年四月溥儀訪日，偽滿報紙報導說什麼，皇后聽說皇帝已平安到達橫濱，十分滿意，皇后陛下觀看了皇帝訪日拍攝的紀錄片如何如何高興等。

被扔在大栗子溝的婉容已病入膏肓，猶如一葉扁舟在驚濤駭浪中隨波逐流，聽憑命運的擺布。

據李玉琴回憶說，她和婉容分住對門，李玉琴在西邊，婉容在東邊，中間隔著一道拉門，在房內說話互相都能聽到。李玉琴曾與婉容在偽皇宮中生活了二年半，但在溥儀的嚴密控制下，她們兩人竟沒有一次見面的機會。在逃難路上溥儀也是把她們完全隔開的。這時，李玉琴很想看一看這位皇后。她回憶這次見面的情形時寫道：兩個太監扶著她走到拉門前，門嘩地一聲拉開了，我差點不相信自己的眼睛，我原來頭腦中想像的她，不說如花似玉，也是清清秀秀，挺好看的。可現在看到的，已是骨瘦如柴，人不人，鬼不鬼的形象。她目光呆滯，臉色青白，二寸來長的頭髮豎立著。她身高一百六十三公分左右，穿一件又髒又皺的舊睡衣，由於長時間不洗，也看不出是什麼顏色了，真有點像瘋子。

在逃難的這段日子裏，李玉琴與婉容成了患難與共的姐妹。一九四五年十一月，天氣轉冷，這群偽宮難民在溥儀的隨侍嚴桐江帶領下，搬到了臨江縣城。在臨江，婉容和李玉琴共同住在一棟朝鮮式的房子裏，在李玉琴的精心照料下，婉容病情一度有所好轉，身體也有所恢復。

不久這裏被八路軍解放，她們這批人作為戰俘被八路軍收審。後來八路軍撤離臨江時，將婉容、李玉琴等人帶到通化市。當時蔣介石發動了全面內戰，東北解放軍正遭受到國民黨優勢軍力的進攻，部隊生活、居住條件差，且時常轉移，無法照顧這位病皇后。部隊首長問李玉琴能否將皇后接到她家去住。但李家非常貧困，根本無力供養婉容，李玉琴懷著複雜的心情與婉容分手了。此後婉容與溥傑夫人嵯峨浩等一行六人被解放軍帶到長春，經審訊後部隊將他們釋放，但婉容已離不開

鴉片，更離不開侍者，當時既無錢給她買鴉片，又無人願意收留她，她只能像囚徒那樣孤單單地跟隨在後撤的部隊後面走。

為了防備國民黨軍隊重新佔領長春，部隊首長把婉容等轉移到吉林市。婉容在吉林市期間「還有過一度公開展覽」，在當時這無疑是對欺壓東北人民十幾年的日偽政權表達憤恨的一種方式。據報導此事的記者說，吉林警察局主辦者指著婉容告訴觀眾：「這就是溥儀的妻子！」

嵯峨浩在《流浪王妃》一書中回憶當時的情景說：「皇后雖然還能吃飯，但大小便已經不能自理了。這件事我無法讓學生們幫忙，只好一個人支撐著皇后那五尺六寸的沉重身體。我因為營養不良，身體也非常虛弱，所以這是一項很艱苦的繁重勞動。」

大家都爭著跑進拘留所來看發狂的皇后，但是已經處在半瘋狂狀態的皇后，可能產生了以前在宮內府時的幻覺，把被子踢到一邊，嘴裏不停地喊著…

「傭人，拿三明治來。」

「快點兒把擦澡的毛巾拿取來。」

生活方面的特殊照顧也很快取消了。一天兩頓飯，吃的是通紅的高粱和像水似的一碗湯，立即感到消化不良。據嵯峨浩講，看守所中有幾位戰士同情婉容，有位戰士讓自己的妻子做了布鞋和內衣送來了，還有位戰士拎些蔬菜送來，說是賣菜的老大娘給的。那天他去買菜，偶然看見牆上掛著溥儀的照片，就談起「皇后」現在關押在看守所內的情況，老大娘聽著便流出了眼淚，隨手撿了些新鮮蔬菜請他一定帶給「皇后」。

一九四六年六月上旬，她們隨軍隊轉移到敦化。到敦化後，又是一次「跑步撤退」，顯然是因為國民黨部隊攻城在即。她實在堅持不住了，幾次躺倒在路邊，又重新站起來艱難前行。終於到達火車站，乘上沒有座位但有窗戶的「運兵車」，經敦化赴延吉。

在延吉下火車後是以遊街示眾的方式前往監獄的。嵯峨浩寫道：「同行的俘虜中，只有我們坐上了行李馬車。馬車上插著一面大白旗，上面用大字寫著：『漢奸偽滿洲國皇族一行』。行李馬車的後面，被反綁著的俘虜行列像一條蜿蜒蠕動的長蛇。街裏的人全擁過來看熱鬧。半死不活的皇后蹲在馬車上，不時睜開眼睛呆呆地看兩眼。她已經麻木不仁，對一切都毫無反應了。我抱著她，咬緊牙關，揚起臉，忍受著民眾的唾罵。在街頭轉了一圈之後，我們又被關進了延吉法院後面的監獄。」

最後剩下的六個皇族成員都被關進單間牢房，婉容則關在由鋼筋水泥倉庫改造的牢房內。開飯的時候，看守便把飯菜端來放在小窗口前面。一天，嵯峨浩經過申請獲准從小窗口看看婉容。她吃驚地發現婉容已經從炕上掉下來躺在水泥地上了，沒有誰肯進屋把她架回炕上去，放在小窗口的飯菜起碼也有幾天沒動了，她已經無力端碗，可也沒人願意把飯菜送進屋裏去。婉容大小便失禁，牢房內臭氣薰天，所以誰都不肯挨近她。

嵯峨浩懇求監獄負責人允許她清理一下婉容的牢房，再給她餵點飯。結果未獲首肯。第二天，監獄派人清掃了臭不可聞的屋子，又把婉容的衣褲換洗了，這才允許嵯峨浩入內。當她端著飯菜來到婉容面前時，看到的仍是神志不清的「皇后」。

六月十日傳下一道命令：將婉容、嵯峨浩等六人轉往牡丹江，再赴佳木斯。考慮到婉容已經不能走路，還特意給她準備了一輛漂亮的馬車，以便在監獄到火車站這段路程上代步。然而，監獄負責人很快就發現婉容已是完全不能經受旅途折騰的人了，「如果她死在半路上，不如不走的好」。

六天之後嵯峨浩等五人被押送到佳木斯，他們是在登上火車後才得知婉容已被留下不再隨行的消息。不久，這五個人在佳木斯獲釋，隨即各奔他鄉。

留在延吉監獄中的婉容，身邊沒有一個親人，也沒有一個皇族成員，孤獨地度過了悲慘一生中的最後十天。

在愛新覺羅・嵯峨浩走後的第十天即一九四六年六月二十日，這個中國歷史上最後一位皇后終於與世長辭了。在一份保存下來的原始登記表上清楚地記載著她的準確死亡時間：「於六月二十日午前五時亡去」。死時年僅四十一歲。

婉容死後沒有歷代皇后「殯天」的盛儀，也沒有一位親人守側哭喪，甚至其屍骨亦無處尋找。至於葬地，有說是「用舊炕席捲著扔在北山上」，也有人說是「葬於延吉市南山」。在當時環境下只能簡單處理後事，拍攝遺容和屍體存檔，然後找個合適的山溝掩埋，不留墳頭。關於「北山」和「南山」的說法不同，恐怕是難以求證了。

三年以後，在伯力收容所過囚居生活的溥儀，從嵯峨浩給溥傑的家信中獲悉婉容的死訊，他似乎無動於衷。有名無實的末代皇后就這樣悽慘地走完了自己的一生。她的死，沒有在任何人心底激起一點波瀾。

參考書目

（美）費正清編：《劍橋中國晚清史：一八〇〇～一九一一》，中國社會科學出版社，一九八五年。

白壽彝總主編，周遠廉、孫文良主編：《中國通史·清》，上海人民出版社，一九九六年。

孟森：《孟森學術論著》，浙江人民出版社，一九九八年。

閻崇年：《正說清朝十二帝：圖文本》，中華書局，二〇〇四年。

閻崇年：《清朝皇帝列傳》，紫禁城出版社，二〇〇二年。

趙孟祥主編：《中國皇后全傳》，中國社會科學出版社，二〇〇四年。

孟昭信：《孝莊皇后：輔佐大清三代帝君的幕後女人》，中國華僑出版社，二〇〇三年。

宮寶利：《順治帝與多爾袞》，山西人民出版社，一九九九年。

周遠廉、趙世瑜：《皇父攝政王多爾袞全傳》，吉林文史出版社，一九八六年。

白新良主編：《康熙皇帝全傳》，學苑出版社，一九九四年。

楊珍：《康熙皇帝一家》，學苑出版社，一九九四年。

郭成康、成崇德主編：《乾隆皇帝全傳》，學苑出版社，一九九四年。

戴逸：《乾隆帝及其時代》，中國人民大學出版社，一九九二年。

于善浦、董乃強編著：《香妃》，書目文獻出版社，一九八五年。

孫文範等：《道光帝》，吉林文史出版社，一九九三年。

茅海建：《苦命天子：咸豐皇帝奕詝》，上海人民出版社，一九九五年。

徐徹：《慈禧大傳》，遼瀋書社，一九九四年。

德齡著／顧秋心、范之俐、李波譯：《德齡憶慈禧》，中國廣播電視出版社，一九九六年。

蘇金星：《慈禧墓珍寶失竊案》，陝西少年兒童出版社，一九八四年。

葉赫那拉‧根正：《我所知道的慈禧太后：慈禧曾孫口述實錄》，金城出版社，二〇〇五年。

容齡、德齡：《慈禧與我：晚清宮廷私生活實錄》，文化藝術出版社，二〇〇四年。

于善浦：《珍妃》，紫禁城出版社，一九八三年。

出山：《光緒與珍妃》，山東人民出版社，一九八九年。

安龍禎等編著：《末代皇后婉容》，華夏出版社，一九九四年。

正說清朝十二妃／章愷編著. -- 二版. --
臺北市：大地，2012.09
　　面：　公分. --（History：51）

　ISBN 978-986-6451-56-0（平裝）

　1.后妃　2.女性傳記　3.清史

627　　　　　　　　　　　　101018888

正說清朝十二妃

HISTORY 051

作　　　者	章愷
發 行 人	吳錫清
出 版 者	大地出版社
社　　　址	114台北市內湖區瑞光路358巷38弄36號4樓之2
劃撥帳號	50031946（戶名　大地出版社有限公司）
電　　　話	02-26277749
傳　　　眞	02-26270895
E - m a i l	vastplai@ms45.hinet.net
網　　　址	www.vasplain.com.tw
美術設計	普林特斯資訊股份有限公司
印 刷 者	普林特斯資訊股份有限公司
二版一刷	2012年10月